协调论科学哲学论丛

马　雷◎主编

国家社科基金青年项目"当代科学前沿背景下的思想实验研究"
（项目批准号12CZX015）研究成果

A Study on Thought Experiments in The
Background of Contemporary Scientific Frontier

思想实验研究
以当代科学前沿为背景

赵　煦　管雪松◎著

科学出版社

北　京

图书在版编目（CIP）数据

思想实验研究：以当代科学前沿为背景 / 赵煦，管雪松著 .—北京：
科学出版社，2018.9
　　（协调论科学哲学论丛 / 马雷主编）
　　ISBN 978-7-03-058804-3

　　Ⅰ .①思…　Ⅱ .①赵…②管…　Ⅲ .①哲学理论 – 研究
Ⅳ .① B0

中国版本图书馆 CIP 数据核字（2018）第 210095 号

丛书策划：刘　溪
责任编辑：刘　溪　张翠霞 / 责任校对：王晓茜
责任印制：张欣秀 / 封面设计：有道文化
编辑部电话：010-64035853
E-mail：houjunlin@mail.sciencep.com

科 学 出 版 社 出版
北京东黄城根北街 16 号
邮政编码：100717
http://www.sciencep.com
涿州市东南印刷厂　印刷
科学出版社发行　各地新华书店经销
*
2018 年 9 月第　一　版　　开本：720×1000　B5
2019 年 1 月第二次印刷　　印张：17 5/8
字数：289 000
定价：99.00 元
（如有印装质量问题，我社负责调换）

总　　序

逻辑、历史与解题
——科学哲学的发展

　　半个多世纪以来，科学哲学界关注最多、争议最大的问题是科学进步的合理性问题。科学进步的标准是什么？科学发现模式和科学评价模式是分离的还是统一的？理性和非理性因素能否在一种描述和规范相结合的科学进步模式中得到合理安排？科学哲学家们提出了各种解答，大致说来，我们把这些解答所表达的科学进步观划分为逻辑主义、历史主义和解题主义。

一、科学哲学中的逻辑主义和历史主义

　　逻辑主义科学哲学追求科学进步的逻辑合理性，以真理为科学目标，以逻辑为比较手段，以理论的经验成功为真理标准，由此形成累积式科学进步观。观察经验成为知识大厦的基础，凡超越以经验为基础的研究都属于形而上学，应当从科学领域剔除出去。20世纪上半叶，主流科学哲学是逻辑实证主义，它沿袭古典经验论，把确实性和可靠性作为真理标准，提出"可证实性"概念。科学命题必须有意义，必须可以被证明为真。有意义的命题包括重言式的分析命题和陈述经验事实的综合命题。形而上学命

题没有意义,其真假无法用逻辑分析判明,也无须通过经验方法的检验。[①]这样,逻辑实证主义废除了形而上学在科学中的地位,确定了科学的意义标准和划界标准。

逻辑实证主义的科学理论呈现双层结构,下层是经验,上层是公理化系统,连接上下层的是对应规则,它把理论名词和观察名词联系起来,通过可解释的语义规则可以把理论名词还原为观察名词。观察语言与理论语言的严格区分是逻辑实证主义的关键理念,但它受到普特南、汉森、波普尔等人的质疑和批评,特别是汉森关于"观察渗透理论"的论断,给所谓"科学大厦的经验基础"以沉重打击。亨普尔不得不在逻辑主义内部对正统观点进行修改,他把意义的基本单位从单个陈述扩大为整个陈述系统,并且根据理论陈述与经验的接近程度对科学理论的意义进行分层。他的"安全网模型"形象地说明了这一变化:下层是观察平面,上层是安全网络,网络中的线是定义和定理,由线交叉连接的节是理论谓词。网络浮于观察面之上,有"解释规则"之线与观察平面相连。该模型强调"意义"是指向整个系统的,由可观察术语对整个理论系统进行解释。因此,意义由有无问题变成程度问题,有时转变为比较不同理论系统的标准:清晰性和精确性,形式的简单性,说明力和预测力,经验证据证实的程度。[②]对二元边界的整体论和谱系化处理,以及对意义范围的扩大是一种值得肯定的理论进步,也是协调论思想的一个重要来源。

波普尔是一个逻辑主义者,他敏锐地察觉到,只有摈弃归纳法,代之以演绎证伪原则,才能挽救逻辑主义。证实和证伪在逻辑上不对称:归纳用于证实,前提真,结论不一定真;演绎用于证伪,结论假,前提必然假。波普尔据此得出证伪主义的科学划界标准:一个理论如果在逻辑上或事实上有可能被证伪就是科学,否则就是非科学。这种逻辑起点的转换导致证伪主义与实证主义所关心的问题域发生变化,前者关注科学理论的静态结构,后者关注科学理论的动态演进。在证伪主义视角下,科学发展呈现一种不断被证伪的革命过程。科学始于问题,为了解决问题,必须提出各种尝试性理论;然后通过先验的或后验的评价,来尝试排除错误。理论被证伪后又会产生新的问题,科学发展开始新的循环。理论对科学发展的贡献,并非僵化的内容,而是它提出的新问题。知识的增长始于问

---

① 卡尔纳普.1999.世界的逻辑构造.陈启伟译.上海:上海译文出版社:323.
② 亨普尔.1989.经验主义的认识意义标准:问题与变化//洪谦.逻辑经验主义.北京:商务印书馆:121-122.

题，终于问题，在此过程中，问题越来越深刻，越来越启发更多的问题。①波普尔的思想集中在可证伪性概念上，他用"先验评价"说明一个理论的可证伪性程度越高越好，用"后验评价"说明单一证据对理论的支持程度的强弱。波普尔将问题放进科学发展模式中，而且强调理论经验内容和证据支持力的重要性，是一个重要的理论突破，但没有与亨普尔强调的那些好的理论特征，即"渴望之物"联系起来进行仔细的分类研究，从而与某种解题合理性模式失之交臂。

逻辑实证主义强调科学知识的不断增加，体现累积的科学发展观；波普尔证伪主义强调科学理论的不断更替。两种发展观都不符合科学史的实际，前者看不见科学史中非累积的发展过程，即科学革命阶段；后者则忽视了遵循传统的常规科学活动，而把破坏传统的科学革命看成科学活动的全部。逻辑实证主义者着力于语言的逻辑分析，视科学理论为一种静态的、理想化的逻辑结构，因而看不见科学的实际演变。科学证明似乎变成科学哲学的全部，科学发现则被视为心理学家、社会学家和历史学家的事业而被排除在科学哲学之外。库恩从丰富的科学史的实际出发，批评这种严重背离科学史实的科学观，主张历史地、动态地研究科学的进化，将社会的、心理的因素纳入科学发展模式中。协调论也吸收了历史主义的这一观点，把科学发现中社会的、心理的因素纳入到科学发展的背景模型中，并赋予与经验模型和概念模型同等的地位。

波普尔注意到科学问题的重要性并追寻一种科学发现的逻辑，这本来也是走向解题主义方向的一个契机，但波普尔企图为科学活动制定一成不变的方法，使他的问题意识陷入僵化。库恩明确否认科学中存在普遍适用的方法。科学史上的重大发现，例如哥白尼理论和牛顿理论，都曾遭遇很多反例，按照波普尔的证伪方法，这些理论早就夭折了。波普尔的规范方法论与科学史并不相符。科学内容、科学方法、科学标准，都处在变化中。科学史不是事件的集合，而是在时间上有规律展开的过程。库恩的科学观打破了逻辑主义的刻板方法论，特别重视科学的实际发展，开创了科学哲学的历史主义方向。

然而，库恩的范式是理论和理论评价标准的混合物。"符号概括"是专业团体的理论表达方式，"模型"是专业团体的类比参照物和本体论出发点，"范例"是专业团体承认的具体题解或典型事例，"价值"是理论评价标准。库恩没有将

---

① Popper K R. 1963. Conjectures and Refutations. London: Oxford University Press: 222.

这些分析单元剥离出来进行细致的研究，既没有对理论进行分层划分和分析，也没有对理论评价标准体系进行全面的阐明，因而，抽象理论、具体理论、例示理论，以及标准体系不可能在库恩的范式概念中清晰地呈现出来。后期库恩强调科学理论的主体，更加关注"科学共同体"概念。科学共同体的组成人员受过共同的教育和训练，有共同的语言和目标。科学共同体概念是对以往科学理论概念的突破，科学理论的纯客观印象被打破，人在科学活动中的主体地位进一步凸显和提升。这是对科学大厦经验基础的进一步动摇，也是对协调论经验、概念和背景平权理论的一个支持。而且，库恩的共同体概念已经孕育了某种解题合理性，"科学共同体是一个极其有效的工具，它能使通过范式变换得以解决的问题的数量和精确度达到最高限度"①。

　　与逻辑主义者着力于知识的静态逻辑分析不同，库恩着力考察知识的动态历史发展。而且，库恩把波普尔对进步过程的质的关注提升为对进步的量与质的交互变化的关注。由此，库恩消除了科学与非科学的绝对对立，前科学、成熟科学、科学危机和科学革命的演变成为库恩的关键词。科学进步呈现以范式转换为核心的量变和质变交替的图景：前科学（范式前）—常规科学（范式后）—科学革命（范式转换）—新的常规科学（新范式）……这里，范式转换成了科学进步的代名词。

　　库恩理解科学进步的方式较逻辑主义者有更加开阔的视野。首先，科学和非科学的严格界限被打破了，这与协调论坚持的协调力标准是一致的，理论没有"科学的"和"非科学的"严格划界，只有协调力"较强"和"较弱"的比较评价。不同的是，库恩是从科学演变的角度来打破这个界限，而协调论是从协调力标准的角度来打破这个界限的。协调论展示了一套规范性的协调力标准，虽然在不同历史阶段或对不同科学家而言存在着对某些标准偏好，但总体而言，这些标准是科学家群体共同认可的标准。其次，库恩将科学看成一种释疑活动，与波普尔的问题模式有异曲同工之妙。但与波普尔不同的是，库恩为了使不可通约的理论和范式进行比较，给出了一些合理比较的标准，如精确性、一致性、广泛性、简单性和有效性等。可惜的是，库恩对诸如此类的标准可能具有的严格定义持一种悲观的态度，而且夸大了某些标准之间的冲突，更没有与问题联

---

① 库恩.2003.科学革命的结构.金吾伦，胡新和译.北京：北京大学出版社：152.

系起来考察，从而使得科学哲学的发展失去一种可能的方向。

二、解题主义科学哲学的兴起

不同于逻辑主义和历史主义，解题主义的基本特征是把问题置于科学的哲学分析的中心，将逻辑和历史作为两个纵横的维度审视科学的静态结构和动态发展。逻辑主义的合理性模式背离科学史的实际，难以解释科学发展中的大量事实；历史主义模式过于强调非理性因素在科学中的决定作用，难以发现与科学史实相符的更好的进步模式。劳丹在逻辑与历史的结合点上提出一个更丰富、更精致、更具解释力的进步模式，即以解题为核心的科学合理性模式。虽然理论之间不可通约，但是，只要能够有意义地谈论处理同样问题的不同理论，就可以对相互竞争的理论做出合理的比较评价。我们不必预设一种绝对不变的真理，并把它作为科学的终极目标。科学的目标是追求具有高度解题效力的理论。科学合理性源于它的进步性，即理论解题效力的增长。这样，科学进步目标和评价标准合一。由此，劳丹开辟了科学哲学的解题主义方向。

但是，劳丹的理论也遭遇各种质疑。对竞争理论做出合理评价的标准到底是什么？劳丹对此也是十分困惑的。劳丹曾写道："我对不可通约性的研究与科迪格（1971）类似。我们两人都认为，即使不同理论之间的实质性翻译是不恰当的，也仍然存在理论比较的方法论标准。然而，在这些方法论标准应当是什么的问题上，我与科迪格迥然不同。追随马格劳，科迪格就理论的经验确证、'可扩展性'、'多种联系'、'简单性'和'因果关系'强调理论比较。不幸的是，这些词汇在科迪格的讨论中大多纯粹是直觉的概念，希望他把这些概念精制为理论比较评价中所需要的灵敏的分析工具。"[①] 显然，劳丹不满意科迪格的理论评价标准停留在直觉的水平，但主张进一步发展这样的标准，使之成为理论分析的灵敏工具。

协调论是在劳丹解题模式的基础上提出的解题主义科学哲学的开拓性新方案，这个方案是对劳丹解题模式的精致化处理，其核心是把劳丹的"解题效力"拓展为一系列可统一定义的科学合理性标准。它以一条主线把科学的诸标准串联起来，形成科学标准的多元形式化体系，对标准涉及的量化问题给出独特的理解和分析。协调论在方法论上的突出特点是在冲突与协调中探寻科学进步的合理性标准模型，

---

① 　Laudan L. 1977. Progress and Its Problems. Berkeley: University of California Press: 237.

并充分体现历史与逻辑的统一、内容与形式的统一、描述与规范的统一。

协调论主张，科学标准只有在理论比较中才能建立起来。理论比较不是逻辑和内容的比较，而是协调力的比较，即理论解题方式和解题力度的比较。它们表现为科学标准，并可以统一地、精确地定义。这些定义保留某种新的形式和非形式的统一，并超越逻辑和历史。科学标准分为经验标准、概念标准和背景标准。经验标准包括经验新奇性、经验一致性、经验精确性、经验过硬性、经验确定性、经验简洁性、经验多样性、经验明晰性、经验统一性、经验和谐性。它们共同构成理论的经验协调力。概念标准包括概念新奇性、概念一致性、概念过硬性、概念确定性、概念简洁性、概念多样性、概念明晰性、概念统一性、概念和谐性、概念深刻性、概念贯通性。它们共同构成理论的概念协调力。背景标准包括实验、技术、思维、心理和行为，它们共同构成理论的背景协调力。理论的重要性部分地由理论的经验协调力决定，部分地由理论的概念协调力决定，部分地由理论的背景协调力决定。经验协调力、概念协调力和背景协调力同等重要，单一的经验协调力、单一的概念协调力和单一的背景协调力同等重要。增强理论的协调力是间接把握真理的手段。协调力大的理论具有更大的真理性。

协调论从科学标准的内在逻辑出发，将科学理论划分为经验理论和概念理论。经验理论由经验问题和对经验问题的解答构成，它具有直接的经验协调力，同时也具有直接的概念协调力和背景协调力。它们是直接从观察实验所得的经验材料中产生的，是最低层次的理论。例如，道尔顿倍比定律，沃尔夫小球假说。概念理论由概念问题和对概念问题的解答构成。有的概念理论是在经验理论的基础上产生的。例如，道尔顿为了解释倍比定律，创立了原子论；普朗克为了解释黑体辐射公式，提出能量子理论。这类概念理论与经验理论一样具有直接的经验协调力，可用于直接回答一些经验问题，叫亚经验理论。概念理论中还有两类理论，它们没有直接的经验协调力，不能用于直接回答经验问题，它们分别叫工作理论和超理论。工作理论虽然不能直接推导出具体理论，但它为具体理论提供概念框架，指导具体理论的构建。例如，普朗克的能量子理论和爱因斯坦的光量子理论都采用了同样的工作理论——能量不是无限可分的，而是有一个最小单元。为工作理论直接或间接提供概念框架的是超理论。超理论也不能直接推导出工作理论，但参与指导、构造工作理论。例如，达尔文进化论的工作理论有一个超理论——物种是变化的。经验理论和亚经验理论总称为具体理论，工作理论和超理论总称为抽象理论。对理论的这种划分有利于我们深刻理解科学和哲学的互动方式，有利于我们根据协调力标准重新分析和评判科学哲学中的很多疑难问题。

协调论还从理论构成的角度把理论分为单一理论、复合理论与集合理论。单一理论是理论的最小单位，它是由单个的问子和单个的解子构成的。例如，欧几里得几何第五公设、细胞定义、倍比定律等。复合理论是由一些单一理论构成的，这些单一理论密切关联、自成系统。例如，达尔文进化论、麦克斯韦电磁理论、普朗克作用量子理论、爱因斯坦相对论等，都是复合理论。集合理论是由一组单一理论或复合理论组成的有意义的集合体。在迄今所有理论中任意挑选一组理论（历时的或共时的）都可以形成一个理论集合体。单一理论的成败由它所属的复合理论或集合理论决定。失败的复合理论或集合理论可能通过修改或替换其中的单一理论获得成功。在集合理论与其构成理论之间，在工作理论与其例示理论之间，在超理论与其例示理论之间都存在着对称性的冲突与协调关系。科学理论的层次、结构及其演变规律构成科学的动态发展模式。这一模式不仅使得科学标准必然牵涉的问子和解子的量化问题的解决方案更为明晰，还为理论比较评价的合法认知态度奠定了理论基础。该模式与科学标准体系一道形成相互关联、不可分割的完整理论形态。

协调论标准是一种复合标准或集合标准，它由许多非分解的单一标准构成。某些标准在同一时刻看来可能发生冲突或失去某种关联性，但这只是表象。在某一历史时刻或时段，并非每条标准都同样引人注目，总有一些标准显现出来，发挥作用，另一些则隐匿起来，似乎没有影响。这并不意味着得到重视的标准就比暂未引起注意的标准更为重要，更具合理性价值。实际上，在科学创造过程中，往往是科学家首先从某个标准获得突破，从而带动了其他科学家在其他标准上的成功。关键是，我们必须对诸标准之间的内在深刻联系作进一步的探讨，从而分析其内在一致性。

协调论导致对科学哲学理解的诸多方面发生新的变化。一种新的真理观——协调论真理观产生了，它不同于符合论、融贯论和实用论三种真理观，但又兼具三种真理观的优点。经验协调吸取了符合论的优点，概念协调吸取了融贯论的优点，而背景协调则吸取了实用论的优点。但它又反对符合论、融贯论和实用论各自走向极端，各自分立，相互排斥。协调论真理观并不反对预设科学进步的终极目标，但它从来不企图完全抵达这种目标，它只要求我们在时间的推移中，在冲突与协调的动态关系中去逐步地接近目标。因而，协调论真理观实现了相对真理和绝对真理的统一。

协调论将协调性视为理论的合理性的核心概念，其口号是"凡是协调的就是合理的"；一个理论的协调力越强，越进步，就越具有真理性。在劳丹之前，虽然进步、合理性、真理三者实现了统一，但它通过经验证实或证伪达到逼近真理，最终直接把握真理的路径和企图都难以通过理论推敲和史实印证，从而使人丧失追求真理的信心。劳丹希望在解题模式中克服这一困难，但他的解题模式使人看不到真理的光辉，容易丢失前进的目标。协调论真理观力图将解题与真理联系起来，重拾人类理智把握世界的始终如一的目标和必备的信心。

三、协调论及其影响

协调论思想最初是马雷在张巨青教授指导下于 1999 年完成的武汉大学博士学位论文《劳丹科学合理性理论研究》中提出的。2003 年，人民出版社出版了马雷的《进步、合理性与真理》一书，这是该论文的扩展版，进一步论述了协调论思想。2006 年，商务印书馆出版马雷的《冲突与协调——科学合理性新论》一书，这是对协调论思想的详细的、系统的阐发。该书出版后，产生广泛的社会影响，商务印书馆于 2008 年重印该书，《光明日报》《科学时报》《中华读书报》、《自然辩证法研究》《江海学刊》《南开大学学报（哲学社会科学版)》《社会科学论坛》等报刊、杂志发表了评论文章，并给予充分的肯定。评论者的主要观点有：

> 该著批判地吸收了各种科学合理性理论的优点，特别是对当代美国科学哲学家劳丹的科学合理性理论进行批判性的考察，突破了其狭隘的视界，提供了科学哲学超越逻辑模式和历史模式的一种新的更为开放的理论形态。协调论为我们提供了关于科学合理性的一家之言，提供了中国特色的科学哲学的一个样本。这是与西方学者的真正平等的对话。[①]

> 协调合理性模式试图突破以往科学哲学的狭隘视界，坚持一种"大科学哲学观"，从更开阔的视角提出科学哲学的统计学问题，其理论评价标准的符号化表达和量化处理方式别具特色，为以后进入计算机应用领域开辟了广阔的前景。[②]

---

① 陶德麟 . 2007. 科学合理性问题研究的创新之作 // 陶德麟 . 陶德麟文集 . 武汉：武汉大学出版社：936.
② 刘大椿 . 2006-7-26. 在冲突与协调间寻找合理性 . 光明日报，第 10 版 .

协调论赋予科学哲学作为一门哲学的纯粹性、独立性，同时也强调它的开放性，它既扩大了传统的狭义科学哲学的研究空间，又保留科学哲学在体系上的完整性和自洽性。作为整体论科学观的新的理论形态，协调论预示着科学哲学的一种新的研究进路。这种研究可以说是计算主义在科学哲学中的渗透，或可以说是计算的科学哲学。这种研究是值得肯定的。[①]

从逻辑合理性、历史合理性，经由解题合理性到协调合理性，科学合理性问题的探讨越来越深入，每一种合理性模式都试图克服前一种模式的局限性，向更高的层次迈进，走向较大的涵盖性和普遍性。而在科学核心研究的演进过程中，关于科学的协调合理性模式为我们展示了一种令人耳目一新的科学哲学体系。该体系批判地吸收了各种科学合理性理论的优点，特别是对当代美国著名科学哲学家劳丹的科学合理性理论进行了批判性的考察，突破了其狭隘的视界，提供了科学哲学超越逻辑模式和历史模式的一种新的更为开放的理论形态，即一种次协调型科学哲学。[②]

协调论的阶段性研究成果之一 *Empirical Identity as an Indicator of Theory Choice*（《作为理论选择指标的经验一致性》）曾在国际期刊 *Open Journal of Philosophy*（《哲学前沿》）2014 年第 4 卷第 4 期发表。2018 年 8 月 29 日，该刊给笔者发来贺信：

Dear Lei Ma（尊敬的马雷先生）：

Please accept warm greetings from *Open Journal of Philosophy* (OJPP, ISSN Print: 2163-9434; ISSN Online: 2163-9442), where you published research paper(s)!（请接受来自《哲学前沿》杂志的热烈祝贺！）

Your paper published in our journal has enjoyed great popularity after publication. Here is downloads/views information.（您发表在我刊的论文已经产生广泛影响。截图显示 2014 年 11 月论文发表以来的下载量和浏览量信息。）

Empirical Identity as an Indicator of Theory Choice

Full-Text HTML　XML　📄 Download as PDF (Size:2629KB) PP. 584-591

DOI: 10.4236/ojpp.2014.44060　**5,758** Downloads　**6,187** Views

Thank you for the valuable contribution!（感谢您的杰出贡献！）

Open Journal of Philosophy（《哲学前沿》杂志社）

August 29, 2018（2018 年 8 月 29 日）

---

① 潘天群 .2007.《冲突与协调——科学合理性新论》阅评 . 江海学刊，（3）：230-231.
② 李蒙，桂起权 .2007.次协调型科学哲学解读——从逻辑的观点看 . 自然辩证法研究，23（9）：17-18.

贺信显示，截止到发信日，文章全球下载量 5758 人次，浏览量 6187 人次，远超同期论文。

协调论是 2005 年国家社会科学基金项目成果，其代表性专著《冲突与协调——科学合理性新论》曾于 2007 年 12 月获江苏省第十届哲学社会科学优秀成果奖，2009 年获教育部高等学校科学研究优秀成果奖（人文社会科学），2010 年获第三届江苏省逻辑与思维科学优秀成果奖特别荣誉奖。

虽然协调论得到很多赞誉，产生较大影响，但作为解题主义科学哲学的一个发展方向，协调论还有很长的路要走。例如，在研究体系的严密性方面，需要进一步探讨经验协调、概念协调和背景协调诸标准之间的深刻联系，建立一种纯粹的体系化的完整、自洽的科学哲学；在评价标准的精确性方面，需要深入研究解子和问子的量化方法和统计方法，深入研究标准体系的权重和统计学方案，形成一门新的科学统计学；在科学问题的重要性方面，需要细致研究问题域、问题预设、问题疑项和问题指项等诸多问题的构成要素，细致研究问题的生成和解答过程中的每个环节，催生科学问题学。

"协调论科学哲学论丛"是我国一些优秀青年学者从协调论的视角对某些科学哲学问题进行的探索，它不是对协调论本身的拓展性研究，但从一个侧面反映该纲领对于我们深刻理解科学哲学领域的诸多问题具有很大启发性。希望本套论丛能够引起广大读者对协调论的兴趣和重视，从而进一步推动协调论的应用、研究和发展。鉴于协调论产生的广泛影响和方便读者系统、全面了解和研读协调论科学哲学，科学出版社还决定将马雷的《冲突与协调——科学合理性新论》一书纳入"协调论科学哲学论丛"再版。

在本套论丛的策划和编辑方面，要特别感谢科学出版社的刘溪先生，他的热情、认真和洞见给我留下深刻印象！本套论丛的出版得到国家社会科学基金、东南大学和华侨大学哲学社会科学发展基金的支持，谨致谢忱！

马　雷

2018 年 8 月 30 日于厦门水晶湖郡

前　言

　　2008 年的一天，我在阅读伽利略的《关于两门新科学的对话》（*Dialogues Concerning Two New Sciences*）时，突然被伽利略的自由落体运动实验所震惊。在书中，伽利略并未如众所周知的比萨斜塔实验所介绍的那样叙述自己是如何在斜塔上向下扔出两个大小不等的铁球，也没有描述铁球同时落地的现象，而是通过让人们想象一块大石头、一块小石头，以及大石头和小石头的结合体下落的速度对比，推导出亚里士多德的"重的物体比轻的物体下落的速度快，且下落速度与物体重量成正比"的结论中的固有矛盾。更让我没有想到的是，人们所熟知的比萨斜塔实验在科学史上似乎并未真正发生过①，这就意味着，伽利略完全是靠着上述思想实验，推翻了亚里士多德的自由落体运动理论，并得出正确结论。一个思想实验居然能够拥有如此巨大的力量！

　　不过，仔细一想，科学史上这样的思想实验还有很多。在科学发展的历程中，思想实验曾多次发挥重要的作用。一些经典的

---

① 伽利略是否做过比萨斜塔实验，在科学史上是有争议的，大多数学者倾向于认为伽利略没有做过。比如，在《自然科学史》中，斯蒂芬·F. 梅森就指出，这是斯台文做的实验，却曾经被人错误地说成是伽利略做的。（参见斯蒂芬·F. 梅森 . 1980. 自然科学史 . 周煦良，等译 . 上海：上海译文出版社：140.）

思想实验,如伽利略的自由落体运动实验、麦克斯韦妖、薛定谔猫和爱因斯坦火车等,已经成为科学史中最耀眼的一部分。近现代科学中,在牛顿的经典力学理论、普朗克等的量子力学、爱因斯坦的相对论及霍金的宇宙学理论的研究中,没有思想实验发挥作用是无法想象的。

从那一刻起,思想实验就深深地吸引了我。它不需要实际动手操作,只需闭上眼睛,在头脑中随着画面的切换,完成一系列实验过程,便能得出令人耳目一新的结论。它完全在思维中运作,但能给人以经验的启示。它不属于只能在实验室中的特定条件下才能实施的物质实验范畴,但又有着与之相似的过程和运作模式。在科学史中,思想实验是一种奇特的存在,它在崇尚眼见为实的科学氛围中屡立奇功,却一直没有得到与其所取得的成就相匹配的关注。思想实验为什么能够在科学史上屡次取得巨大的成就?其在本质上究竟是什么?它发挥作用的内在机制是什么?诸多问题的产生激发了我对思想实验一探究竟的强烈愿望。

回顾科学史,我们不难发现,大部分思想实验都是与艰深的科学思想和重大的科学理论相伴随着出现的,一个成功的思想实验往往可解决一个曾经长期困扰着科学界的难题。因此,对思想实验进行研究的过程,主要就是一个回答思想实验究竟是如何在科学史中发挥作用的过程。然而,令人不解的是,尽管思想实验在科学史上有着十分重要的认知作用,它却长期被科学哲学界所忽视。除了19世纪马赫在思想实验方面的开创性工作,以及1964年库恩的一篇有关思想实验功能的研究论文外,思想实验就没有吸引过哲学家们的目光。直到20世纪80年代,思想实验才逐渐引起人们的关注,相关研究才迅速增多起来。近年来,在有关思想实验的研究方面,布朗和诺顿的观点分别是主张柏拉图式的理性主义和经典经验论的两个典型。这两种观点,是关于思想实验的一系列不同观点的两种相对立观点的代表。思想实验仅仅是一个论据,还是一个数学的柏拉图式的说明?也有人认为,它其实就是一个物质实验。思想实验在本质上究竟是什么?这是本书着力要弄清的问题。

此外,思想实验在思维中产生,在思维中进行,也在思维中得出结论。因此,思想实验是思维的产物。但思想实验绝不是纯思辨的结果,也不是凭空产生的。它是基于一定的经验基础而产生的,它从一个假想的前提出发,其过程遵循着逻辑推理的规律，其结论既不是唯一的，也不是简单的非此即彼。那么随之而来的问题就是：思想实验与经验之间到底是一种什么样的关系？思想实验如何能够在没有经验数据输入的情况下产生新知识？在思想实验中人们是如何实现"观察"的呢？人们"看到"了什么？思想实验为理论提供的证据可靠吗？实验与理论之间究竟存在着怎样的一种关系？理清上述思想实验与经验、思想实验与理论之间的关系，亦是本书尝试着要回答的问题。

　　基于上述问题，本书有关思想实验的研究，共分为上、下两篇。上篇为理论篇，主要通过对实验传统的历史重构，为思想实验在科学研究活动中找到一个合理的定位。然后，在思想实验和物质实验的比较中，对思想实验的要素、逻辑推理、本质等进行分析，实现对思想实验的全面认识，并得出本书有关思想实验的创新观点：一个思想实验其实就是一个条件理想化的实验，条件理想化是思想实验的最大特征。进而，将思想实验放到理论进步的过程中，考察思想实验在理论协调力的提升中所做的贡献。下篇为应用篇，主要探讨思想实验在当代科学前沿中的运用，以及思想实验在大科学问题消解中的作用。将思想实验放到当代科学前沿的大背景下进行考察后可发现，物质实验无疑是一种优越的探索世界的手段，但物质实验无论怎么往优越的方向上努力，总要受到条件的制约。相比较而言，由于其理想化的条件设置，思想实验有着诸多优点。思想实验的条件理想化这一本质特征决定了由于微观和宇观世界科学活动对实验条件的要求大大提高，其在当代科学前沿中的优越性得以凸显，而物质实验则逐渐回归成为科学思想的验证手段。事实上，一味地在物质实验的道路上前行，而忽视思想实验的作用，也正是当下大科学问题的本质所在，只有让思想实验和物质实验在各自擅长的范围内共同做出贡献，才是未来科学发展的正确道路。

　　希望本书能对科学哲学、科学史、实验哲学研究人员及科学爱好者有所裨益，这将是我最大的荣幸。

赵　煦

2017 年 7 月

目　录

下篇 应 用 篇

导　　论

　　近代科学以后，实验在科学活动中的作用得到了充分的发挥，其地位逐渐凸显。然而，沿着科学发展的时间箭头向前回溯，除了那些由科学家们在实验室中动手操作的物质实验之外，还有一类实验——思想实验一直在科学史上发挥着关键性的作用。只需想一想伽利略的自由落体运动、麦克斯韦妖、牛顿水桶、爱因斯坦电梯、爱因斯坦火车及薛定谔猫等著名的思想实验，我们就能大致了解思想实验在科学的历史进程中曾经做出的无可替代的杰出贡献。不过，在科学史的绝大部分时间里，思想实验一直处于一种为人们所忽视的境地。直到 20 世纪 80 年代，思想实验的重要作用才逐渐引起人们的关注。近年来，在欧美学术界，有关思想实验的研究已经成为科学哲学界关注的热点之一。思想实验的本质究竟是什么，是人们争论的焦点。

一、思想实验本质探寻的若干进路

1. 更高智力阶段的实验

　　马赫（E. Mach）对实验曾有过深入的研究，他从日常经验出发认为，实验并不是人类独有的财富，动物也有实验，而且动物的实验也有不同的发展阶段。进而他把实验分为本能的实验和通过思维进行的实验[1]，且认为二者之间的界限并不明显。不过，马赫关注的重点在于人类通过思维探索世界真相的那些实验。

---

① 有时候，动物会使用不同的方法获取食物的尝试就属于本能的实验。比如，猫在发现滚烫的食物的时候，会用爪子试探食物的温度。

当然，由于思想实验完全在思维中进行，所以必然被包含于其中。事实上，除了科学家之外，作家、诗人，还有社会幻想者也常在思想中进行实验。这些人以各种不同的表象为出发点，并得到不同的预测，从而形成思想实验。只不过作家、诗人和社会幻想者是在幻想中将表象与现实中没有关联的那些情况联系起来，因而他们的思想实验常显得荒诞不经，而科学家思维中的表象则与现实非常接近，基于这样的认识形成的思想实验则容易为人们所接受。马赫认为："我们之所以能够进行思想实验，正是因为我们的表象或多或少准确地非任意地反映了事实。"①很显然，马赫的这一见解表明他主张思想实验来源于经验，他的上述观点是基于经验主义得出的结论。

马赫认为，与物质实验相比，思想实验是更高的智力阶段的实验。他将实验的整个过程分为几个阶段：人们通常先进行思想实验，而后进行物质实验，最后再用思想实验加以反思。二者并不是并列的关系，也不是同时进行的，因为我们获得表象比掌握物理事实要容易得多，所以他认为，"思想实验远远先于物质实验，并且为物质实验作了准备"②。

在思想实验的研究中，马赫敏锐地捕捉到了思想实验的思维特征。他指出："改变思想中的一些成果起决定作用的状况也是有用的，而且最好是持续的改变，因为持续的改变使我们能对一切可能的情况得出概观。"②的确，正是这种自由的、可持续进行改变的特征，使得思想实验具有了物质实验所无法比拟的优势。石头在一定高度上总具有下落的趋势，这使得人们认为这是因为地球对石头具有吸引力。但在人们的思维中，月亮、地球等都是由石头构成的，那么当石头持续变大，大到和月亮一样大，且具有和月亮到地球一样的距离时，一种意想不到的状况将会发生——石头不再下落了，它将和月亮一样围绕地球运行。那么，当石头继续变大，大到和地球一样大时，会出现什么样的状况呢？当然，石头在思维中还可以继续变大，大到比地球还要大出很多，一个有意思的现象将会发生：地球就要向着石头的方向运动了。因此，通过这个思想实验我们可以得到一个新颖的结论：物体是相互吸引的，而并非只是一方吸引另一方。类似的思想实验在伽利略（G.Galilei）那里发生过很多次。

---

① 恩斯特·马赫.2005.认识与谬误.洪佩郁译.北京：东方出版社：169.
② 恩斯特·马赫.2005.认识与谬误.洪佩郁译.北京：东方出版社：172.

在思想实验与本能的实验对比上，马赫认为，"如果我们用它们来代替那些粗糙的经验，后来得出的量上的表象就获得了最肯定的支柱"[①]。马赫在这里对思想实验进行了高度的赞扬，他甚至认为，"一个思想实验的结果……不管是正确的，还是错误的结果，任何进一步的检验都没有必要经过物质的实验"[②]。这样，马赫就过分地拔高了思想实验的作用。他刚开始时从经验出发，到最后认为再也不需要经过物质实验的检验，而且以为思想实验仅仅在思维中就可解决一切问题。这无疑是前后矛盾的。

马赫从经验论出发，认为在表象中产生思想经验，以此对思想实验进行了说明，但随后在思维中似乎又走得太远了。不过马赫的开创性工作还是为后来的思想实验研究者开创了一个全新的领域，提供了许多有益的视角。马赫的研究闪烁着思想的火花，为后来系统深入的研究贡献了许多可资借鉴的思想。

2. 在论据与先验知识的感知手段之间

从 20 世纪 80 年代开始，就思想实验的本质问题，诺顿（J. D. Norton）和布朗（J. R. Brown）之间发生了一场旷日持久的争论。诺顿立足于经验主义认识，认为一个思想实验就是一个以经验为基础的论据；而布朗则从柏拉图主义哲学的神秘感知出发，认为思想实验其实就是一种对先验知识的感知手段。

（1）作为论据而存在的思想实验

诺顿主张，"思想实验就是论据"[③]。为了使他的这一论断具有合法性，他主张每一个思想实验都要同时满足以下两个条件：①设置一些假想的或与事实相悖的情况（作为事件的条件）；②引发一些与结论的一般性无关的细节[③]。

在思想实验满足以上两个条件的基础上，诺顿对他的主张进行了严密的论证。他指出，论据观主张框架内的思想实验包含了如下特征。

特征一：论据

诺顿指出，物理学中的思想实验为我们提供了一些关于物质世界的信息，但因为它们是思想实验而非物质实验，所以这些信息不包含任何新的经验数据。

---

① 恩斯特·马赫. 2005. 认识与谬误. 洪佩郁译. 北京：东方出版社：175.

② 恩斯特·马赫. 2005. 认识与谬误. 洪佩郁译. 北京：东方出版社：171.

③ Norton J. 1991. Thought Experiments in Einstein's Work. Savage：Rowman & Littlefield：129-148.

那么，这些信息唯一的无可争议的来源就是从已经得到验证的数据中推导出来的，尽管这些数据不可能在思想实验的细节陈述中展开。同时，诺顿认为上述观点可转换为：思想实验为通往物质世界的知识提供了一些新颖的，甚至是神秘的途径。诺顿指出，这一点或许正是布朗所欢迎的，因为布朗主张思想实验是通往认识世界的规律的神秘窗口。不过，诺顿明确表示，他反对布朗的这一观点。因为他认为，物理学中的所有思想实验都可被重构为论据。事实上，诺顿随后就将他的主张付诸了实践——他将许多思想实验进行了逻辑重构，并以论据的形式表现出来。

特征二：事件的假想的或与事实相悖的条件

诺顿之所以强调思想实验的这一特征，是因为他认为这给予了思想实验思想性特征。他认为，一个实验如果不具备这一特征，就不能称为思想实验，只能是对一个真实实验或事件状态的描述。基于这一条件，诺顿主张，人们不能把思想实验建立在"炮弹在地球表面的飞行是沿着抛物线轨道行进的"这样的假设之上，因为这只是人们对事件的本来状况进行了精确的描述（即炮弹本来就是沿着抛物线轨道运行的）。

不过，诺顿认为，人们可以通过一些与事实相冲突的条件假设来建构思想实验。比如，在思想实验中，人们可以假设炮弹是沿着圆形轨道运行的，或者可以在思想实验中把抛物线的轨道具体化，假设轻的子弹的飞行不受空气阻力的影响，或者我们把子弹假想为某种具体尺寸、形状或构成的子弹。

在这里，诺顿发现了思想实验与物质实验的一些不同之处。物质实验中的条件只是对物理事件的真实状况的描述，而思想实验不是对现实世界中真实状况的描述，那只是一种假想的状态，许多条件都是现实世界中无法具备的。诺顿的这一认识本来是没有问题的，但在此基础上他进一步主张思想实验中的条件必须与事实相悖，否则就不能称为思想实验。比如，他认为，炮弹可假想为沿着圆形轨道飞行。这样的主张显然是存在问题的，因为它与人们已经掌握的经验事实明显不相符合，且与已经得到公认的理论相冲突。当然，与经验事实不符的情况在思想实验中是较为常见的，但这类情况只是因为一些在现实世界中条件无法达到而假定的理想化条件才存在的。这些理想化的条件，有的只是暂时与目前可观测的经验事实不相符合，但若干年以后有可能实现，有的属于虽然不能绝对与经验事实相符合，但随着科学水平的提高，可逐渐接近的理想化条件。总之，理想化的条件绝不是必须与事实相悖的情况。爱因斯坦的追光实验只是人类无法以光速那么快的速度奔跑而想象出来的"那么快的速度"。在薛定谔猫的思想实验中，猫的行为并不必须与日常生活中的猫不同。伽利略的自由落体运动实验甚至要求做自由落体运动的球与现实完全一致。所以，思想实验中的条件较之于物质实验而言，只是一种理想化的条件，而并非必须与经验事实相悖，甚至与已知的公理相违背。所以，诺顿主张的与事实相悖的条件，就如同可假设炮弹沿圆形轨道运行这样明显与经验事实相冲突的有问题的条件那样，在思想实验中是不能够成立的。诺顿的只是为了追求思想实验与物质实验的相异之处就不顾世界本身的运行实际的主张应该遭到抛弃。

特征三：与结论的一般性无关的细节

诺顿认为，这一条件保证了思想实验的实验性特征。他以爱因斯坦的电梯思想实验为例，想象了作为观察者的一个物理学家被弄醉后，关进一个箱子中，然后又被弄醒。在这个实验中，观察者是"一个物理学家""被弄醉""被关进箱子"等，所有这些细节均与爱因斯坦所追寻的结论无关。所以诺顿强调，没有这些细节的描述，思想实验就不具备实验的形象。

诺顿把思想实验中的这些细节的描述提炼出来，认为这是思想实验所必须具备的特征。这表明他似乎忘记了科学实验的一贯追求。在科学活动中，为了维护一个客观、公正的实验形象，诸如观察者是"一个物理学家""被弄醉""被关进箱子"等与结论无关的条件正是科学家们一直以来努力排除的可能会对实验结果产生非客观影响的干扰因素。而诺顿却要求将此类条件引入思想实验，这又怎能维护思想实验的实验性特征呢？诺顿的这一主张与思想实验的实验性特征的追求是背道而驰的。要想还思想实验以实验性特征，必须对与结论有关的细节加以提炼，而不是突出那些与结论的一般性无关的细节。

诺顿指出，上述特征为某一事件成为思想实验提供了必要条件。如果诺顿的主张成立的话，那么思想实验就必须符合两个条件：①设置假想的或与事实相悖的条件，以保证其"思想"标签；②包含与结论的一般性无关的细节，以保证其"实验"标签。但诺顿同时又指出，这两个条件是必要条件，而非充分条件。也就是说，任何一个不是思想实验的论据，都可能同时满足上述两个条件，这只需通过在论据中附加上一系列的条件，且这些条件在论据中并不起什么实质作用。不过他说他并不打算追寻思想实验的充分条件。

完成了以上条件的设置之后，诺顿剩下来的工作就是将一个个思想实验建构为论据。具体的做法即在他的思想实验就是论据的主张下，从一个假想的与事实相悖的前提条件出发，经过一些必要的中间环节，最终得出结论。事实上，诺顿将思想实验建构为论据的做法并不能适用于所有的思想实验。他的主张面临着诸多问题：①诺顿关于思想实验起点的定位并不符合思想实验的实际情况。思想实验的起点为一抽象的科学意象，而诺顿却在经验论的基础上将其等同于物质实验中事物的现象。②诺顿从前提到最终结论，中间只有几个必要的逻辑环节。事实上，意象思维的过程虽然抽象，但其过程却是连贯的，并非如逻辑推理的步骤那样可跳跃前进。但诺顿对此却视而不见。③诺顿只看到了实验中的约定条件与逻辑推理的过程，却没看到验证性思想实验与探索性思想实验之间的区别。比如，爱因斯坦的追光实验只是一个探索性的思想实验，在这个思想实验中，爱因斯坦从一个人以光速在一个光柱前方奔跑到得出结论，更多的是顿悟的作用，而没有体现出多少逻辑推理的特征。④假如诺顿关于思想实验的说明是成功的，那么接下来的问题是：今后科学家们是否可以运用逻辑推理来代替思想实验的作用？这似乎很难得到肯定的回答，因为思想实验在科学史中所发挥的巨大作用体现出的神奇力量似乎并非是单纯以逻辑推理方式存在的论据所能替代的。

（2）作为先验知识感知手段而存在的思想实验

布朗主张，人们拥有一些关于自然的先验的知识。事实上，他并不否认，人们关于世界的知识中的大部分肯定应当运用经验论的思想加以说明。但与此同时他又声称，也存在一部分先验的知识，且其来源于思想实验。不过，他又指出，并非所有的思想实验都可产生先验的知识，但先验知识可以通过思想实验对相关自然规律的感知而获得。

为了更好地说明他的主张，布朗先对思想实验进行了分类，其分类原则如下。他将思想实验分为两大类：破坏性的思想实验和建构性的思想实验。后一类又可分为三种：直接的建构性思想实验、推测的建构性思想实验和调解式的建构性思想实验①。有一部分思想实验同时既是破坏性的，又是建构性的。布朗指出，这部分思想实验很值得引起人们的注意，他将此类思想实验称为柏拉图式的思想实验，因为对先验知识的感知必须依靠这类柏拉图式的思想实验的感知作用。

布朗对他的主张所做的具体说明是：一个自然规律其实就是一个客观实体，先验知识的获得途径就是运用思想实验对这些客观实体进行感知。在对此类先验知识的获得所做的说明中，布朗最为推崇的一个思想实验案例就是伽利略的著名的自由落体运动实验。在这个实验中，伽利略让我们想象一个重球（H）上连接着一个轻球（L）。如果两个球在相同的高度被一起释放而做自由落体运动，将会发生什么样的现象呢？运用亚里士多德的理论进行推理将会导向谬误。亚里士多德认为，物体下落的速度与物体的重量有关：重球（H）比轻球（L）下落的速度快。据此可知：轻球（L）将会拉扯住重球（H），使其下落速度变慢，因此，两球结合体（H+L）下落的速度将会慢于单独一个重球（H）。用公式表示：$v_{H+L} < v_H$。然而，因为两球相连后变为一个整体，其结合体（H+L）又重于单独一个重球（H），那么，结合体（H+L）下落的速度又应当快于单独一个重球（H）。用公式表示：$v_{H+L} > v_H$。这样，我们就得到了一个很直观的悖论：两球结合体（H+L）既快于又慢于重球（H）。

布朗认为，人们对先验知识的感知，在这一思想实验中得到了很好的体现。他的理由如下所示。

1）不存在新的经验数据。布朗认为一个思想实验是排除任何新的经验数据的输入的。在这一点上，库恩（T. S. Kuhn）和诺顿所持的观点相同。但他又指出，这并不是说，思想实验中不存在经验数据，他只是强调思想实验中没有新的由感官感知而产生的经验数据的输入。

2）伽利略的新理论不是从旧的数据中运用逻辑方法演绎而来的，也不是逻辑真理中的任何一种。做出新发现的第二条道路就是从旧有的数据中演绎出它们，这条道路不会使经验主义者陷入困境。其实诺顿就持有这种观点。但布朗随即宣称，第二条道路并不能适用于所有思想实验，因为它显然不能说明他称之为柏拉图式的那种思想实验。按照第二条道路的主张，在伽利略的自由落体

① Brown J. 1991. The Laboratory of the Mind. London：Routledge：37.

运动实验中，其论据的前提条件应该包括亚里士多德理论中的所有经验数据。从这个前提出发，伽利略得到一个悖论。实验进展到这里，包括诺顿在内的第二条道路的主张者所做的说明都是有效的。但布朗认为随后就会有问题出现了，因为直到此处人们只是得到了一个悖论，从悖论到自由落体运动实验的最终结论之间还有一段距离。布朗的问题就是：在伽利略的思想实验中，人们是否可以从相同的前提得出所有物体都以相同的速度下落这一相同的结论呢？他认为，如果只是简单地想一下，对问题的回答会是肯定的，因为我们可以从悖论的矛盾状态中得出一些东西来。但布朗明确指出，其实这并不正确。他认为，无论人们从这些前提中得出什么结论来都是有问题的，因为在矛盾的基础上，本来正确无误的前提已经被削弱了。所以，所有物体都以相同的速度下落的理论并不是一个逻辑真理。因为从逻辑上看，根据物体的颜色或者它们化学成分的不同，得出物体下落的速度不相同这样的结论也是可能的。布朗有力地批驳了包括诺顿的论据观在内的第二条道路。但在这一问题上，布朗似乎又走向了另一个极端。

3）从亚里士多德到伽利略的理论的转变并不仅仅是对旧理论进行调整的结果。在这一事件中，对旧理论进行的调整是相当彻底的，但它不是理论转变的原因。为了更好地阐述他的观点，布朗假定亚里士多德的自由落体运动理论对理性信仰的程度为r，并且$0 < r < 1$。而在伽利略的思想实验之后，新的理论产生，伽利略的理论对理性信仰的程度为r'，那么$0 < r < r' < 1$。他之所以要做出这一历史性的陈述是要表明，人们对伽利略理论的理性信仰程度在这一思想实验之后要高于对亚里士多德理论的理性信仰程度。但布朗认为诉诸最少的信仰修正的想法无法重新解释事实。人们不仅有了一个新的理论，而且有了一个更好的理论[①]。

旧理论被摧毁了，新理论确立了。哪一个球下落的速度更快的问题以所有物体下落速度相同的答案得到解决。但对问题的解决所做的说明，即通过思想实验对先验知识的感知的说明，充满了神秘主义的色彩。这种神秘性来源于布朗所坚信的数学的柏拉图主义信念。布朗认为，我们对物质客体的感知和对数学直觉的感知是相似的。一个普通的视觉感知，比如说一个茶杯，人们相信光

① Brown J. 1991. The Laboratory of the Mind. London：Routledge：78.

子从茶杯进入我们的眼睛，与我们的视网膜发生作用，经过神经链，到达视觉神经。这对于大多数人来说都是毫无争议的。但他指出，对于茶杯的信念是如何形成的，我们就什么都不知道了。因为思维和大脑之间的关系，在认知过程中的部分是好理解的，但剩余部分就像柏拉图主义所坚持的观点那么神秘。所以，人们就完全不知道物质事件的链条是如何达到茶杯是用来盛水的这样的信念的。其中，感知的前半部分是以物质形式存在的客观实体之间的相互作用的过程，而后半部分则存在于人的思维之中，有人的主观意识进入，即存在诸如人的描述、判断、分析、协商等思维活动。因此，布朗认为，"数学的直觉感知并不比物质感知的最终环节来得神秘"①。

据此布朗指出，正是这种数学的柏拉图主义说明使得思想实验在科学活动中常常拥有许多特殊的功能。它能够从一特定的、成熟的理论中更加容易地得到某结论。比如，一个思想实验可以"演示与某理论特征相反的感觉，以使人更加愉快，或者它能在几何学论据中扮演图表，以帮助人们理解其引申意义，甚至发现正式的论据"②。布朗认为，麦克斯韦妖的思想实验就是这一功能的一个完美的事例。19世纪，麦克斯韦（J. C. Maxwell）极力主张热的分子运动理论。气体是分子的集合，分子在其中做自由运动，且符合牛顿的运动定律，温度就是分子的平均运动能量，压力就是分子对容器四壁产生的撞击，等等。因为气体中微粒的数量非常大，运动必须加以统计，这就产生了麦克斯韦的难题。作为热的连续统计理论的要求之一就是热力学第二定律的派生理论：在任何变化状态中，熵肯定保持平衡或增加，不可能减少。同理，热不可能从低温物体传向高温物体。即使是最好的熵统计规律也不能使熵减成为可能。因此，根据麦克斯韦的理论，当二者相接触时，有某种热从低温物体流向高温物体的机会，这是人们从未体验过的经验事实，且其也为经典热力学所绝对禁止。妖思想实验就是麦克斯韦试图使他的理论中的熵减变得不那么荒谬而提出的。他设想有2份气体（一热、一冷），在分开的状态下放入两个容器中，两个容器之间只有一个小门，由一小妖控制该门。即使热的气体中分子运动的平均速度快于冷的气体中分子运动的平均速度，每一个容器中的分子也是做杂乱无章的运动的。但

---

① Brown J. 1991. The Laboratory of the Mind. London：Routledge：65.
② Brown J. 1991. The Laboratory of the Mind. London：Routledge：36.

小妖有一种神奇的力量，可识别分子运动速度的快慢，而让运动速度快的分子从冷气体进入热气体中，慢的分子从热气体进入冷气体中[①]。

思想实验的结果当然是加速了热的容器中的分子的平均运动速度，而降低了冷的容器中的分子的平均运动速度。当然，这也意味着热的气体变得更热，冷的气体变得更冷。这明显违反了热力学第二定律。

布朗指出，整个事件的过程表明，所谓"无法想象"的事物并非真的无法想象。根据这一事例，人们看到的是，麦克斯韦的观点并非反对热力学第二定律的统计性，而是表明了熵减的可能性。麦克斯韦妖帮助人们把理论的某些结论变得看起来更加合理，为接受该理论移除了一大障碍。

布朗认为，思想实验是对以客观实体形式存在的自然规律的一种感知方式，是人们通往客观真理的一个有效通道。布朗的这种神秘的柏拉图式的思想实验的说明也存在许多问题。

1）布朗认为，人的眼睛看到一个茶杯，对于茶杯是用来盛水的信念的形成等同于数学中人们可以很直观地得出 2+2=4 一样，思想实验和茶杯信念的形成，以及数学的感知都是一样的，都是对先验的客观实体的感知方式。但所有难以解释的现象都可直接等同于对客观实体的神秘感知吗？这是不充分决定的，最多说这只是可能之一。

2）思想实验属于科学意象思维的一种，它遵循着与物质实验一样的程序。而并非如布朗的柏拉图式的感知一般，直接以一种神秘的方式感知了真理的存在，可跳过实验所必需的一些正常程序。他在他的柏拉图式的思想实验的最佳代表——伽利略的自由落体运动实验中，认为伽利略在得出了两球结合体既快于又慢于单独一个重球的悖论之后，就直接产生了"所有物体都以相同的速度下落"的结论，完成了从悖论到真理之间的神秘的飞跃。但在《关于两门新科学的对话》中，伽利略是通过类比而让人们形成"所有物体都以相同的速度下落"的认识的，而非直接跳过。

3）许多思想实验的过程并不那么神秘，比如说麦克斯韦妖的思想实验的过程就很清晰。其实其中的小妖只是未知世界中一个理论实体的代表。由于目前的科学水平的限制，人们无法制造出能够区分分子运动速度快慢的科学仪器，

① Brown J. 1991. The Laboratory of the Mind. London：Routledge：37.

而小妖就是这一仪器的替代物。随着科学的发展，未来可能会有实在的替代物产生。

3. 消除概念混乱的心理转换机制

库恩站在心理学的视角，将思想实验纳入科学革命的过程，把思想实验看作是一种消除概念混乱的心理转换机制，为思想实验做出了一种独特的解读。库恩认为，思想实验是从人们所熟知的一些经验数据出发，在一定的似真的条件下，"帮助科学家得到不同于他们以前坚持的定律和理论"[①]。"思想实验的结果即使不提供新的数据，也比通常所设想的更接近实际实验的结果。"[②] 此处的结果，是指新的理解、新的概念。

库恩指出，思想实验所产生的新的理解，不是对自然的新的理解，而是科学家的概念工具。他通过对皮亚杰的心理学实验和伽利略的有关速率的思想实验的细致分析，指出这些思想实验"通过向读者揭示他们思想方式中内含的悖理，从而把困难突出出来。结果，它就帮助他们修正他们的概念工具"[③]。而在概念修正的过程中，要想使这些思想实验的工作富有成效，"它必须允许进行或研究这种实验的人使用概念的方式与他们以前使用时相同"[④]。

同时，库恩还指出，思想实验的作用并不仅限于消除思想中的混乱状态，纠正以前的概念错误。人们从思想实验中既学习了科学家们的概念的东西，也学习了有关世界的知识。他指出，作为思想实验的结果，人们建立起明晰的概念来取代以前曾经使用的混乱概念。"思想实验通过向科学家揭示他的思想方式中暗含的矛盾或冲突而起作用。"[⑤] 库恩进而认为，通过纠正概念的混乱状况，思想实验对理论起到了双重作用，"第一，思想实验能够揭示自然界不符合于以往坚持的一套预测。此外，它们也可以提示一些具体的途径，今后都必须通过这些途径来修正预测，也修正理论"[⑤]。

当然，库恩对于思想实验的考察，主要是为他的科学革命理论服务的，在库恩这里，思想实验所产生的结果——重新概念化的过程，其实就是科学革命

① 托马斯·库恩. 2004. 必要的张力. 范岱年，纪树立译. 北京：北京大学出版社：237.
② 托马斯·库恩. 2004. 必要的张力. 范岱年，纪树立译. 北京：北京大学出版社：238.
③ 托马斯·库恩. 2004. 必要的张力. 范岱年，纪树立译. 北京：北京大学出版社：245.
④ 托马斯·库恩. 2004. 必要的张力. 范岱年，纪树立译. 北京：北京大学出版社：246.
⑤ 托马斯·库恩. 2004. 必要的张力. 范岱年，纪树立译. 北京：北京大学出版社：253.

的核心部分。因为在科学发展的过程中，思想实验发挥作用是"通过把反常转化为具体矛盾，思想实验告知我们的研究对象出了什么毛病。最初明确看到经验与隐含的预期不相符，提供了把情况调整好所必需的线索"①。反常引起了危机，思想实验就是科学危机中的主要分析工具之一，其功能就是用来促进基本概念变革。这样，此时的思想实验便处于科学革命的核心地位了。

库恩敏锐地察觉到思想实验对理论在概念方面所具有的作用。事实上，对科学问题的考察，直到劳丹（L. Laudan）之前，人们主要关注的是经验问题。劳丹认为，在科学的发展中，除了经验问题之外，还存在着与经验问题至少是同等重要的概念问题。经验问题主要是指人们在观察中形成的问题。比如：重物怎样下落？为什么这样下落？瓶子中的酒精为什么会消失？与此同时，概念问题在科学中也广泛存在。"概念问题是指这种或那种理论所显示出来的问题，它们是理论所特有的，不能独立于理论而存在。"②它们主要是指有关理论问题的那些问题。比如，在牛顿的"世界体系"中，人们如何想象物体间的超距作用？维持世界机械运转的能量之源来自何处？再比如，莱布尼茨也曾对牛顿的"世界体系"提出过质疑：牛顿的理论如何与创造了这个世界的神性相符合？诸如此类问题，都是关于牛顿理论的问题。劳丹指出，这些问题的提出，"没有一个批判是针对着未解决的经验问题或反常的经验问题的"③。也可以说，这些问题是从理论中派生出来的。不过，马雷认为，劳丹对概念问题的认识并不全面，因为劳丹所讨论的概念问题，主要是指那些对认知构成威胁或不利性的非经验问题，即概念冲突所产生的问题，而从协调论出发，概念问题不仅指概念冲突，也包括概念协调，"经验问题的发问对象在自然界，概念问题的发问对象在思维领域"④。换言之，只要发问的对象在思维领域的，不管是那些对认知构成威胁或不利性的问题，还是那些对认知有利，能够提高解题能力的问题，均属于概念问题。此外，马雷还指出，劳丹从经验和概念两个方面对理论所做的研究，只是对理论的一种静态的考察，这必然形成一个封闭的系统。为了打破这种封闭的状态，马雷指出，"理论所牵涉的看来不仅仅是经验问题和概念问题，还应

---

① 托马斯·库恩. 2004. 必要的张力. 范岱年，纪树立译. 北京：北京大学出版社：256.
② 拉瑞·劳丹. 1999. 进步及其问题. 刘新民译. 北京：华夏出版社：50.
③ 拉瑞·劳丹. 1999. 进步及其问题. 刘新民译. 北京：华夏出版社：48.
④ 马雷. 2008. 冲突与协调——科学合理性新论. 北京：商务印书馆：204.

该有一个背景问题"①。由于思想实验只是在头脑中进行思维运作的结果，没有任何新的可观测的经验数据产生，因而在思想实验的内部只涉及概念之争。当然，一个成功的思想实验的有效运作，也可以间接地影响理论的经验协调力和背景协调力②。比如，亚里士多德在他的地心说体系中，以月亮为界，将整个宇宙分为月上界和月下界。月上界的所有天体都是由以太组成的，以太是一种高贵的元素，具有向上运动的品质；而月下界则主要是指地球及地球上的万事万物，月下界的所有事物都是由土、水、气、火这四种元素组成的，这四种元素是低贱的，具有向下运动的品质。正因为月上界与月下界所具有的这两种相反的品质，所以在漫长的古代社会，人们心目中的天和地一直是两个截然不同的世界，地上是我们芸芸众生的生活家园，而天上则是神的居所，地上的万事万物由于其所固有的向下运动的属性而无法到达天上。因此，直到牛顿之前，虽然哥白尼已经以太阳为中心，对宇宙进行了重构，为人们描绘了一个全新的宇宙图景，但哥白尼的《宇宙体系论》只研究了天上诸星的运行规律，而对地上的万事万物没有丝毫的关注。同样，伽利略在 1633 年被判处终身监禁之后，将他的目光从天上转移到了地上，开始致力于研究地上事物的运动，并于 1638 年出版了《关于两门新科学的对话》，为近代科学开创了地上的力学新传统。在这部著作中，伽利略也只是专注于地上事物的研究，而对相关研究是否也适用于天上，却只字未提。也就是说，直到牛顿的时候，天和地仍然是互不兼容的两个世界。由于长久以来，天和地的传统形象深深地植根于人们内心深处，甚至已经变成了许多人的固有观念的一部分。牛顿要想用万有引力将天和地统一起来，既要使万有引力定律能够解决他所面临的经验问题和概念问题，也要消解新理论可能面临的心理冲突。鉴于此，牛顿在他的大炮思想实验中，是先从我们所熟知的某一座高山上的一门大炮的炮弹发射开始，逐渐从炮弹的飞行，延

---

① 马雷. 2008. 冲突与协调——科学合理性新论. 北京：商务印书馆：90.
② 协调论是我国学者马雷提出的一种全新的科学进步的合理性模式。在协调论中，马雷以科学理论的协调力为主要考察对象。协调力是科学理论的评价指标体系的统称，包括经验协调、概念协调和背景协调。经验协调力是指理论解决经验问题的效力，不仅关注理论是否解决了经验问题，以及解决的经验问题的数量和权值，还关注理论解决经验问题的其他方式和力度；概念协调力是指理论解决概念问题的效力，主要关注理论内部的概念、观点之间的冲突和协调关系，也关注理论与理论之间、理论与更广泛的科学信念之间的冲突和协调关系；背景协调力是指理论解决背景问题的效力，主要考察理论与其背景因素之间的冲突与协调关系。

伸到月亮围绕地球所做的旋转运动，地球围绕太阳的旋转运动，乃至整个世界的运动，从而向人们呈现出，宇宙万事万物的运动变化过程遵循的都是同样的力的定律。这一思想实验在为理论的经验问题的解决提供研究思路，实现理论在概念上的协调，同时，又从人们所熟知的身边的世界逐渐过渡到遥远的天上，直至宇宙万事万物，对人的思维、心理等方面也会产生影响，而使理论处于背景协调的状态。

然而，库恩对思想实验所做的说明，将思想实验置于科学革命的中心位置，则过分夸大了思想实验的作用。从科学史的实际出发，协调论主张，思想实验在理论概念方面所起的作用，只是影响到理论的局部协调力，理论的综合协调力的比较还要看其他协调指标。假定有两个相互竞争的理论 T_1 和 T_2。在某一历史时刻，一个思想实验使 T_1 的协调力处于暂时领先地位。一旦竞争理论 T_2 在其概念上加以调整，T_2 的协调力就可能上升，其综合协调力就有可能超过 T_1。在量子力学领域，爱因斯坦（A. Einstein）和玻尔（N. H. D. Bohr）曾进行过一场长期的论战。为了否证量子力学的基础——测不准原理，爱因斯坦精心设计了一个光子盒思想实验。在这一实验中，由于光子盒的作用，人们可同时测知光子的能量和时间。这将从根本上动摇量子力学的理论根基。爱因斯坦理论的协调力暂时领先，但这种状况只维持了一天。就在爱因斯坦的光子盒实验提出的第二天，玻尔就对这一实验给出了不同的诠释：根据爱因斯坦的广义相对论的引力原理，在对盒子进行称量的过程中，盒子在引力场中的位移将改变时钟的快慢，所引起的误差正好可满足测不准原理。同一个思想实验，没有任何新的经验数据加入，只是在理论内部进行调整，完全在只属于概念问题的范畴内展开的争论，就可使理论从协调状态变为冲突状态。当然，根据协调论，爱因斯坦设计光子盒思想实验主要是为了向人们呈现量子力学中存在着概念冲突，不过，除了此类表现为冲突的概念问题之外，一些表现为协调状态的概念关系也属于概念问题。比如，爱因斯坦在追光实验中，对如果追逐空间中的一束光会有什么结果的设想，就启发了他的光速不变的思考，为狭义相对论的诞生奠定了基础。

不过，库恩自己也承认，他对思想实验所做的说明并不适用于所有的思想实验，只有在出现悖论时（这时概念模糊不清），库恩的说明才是有效的。

4. 无须操作的实验

（1）思想实验就是实验

索伦森（R. A. Sorensen）有关思想实验本质的观点比较清晰。他承认思想实验和物质实验之间存在区别，但他认为这仅仅是一些限制条件的不同而已，因此他明确主张，"思想实验就是实验"[①]。并且，他还主张，这种不同在科学和哲学中的情形是一样的，因为他认为，从科学到哲学是一个对世界描绘的渐进的过程。他认为，"哲学与科学之间的不同只是程度上的，而不是类别上的"[①]。科学的图景只是比哲学更加具有多样性，更加具体而已，"只要你通晓了科学，掌握了科学中变化的参数，你就懂得了哲学"[①]。

对于实验的传统形象，索伦森是持批判态度的。他指出，传统的观念认为实验就是人们观察到和看到（look and see）了什么现象，而缺失了思考的重要作用，而这正是思想实验的主要功能。但索伦森认为，思想实验的特殊之处并不止于此，他极力主张思想实验研究的重点是悖论问题，或者说，思想实验是一个程序化的悖论，主要揭示理论中内在的矛盾。他指出，这才是思想实验和物质实验的主要不同之所在。

在对思想实验和物质实验进行比较之后，索伦森认为绝大部分思想实验都可通过引出想象的方案而转化为物质实验，因此人们应该将一组标准实验设想成悖论来进行分析。在这里，他用帕斯卡（B. Pascal）的有关空气研究的演示实验来加以说明（帕斯卡认为空气为物质，而不是虚无）[②]。在实验中，帕斯卡称量了一个空的气球，然后在这个空的气球内充入气体使之膨胀。再次称量时他发现，充入空气的气球的重量有微小增加，从而断定空气是物质。进而索伦森对这一实验加以系统组织如下：

①原有的观点：空气就是虚无。
②延伸说明：如果空气是虚无，那么它肯定没有重量。
③与事实相反的情况：如果空气没有重量，且只有空气进入气球，那么气球将不会变重。
④谬误：充满空气的气球是不可能获得重量的。

---

① Sorensen R. 1992. Thought Experiments. New York：Oxford University Press：3.
② 在帕斯卡之前，科学界的主流观点认为，世界存在于虚空之中。

⑤内在的可能性：仅有空气被充入气球是可能的[①]。

在这一实验中，索伦森认为，思想实验和物质实验在逻辑上的相似性使得二者可兼顾它们在认识论上的不同。若实施一个物质实验，则能在④和⑤两个方面给人们提供一个更好的证据。不过，索伦森也发现思想实验与物质实验之间存在一些功能的不同。此外，在一个悖论问题的研究中，二者都能为人们提供依据，但它们试图这样做的方式不同。物质实验通过增加人们的感官进行感觉的机会来提供依据，而一个有效的思想实验则通过扩大人们的非感官来源（比如说回忆、一种知识向另一种知识的转化、认知任务的内在重新整合，以及认知障碍和难题的消化，等等）来实现。不过这并不意味着思想实验和物质实验之间有什么本质的区别，因为一个常规的物质实验也可以和它的感官策略一起使用这些非感官策略。思想实验只是物质实验的延伸，本质上"思想实验就是无须真正实施即可达到其目标的实验"[②]。这和马赫的思想实验主张有些相似。索伦森与马赫不同的是，索伦森既反对思想实验高于物质实验的观点，也反对人们可能会基于经验而产生物质实验高于思想实验的看法，因为不同的实验有着它们专门化的优点。

（2）实验程序的精简

索伦森和诺顿都是在经验论的基础上形成的对思想实验的认识。事实上，诺顿对思想实验与经验之间关系的认识，与思想实验的实际较为符合，不过，他在对思想实验进行逻辑重构的过程中，却与对思想实验的本来面目的刻画渐行渐远。他认识到思想实验应该具有实验性的特征，但重构之后的思想实验由于不能反映实验现象的连续转化，以及最终现象的呈现而丧失了实验性的特征。在这一问题上，索伦森主张思想实验就是实验。

索伦森的有关"思想实验就是实验"的主张是在考察了实验的详细设计过程之后得出的。索伦森认为，在实验过程中，对实验程序加以精简意味着一个旨在提供信息的实验计划有所进步。当然，这一精简是以不损失信息为前提的，即精简了实验程序的同时，仍然能够为人们提供同样多的信息，则实验计划获得了进步。当然，程序的精简显然必须以经验的累积为基础。索伦森发现，许

---

① Sorensen R. 1992. Thought Experiments. New York：Oxford University Press：164.

② Sorensen R. 1992. Thought Experiments. New York：Oxford University Press：205.

多创新都是模仿并扩展了某些偶然事件的好的效应的结果。比如，早期的渔民可能是在无意间发现，带有倒刺的鱼钩捕鱼效果更好，因此他们就会将这个带有倒刺的鱼钩作为今后制造鱼钩的模型。不过，我们可以想象的是，制造鱼钩的那些渔民可能并没有掌握倒刺能够提供捕鱼帮助的理论知识，他们只是在经年累月的实践中选择他们使用过的最为成功的鱼钩作为新的模型，从而使鱼钩变得越来越好。索伦森认为，这种在鱼钩改进的过程中，鱼钩制作者仅仅依靠直观经验就跳过了许多实验程序的做法，就是他所谓的"实验程序的精简"环节。

当然，索伦森指出，这里的实验程序的精简本身不是思想实验，但他认为，这是从感官直接感知的物质实验进化到思想实验的重要一步。在对科学实验的具体考察中，索伦森发现，实验设计中存在着大量的未知、偏见、干扰等因素，这些因素可能会使人们难以达到实验的目标。严格地纠缠于这些因素之中，常常令实验无法继续。而经验告诉人们，如果通过精简实验程序的方法，忽略这些障碍因素，常会使人们易于达到目标。

不过，对实验程序的精简不是随意进行的。在对整个实验过程中所发生的一系列不断变化的现象进行精简后，我们将会把目光聚焦于几个关键的变化。如果再更进一步，"当我们的创新者打算通过假想而不是具体操作来呈现实验时，他就迈入了思想实验的王国"①。索伦森指出，通过这革命性的一跃，我们就完成了从物质实验向思想实验的转变。

需要指出的是，在物质实验中对实验程序的精简也比较常见，且大多属于经验层面允许的范围。但索伦森发现，还存在一种情况，即在有些实验步骤明显不可行的情况下，人们必须在缺失了某些标准实验应该有的步骤的时候去猜测结果。索伦森认为，这些缺失了必要步骤的实验就是思想实验的雏形，"当我们不断提高在思想中实验的比例，以取代操作实验时，实验看起来就更像思想实验了。当情况达到极致，所有的实验都无须操作时，我们就得到了一个清晰的思想实验实例"①。

在这里，索伦森从物质实验过渡到思想实验，主要是通过逐步减少实验程序来实现的。由此他得出结论：思想实验就是实验，只不过它们是一些无须具

---

① Sorensen R. 1992. Thought Experiments. New York：Oxford University Press：3.

体操作的实验。但事实上，索伦森忽视了重要的一点：许多实验，比如，爱因斯坦的纠缠实验、牛顿的大炮实验、薛定谔猫等，都是先有思想实验，后有物质实验的。两种实验状态的先后顺序所带来的问题是，在没有物质实验的前提下，爱因斯坦等人是如何精简实验程序的呢？索伦森的实验程序精简说显然无法做出回答。此外，从索伦森的论证中，我们可以明显看到，完成所谓的从物质实验到思想实验的革命性的一跃的是无法操作的实验步骤，而不是无须操作的实验步骤。而索伦森对无法操作和无须操作的混淆，导致了他看不到思想实验与物质实验之间的本质区别。因此，虽然索伦森看到了思想实验的经验基础，克服了诺顿的思想实验论据观的固有问题，对思想实验的刻画更加深入，但他的思想实验观仍然面临困境：思想实验和物质实验之间的本质区别何在？这是我们必须继续探讨的一个难题。

5. 思想实验的模型建构观

库珀（R. Cooper）主张，"思想实验为人们展示了一系列'WHAT IF'问题"①。比如，假设不存在摩擦，将会发生什么现象？或者是假设一个人像一个变形虫一样发生分裂，那么，将会发生什么现象？思想实验就是根据这些"WHAT IF"问题建构起来的一个模型。

库珀认为，当人们回答这些"WHAT IF"问题的时候，必然会在头脑中设想那些想象中的客体如何表现。当然，这些想象会受到一些明确的规律的规定。因此，人们可以设想物体在重力的作用下将以多快的速度下落，这和预测真实的物体以什么样的速度下落的方式一样。有时候，在想象中还会运用一些我们无法正式陈述的规律的默示的理解。比如，光线暗含着它以光速运行，铅笔暗含着它是一种书写工具。在这些或明或暗的规律的支配下，人们就可以在思想实验中模拟现实并对事件加以推理了。

库珀指出，思想实验者在回答"WHAT IF"问题时，要考虑所有与结论相关的情况，而那些与实验的目标无关的情况可被忽略掉。这和诺顿的主张恰好相反，因为诺顿认为，思想实验必须要包含一些与结论的一般性无关的细节，以保证思想实验的实验性特征，否则将不能称为思想实验。库珀指出，不同的思想实验者遵从"WHAT IF"问题模式后，还有可能产生不同的结果。当

---

① Cooper R. 2005. Thought experiments. Metaphilosophy，36（3）：328-347.

"WHAT IF"的所有问题都得到回答时，思想实验就是一个内在的前后一致的模型。在模型中，人们通常利用不同的辅助物——笔、纸、图表等，在可能的世界里展开形象化的思考。库珀采纳了可能世界的说明，这样，思想实验者可以制造一个内在的前后一致的模型，这个模型要么建构，要么描绘一个可能的世界。

但库珀又指出，因为思想实验者不会详细说明他的模型中不相关的细节，所以他不会制造出一个可能世界，但却能够提供一个可能世界的无限数据的模板。如果一个思想实验者试图建构一个内在的前后一致的模型，那么他将得出结论：他在建构一个可能世界。但其可能性的力度，是物理的还是逻辑的，则取决于思想实验者是否将自己限制在建构真正的物理规律所包含的模型之内。

在这里，库珀欲运用可能世界对思想实验加以说明，但他并不想投入精力去建构可能世界。库珀的研究策略是承认存在可能世界，并对它加以运用，但同时库珀也意识到可能世界中因存在着太多的不确定因素而难以把握，便试图避开这一问题。的确，历史上对于可能世界早已有太多的争论，但一直都未能达成共识，因而难以定论。劳丹将有关世界的科学问题分为已解决的问题、未解决的问题、反常问题三类。事实上，劳丹还忽略了一类可能永远也无法确证的问题，比如说上帝。他存在于人类世界之外，永远只能作为一种先验的存在。因此，可能世界包含两种情况：未知但可探索的世界（如对自然界未知的探索）和永远无法确证的世界（即永远的可能世界，上帝即在其中）。

有时候，思想实验可能无法形成一个内在的前后一致的模型。原因是沿着"WHAT IF"问题模型的思路走下去，结果是产生一个悖论。这样，思想实验者将可能得出结论，认为想象的条件是不可能的。库珀认为问题的解决主要依靠思想实验者是否将他尝试建构的模型限定在其所包含的真实的物理规律之内。事实上，许多思想实验者为了使自己的理论具有更大的可信度和说服力，尽量将自己限定在真实的物理规律所允许的范围内，越是真实，越是可信。反之，这样的思想实验很容易遭到真实的物理规律的反击，如爱因斯坦的光子盒实验。但有些探索性的思想实验则不必将其限定在现有的自然规律所允许的范围内，因为它只需从某种现象中寻求启示即可，所以它完全可以在可能世界中进行，而不必考虑现有的真实的自然规律。

当然，库珀的模型建构观所做的努力是想为思想实验找到一个一劳永逸的说明。但稍作思考我们便可发现，他的模型并非仅仅是对思想实验所做的说明，他的模型也完全适用于物质实验，甚至可适用于任何普通的非实验的问题。这样的模式相对于他的初衷而言，显然没有达到为思想实验提供合理的说明的目的。

与库珀一样，耐塞西安（N. J. Nersessian）和米什切维奇（N. Miščević）也主张思想实验就是通过操作一个模型而获得知识。但他们的模型是基于认知心理学的特别的智力模型。他们认为，智力模型不是语言学的代表，也不是思维中的图像，而是一种环境的结构类比。按照他们的观点，思想实验是对真实的自然界中的现象展开的模仿。但在模型建构的过程中，他们又设置了许多限制条件，因而他们的模型也无法适用于所有的思想实验。不过，虽然他们的研究视角各有不同，但基本方法颇为相似。模型建构观是近年来在思想实验研究领域中出现的一个值得人们关注的新现象。

二、思想实验本质探寻的关键

目前已有的有关思想实验的本质的研究形成了诸多关于思想实验的不同主张。毫无疑问，明确思想实验与经验的关系，即思想实验是经验的还是先验的，是回答思想实验在本质上究竟是什么的关键。

1. 思想实验与经验的关系

有关思想实验与经验的关系的主张，已有的研究存在两种相互对立的观点：一种主张思想实验与物质实验一样，属于基于经验的科学实验；另一种主张思想实验与经验无关，是一种先验的存在，完全是思维的产物。

诺顿是思想实验经验论的代表人物。他认为，思想实验虽然在科学史上有过许多杰出的贡献，但它并不是什么认识论上的奇迹，它与物质实验一样，可为我们提供一些有关世界的信息，而之所以能够如此，"是因为它们运用了我们的一般性认识论资源：常规经验和得出它们的推理"[①]。这就是说，思想实验与物质实验一样，都是从常规经验出发，经过相关推理，最终得出结论。他认为，我们所有的知识都是从经验中来的，只不过在思想实验有关世界的知识的形成

---

① Norton J. 1996. Are thought experiments just what you thought? Canadian Journal of Philosophy, 26（3）: 333-366.

过程中增加了科学家的提炼、概括、重新组织的工作。诺顿做出此论断的根据是：思想实验不包含任何新的经验数据。由此他主张，思想实验只能是重新组织或概括了我们已知的关于世界的知识。

与诺顿的观点相似，马赫也主张，人类对世界的认识是基于不断累积的经验的，在这个方面，思想实验与物质实验之间不存在明显的界限。他指出，亚里士多德所进行的物理学研究大多是运用思想实验进行的，"这些思想实验利用了回忆中特别是语言中储存的经验财富"①。当然，马赫也承认，人类本能的经验获得与思想实验之间存在一定的距离，因为日常的粗糙经验为人们呈现的是一个不确定的世界图景。不过，也正是这些日常经验为人们提供了丰富的个别情况，而如果我们用思想实验来代替那种粗糙的经验，后来得出的量上的表象就获得了最肯定的支柱。也就是说，思想实验较之于物质实验而言，是一种建立在更为精致的经验基础之上的实验。至于索伦森，他在思想实验与经验的关系上，则比马赫和诺顿更为激进，他认为思想实验就是实验。

而与上述主张相对的是，布朗认为有些思想实验是先验的存在，与经验无关。他认为，有一部分有关世界的知识是先验的，这些先验知识是人们通过对自然规律的感知而获得的，并且，感知的方式是思想实验。也就是说，思想实验是这些先验知识的源泉。不过，布朗承认并非所有的思想实验都能够产生先验知识，只有他称为柏拉图式的思想实验才具有这一功能。所谓柏拉图式的思想实验就是某种单一的思想实验，它在摧毁一个旧理论的同时又形成一个新理论。布朗主张，"这一过程是先验的，它既不立足于新的经验证据之上，也不仅仅是旧的经验数据的派生"②。

库恩也认为，物质实验所依靠的经验数据必须是人们熟知并普遍接受的，但思想实验仅仅从这些经验数据出发，则无法导致新知识的产生或对自然形成新的理解。他主张，"思想实验所产生的新理解不是对自然的理解，而宁可说是科学家的概念工具"③。鉴于这一认识，库恩认为，思想实验的作用就在于迫使科学家承认他们的思想方式中的固有矛盾，以便消除以前的混乱。而这种作用的

---

① Mach E. 1976. On thought experiments//Mach E. Knowledge and Error. Dordrecht：Reidel：449-457.

② Brown J. 1991. The Laboratory of the Mind. London：Routledge：37.

③ Kuhn T S. 1977. A function for thought experiments//Kuhn T S. The Essential Tension：Selected Studies in Scientific Tradition and Change. Chicago：The University of Chicago Press：240-265.

发挥是概念工具在科学家的心理转换中实现的,因此不取决于人们所熟知的那些经验数据。除了布朗和库恩之外,还有一些人认为思想实验与经验无关,它只是人们在头脑中建构的一些模型。这类主张包括库珀的思想实验"WHAT IF"问题模型、耐塞西安及米什切维奇的智力模型论等。

总体上看,在思想实验与经验的关系上——思想实验究竟是经验的还是先验的,两种主张争论激烈,由于出发点不同,最终有关思想实验的本性,即思想实验究竟是什么的回答,也必然出现根本对立的情况。以思想实验与经验之间的关系为着眼点,对布朗的先验论与诺顿的经验论两个典型进行分析,可为我们认清思想实验的本质提供帮助。

2. 思想实验是先验的吗?

布朗之所以断言有些思想实验是先验的,根本原因就在于他认为自然规律就是一般概念之间的联系。而一般概念和数学客体一样,属于抽象实体的范畴。在此基础上,布朗认为,"有些自然规律可以为人们所感知,其方式就和有些数学客体可为人们所感知一样"[1]。这就意味着,人们无法直接与一般概念相接触,就像人们不能抓住数学客体一样,但人们可以通过某些特定的感知方式去认识这些自然规律。在这里,布朗所说的认识手段就是思想实验,抽象实体的存在就是思想实验的感知对象。也正是抽象实体的存在使得人类的先验感官明显在起作用,它与数学的柏拉图哲学中所包含的东西是相同的。

事实上,虽然布朗主张思想实验的先验存在,但他并不否认经验的作用,而他的有关思想实验是先验的主张,主要源于他一直聚焦的人的认识过程中从经验现象到自然规律之间那神秘的一跃[2]。显然,人类认识经由经验现象到达规律的这神秘的一跃究竟是经验的还是先验的,决定了思想实验的本质。那么,思想实验果真如布朗所主张的那样,是先验的吗?对这一问题的回答,我们可以从光子纠缠实验的两种不同状态中寻找答案。

光子纠缠实验状态之一: 思想实验

1935年,爱因斯坦、波多尔斯基(B. Podolsky)和罗森(N. Rosen)三人共同发表了文章——《量子力学对物理实在的描述是完

---

[1] Brown J. 1991. The Laboratory of the Mind. London: Routledge: 37.

[2] Brown J. 1991. The Laboratory of the Mind. London: Routledge: 45.

备的吗？》(*Can Quantum-Mechanical Description of Physical Reality Be Considered Complete*？)。在文章中，他们借助一个后来被称为 EPR 佯谬的思想实验来论证量子理论的不完备性。其中，他们先假定存在两个处于纠缠状态的光子：A 和 B。且 A 和 B 之间的距离足够远，远到它们相互的空间波包没有重叠。在此情况下，对 A 的测量不会对 B 产生任何影响，反之亦然。由于二者之间存在纠缠关系，我们可知，如果对 A 的位置测量结果是 +1，那么 B 的位置一定是 –1。同理，对 A 和 B 的动量测量也必然存在同样的关系。当然，爱因斯坦设计 EPR 思想实验是在以下两个前提下进行的：①定域因果论。如果两次测量事件之间的四维时空是类空的，那么这两个事件之间没有因果关系。②物理实在要素。要使一个物理量成为实在的，它的充分条件是：如果一个体系不受干扰，就有可能对它做出确定的预测。即在不扰动一个系统的前提下，该系统的任何可观测的物理量在客观上都应当具有一个确定的经验数值。那么，因为对光子 A 和 B 的测量是类空间隔的，所以对 A 的测量不会对 B 产生扰动。由此可得出结论，粒子 B 的动量和位置可精确得知，因此量子力学对粒子的状态所提供的说明是不完备的[①]。

光子纠缠实验状态之二：物质实验

目前，科学界制备纠缠光子对的普遍方法是通过激光泵浦非线性光学晶体的自发参量下转换(spontaneous parametric down-conversion, SPDC)实现的。假定在 SPDC 过程中，有一束高频激光通过一块偏硼酸钡晶体时，光子会有一定概率被劈裂成两个低频光子 A 和 B。A 和 B 遵循能量守恒和动量守恒，在两个圆锥相交方向上，A 和 B 处于相干叠加态。此时，这对光子不但在极化信息上高度关联，而且在时间信息上也高度关联。于是，我们就得到了一个可经验感知的纠缠光子对。

当然，在运用物质实验的手段获取高品质的纠缠光子对的过程中，还有一些具体问题需要解决，比如，光子在通过偏硼酸钡晶体时，容易产生"走离效应"，而降低光子对之间的关联，通常需要放置半波片使得光子产生极化旋转，以解决这一问题。但事实上，这属于技术问题，不影响纠缠光子对实验的基本

---

① Einstein A，Podolsky B，Rosen N. 1935. Can quantum-mechanical description of physical reality be considered complete？Physical Review，47（10）：777-780.

性质。目前在这一领域中，我国潘建伟领导的团队已经完成了制备八光子纠缠实验。这就意味着，EPR 思想实验中从经验现象到自然规律之间的跨越并非如布朗所坚称的那么神秘，而且对现象背后的规律的感知也并非如人们对抽象的数学客体的认识那样，人们可借助物质手段获取经验信息，以实现对规律的认知。

纠缠光子实验的两种状态表明，在一定条件下，思想实验和物质实验之间可以发生转换。从根本上看，思想实验是经验的，而不是先验的。事实上，布朗关于思想实验的先验观点，是在实验条件无法实现的情况下做出的解释。在 EPR 思想实验中，在爱因斯坦等人设计这一实验的时候，纠缠现象无法被经验所验证。当然，笔者也并不否认，在有的思想实验中，部分实验条件或许将永远无法实现，但我们完全可以通过类比，将实验条件做类经验的理想化处理，进而完成从现象到规律的一跃。

3. 思想实验论据观的问题

在思想实验和经验的关系的问题上，诺顿的主张与布朗的柏拉图式思想实验先验观是针锋相对的。诺顿认为，包括所谓先验知识在内的一切人类关于世界的知识，都是以经验为基础而存在的。不过，由于思想实验中不包含有关世界的新的经验数据，因此，这些先验知识作为某种假设存在于思想实验之中。事实上，虽然在这里诺顿没有明确提到类经验与直接经验的关系，但他在思想实验中一再论及的，以假设存在的先验知识就是类经验。它虽不是直接的经验数据，但却是在人类传统经验基础之上抽象和综合的产物，是一种源于经验，同时又高于具体经验的经验形式。

在 EPR 思想实验中，虽然当时人们完全无法得到一个相互纠缠的光子对，甚至也无法实现对单个光子的位置与动量的精确测量，但这并不妨碍在人们的思维中出现理论上存在的相互纠缠的两个光子对，也不妨碍人们对纠缠光子 A 或 B 的位置在思维中的精确测量。其中，处于纠缠状态的光子在有些人的头脑中可能来自儿时玩耍的两个相互碰撞之后又分开的玻璃球的形象，在另一些人的头脑中可能来自过去某个时候他们目睹的一次车祸——两辆车猛烈撞击之后又分开的景象，也可能有些人就把两个光子抽象为两个质点。在不同的人的头脑中出现的光子形象各不相同，但不管是哪一种，都必然来源于现实的经验世界。

对纠缠光子的测量也是如此。熟悉粒子物理学的人，对于 EPR 中光子的测量所想象出来的形象，大多与对其他已知普通粒子的测量中要用到的手段和设备是一样的，这在玻尔对 EPR 思想实验的回答中可以得到证实。在回答中，玻尔用到了光阑、照相底片、规定着空间参照系的底座等装置[①]。当然，思想实验中的测量所需的装置和目前光子纠缠物质实验中用到的半波片等不一样。这是因为思想实验中的测量受到人们以前对基本粒子的各种测量手段的影响，是从以往的具体经验中抽象出来而进行的类经验的操作。正是类经验的运用，保证了诺顿所强调的思想实验的实验性特征。

不过，诺顿对思想实验的经验论主张只是为他的论据观服务的。诺顿认为，由于思想实验可以为人们提供一些关于世界的信息，而这些信息又不是来源于新的经验数据，"因此，这些信息唯一的毫无争议的来源可能是它由人们已经证明为相同的论据导出的，尽管这些数据不可能在思想实验的细节陈述中展开"[②]。进而，他主张所有思想实验都可被重构为论据。关于对思想实验的论据重构，诺顿主要分为两个步骤：重构论题和消去论题。在重构论题中，他对思想实验进行分步骤提炼，并按照一定的逻辑步骤将其提炼为论据；在消去论题中，主要是在提炼的基础之上，把思想实验中的一些与结论的一般性无关的细节剔除出去。

根据诺顿的思想实验论据观，对 EPR 思想实验进行重构的过程如下。

①假定存在前提：定域因果论和物理实在要素。

②从①中可得出：如果存在两个处于纠缠状态的光子 A 和 B，那么当 A 和 B 之间的距离足够远时，对 A 的测量不会对 B 产生任何影响，反之亦然。

③对 A 的位置进行测量，得到的结果为 +1。

④由①和②可得出：B 的位置为 −1。

⑤同理，可得出 B 的动量值。

⑥结论：B 的位置和动量可精确得出。

⑦因此，量子理论是不完备的。

事实上，从论据重构中，我们可以看出，诺顿对思想实验的经验论主张并不坚定。他指出："原则上，人们可以在坚持论据观的同时，对论据中所使用前

---

①　Bohr N. 1935. Can quantum-mechanical description of physical reality be considered complete？ Physical Review，48（8）：696-702.

②　Norton J. 1991. Thought Experiments in Einstein's Work. Savage：Rowman & Littlefield：129-148.

提条件的根源，以及它们与经验之间的关联不作任何考虑。"①经验论只是诺顿进行论据重构的铺垫，一旦实现了论据重构的目的，诺顿就放弃了经验与思想实验的关系。

问题是，再次远离了经验基础的论据观，并非真的如诺顿所坚持的那样适用于一切思想实验——能够对所有的思想实验进行重构，一旦思想实验中存在某些类似人的主观选择的因素，论据观就将面临失效。比如，霍金（S. W. Hawking）曾设计过一个金鱼缸思想实验，以说明不同的理论何以能够同时说明一个相同的世界。

> 金鱼的实在图像与人们的不同，但金鱼仍然可以描述制约它们观察到的在鱼缸外物体运动的科学定律。例如，对于鱼缸导致的变形效应，我们观察到在一条直线上运动的一个自由物体会被缸中的金鱼观察成是沿着一条曲线在运动。尽管如此，金鱼仍可以通过从它们变形的参考系中看到的现象对科学定律加以表述，且这些定律总是成立，它们总是能够预言鱼缸外物体的未来运动②。

在霍金的金鱼缸思想实验中，站在两个不同的视角去看世界，人们可能会得到两个不同的对世界进行描述的理论。而这并不意味着这两个理论有对错之别，或许这两个理论都是正确的。这一思想实验中存在着一些左右人进行理论选择的主观因素，这些因素无法在诺顿的论据重构中表现出来。事实上，此类在思想实验中常常出现的主观因素还有许多，诸如感觉、心理、信仰等，都是单纯的论据所难以解决的问题。

三、新的方向：实验条件的理想化

事实上，无论是主张思想实验在本质上是先验的布朗、库恩、库珀等，还是主张思想实验是经验的马赫、诺顿、索伦森等，他们都不否认思想实验与经验有一定的联系。两大派别的根本区别在于经验是否是思想实验所提供的关于世界的信息的最终源泉。

---

① Norton J. 1996. Are thought experiments just what you thought? Canadian Journal of Philosophy, 26（3）: 333-366.
② 史蒂芬·霍金，列纳德·蒙洛迪诺. 2011. 大设计. 吴忠超译. 长沙：湖南科学技术出版社：31.

关于 EPR 思想实验中光子对的来源，让我们从爱因斯坦和玻尔的论战的原景中去寻找答案。事实上，我们可以发现，爱因斯坦等人最初在 EPR 思想实验中的考察对象并不是两个光子（photon），而是两个独立的系统（system），后来为了说明的需要，爱因斯坦将这两个系统简化为两个粒子（particle）。在这里，我们看到这三者和人们旧有的经验的关系大不相同。系统与经验距离最远，完全是一个抽象的概念。粒子也不是一个具体的经验对象，它可与电子、质子、中子、夸克（quark）等许多基本粒子相对应，是这些基本粒子的集合概念。而光子则通常是一个具体的经验对象，属于基本粒子的一部分。但是，从系统到粒子，再到后来人们讨论的光子，虽然这三者之间发生了一系列的变化，但这并不影响人们对 EPR 思想实验的理解，因此，系统、粒子和光子在思想实验中本质上是一致的。

鉴于 EPR 思想实验中的三者与经验关系上的本质一致性，我们可知，思想实验中的光子与物质实验中的光子显然属于不同的概念。即思想实验中的光子并非是一个具体的经验对象，而更多的是作为粒子或系统的代表而存在的。此处的光子不仅仅是一个光子，更是一个粒子、一个体系。所以，思想实验中的光子不是如物质实验中的光子那样以直接经验感知的方式存在，而是以以往旧有的粒子或系统经验为基础，综合而成的类经验方式存在。从这一意义上说，类经验是思想实验中实验对象的形成基础。正是以类经验方式存在的实验对象，使得思想实验具有了物质实验所无法具有的特性。因为物质实验中的实验对象（如光子）只能是某种特定的存在，而思想实验中的实验对象（如光子）则不仅可具有光子的特性，还可具有其他基本粒子（如电子、质子、中子等）的共有特性，是经过人的头脑抽象了的存在。

光子的这种抽象的类经验存在方式，使光子可以在头脑中任意地发生变化，为思想实验条件的理想化提供了可能。当然，以类经验的方式操作光子的情况不仅仅发生在思想实验中，在物质实验中也常会出现。正如索伦森所指出的那样，在许多物质实验之前，科学家们都会在头脑中先行运作一番。这就是索伦森称之为无须操作的那种情况。而在马赫那里，这是为物质实验的具体操作做好准备[①]。不过，此时以类经验方式操作的实验显然属于物质实验，虽然没有真

①　Mach E. 1976. On thought experiments//Mach E. Knowledge and Error. Dordrecht：Reidel：449-457.

正进入到实际操作的层面。比如，在潘建伟的八光子纠缠实验真正操作之前，他们的头脑中肯定早已将具体实验操作的过程运作过许多次。显然，我们不能因为他们是在头脑中先行运作了一遍就称之为思想实验。事实上，直到这一步为止，索伦森对思想实验与经验之间关系的认识都没有问题。此时，他对思想实验的本原的揭示仅一步之遥。可惜的是，索伦森却误将无须操作看成是思想实验的本质特征。

经过深入考察后，我们可以发现，发生在思想实验中的类经验操作与索伦森所指的无须操作的情况并不相同。其主要区别在于，在思想实验中进行类经验处理的都是在现实中无法操作的步骤，而不是无须操作的步骤。比如，在爱因斯坦的 EPR 思想实验中，由于受到当时条件的限制，他们根本就无法进行实践操作，只能在头脑中以类经验为基础进行运作。此时，这一实验就是思想实验。

通过对无须操作与无法操作两种情况的澄清，将索伦森的无须操作的思想实验观改造为条件理想化的实验，对于思想实验的本质认识有着重要的意义。我们将不再受到思想实验概念模糊性的困扰，这为思想实验在当代科学前沿的有效运用扫清道路。

需要特别指出的是，无法操作又分为两种情况：永远无法操作和当下无法操作。对于受科学水平和条件所限而当下无法操作的实验，随着科学水平的提升，条件一旦成熟，思想实验就可转化为物质实验。纠缠实验的两种状态，就是典型。而且两种状态的出现通常存在着先后顺序：先有思想实验，后有物质实验。在科学史上，我们从来没有见过，在科学水平可行的情况下，科学家先操作了某一物质实验，然后再以思想实验的形式又将它呈现一遍，也没有见过思想实验与物质实验同时出现的情况。因为人们一旦可以在经验层面操作某一物质实验，就无须让它以思想实验的方式存在了。因此，思想实验一旦转化为物质实验，它作为思想实验的特征就已经失去，它就已经不再是思想实验了[①]。在此意义上，只有当实验条件无法在现实中达到时，将条件理想化的实验才是思想实验。

实验条件的改变对实验结果的获得至关重要。不断改变实验条件的过程就是笔者所称的条件优越化的过程。为了使事物的现象能够清楚明白地显现出来，

---

① 虽然我们现在依然在讨论 EPR 思想实验，但它目前只是作为科学史中的一个对后来科学发展产生重大影响的思想实验而存在。

人们在实践中逐渐认识到实验条件的重要性。即使是在一个简单的对动植物的生长习性所进行的观察中也是如此。比如，探究鼠妇生活习性的实验，我们必须要具备适当的环境和实验器材：若干鼠妇、两个或两个以上的培养皿、潮湿和干燥的泥土。除了以上必需的实验对象和相关实验材料以外，为了使现象更清楚明白地呈现出来，我们还应该具备阴凉的和阳光充足的环境。在复杂的大型科研实验中就更是如此。

因此，实验条件的重要性不仅体现在对条件的选择上，还体现在人们有意识地对条件的改变上。近代科学革命以后，实验室大量建设的原动力恐怕就来源于此，因为实验室能够提供使事物现象呈现的优越条件。当然，这也是近现代科学实验中的观察区别于古代自然条件下科学观察活动的最重要的特征。通过对物理学中的所有科学定律逐一考察后我们可以发现，这些科学定律无一例外地具有一个共同的特征——理想化特征。近现代科学中的基础定律——热力学定律、牛顿力学定律、大气压强等，莫不如此。这一特征无疑来源于实验中理想化方法的运用。而在思想实验中，理想化方法的运用被发挥到了极致。

从自然条件下的观察到物质实验，再到模拟实验、虚拟实验，实验的条件逐渐地优越化，直到所有形式的条件都无法达到而必须理想化的思想实验。一个思想实验其实就是一个条件理想化的实验，且并非所有的思想实验都是无须真正实施的实验。条件理想化使得思想实验较之于物质实验有许多优势，也正是这些优势使得有些具备了物质条件但无须真正操作就可得出结论的实验表现为思想实验。条件的理想化是思想实验的最大特征。

四、本书的总体思路

本书将思想实验研究分为上、下两篇：理论篇和应用篇。理论篇共包括四章内容，解决的是思想实验的定位、思想实验的本体论研究、逻辑推理在思想实验中的作用，以及思想实验的本质特征探究等问题；应用篇是在当代科学前沿的实践中论述思想实验的作用，并为大科学问题的消解提供出路。

第一章阐述实验在科学中的作用，其首要任务便是将思想实验置于科学史的实际中加以认识，从不同侧面对其进行一个全面的描述，进而给思想实验以合适的定位。为了达到这一目的，本书从对目前的实验传统的分析开始，寻找思想实验在科学史中的合法地位。在有关实验传统的研究中，梅森（S. F. Mason）和库恩的观点可为代表。他们都主张，实验传统是 16 世纪时，在弗朗西斯·培根（Francis Bacon）的倡导下，由此前一直处于分离状态的学者传统和工匠传统相互融合而成的，并确立了此后实验传统在科学研究中的重要地位。然而，科学史上的种种事实表明，实验在古代科学中就发挥了重要作用。但梅森和库恩的实验传统对此却避而不谈。实验在近代科学以前的地位和作用，没能受到公正的对待。至少，梅森和库恩对于实验传统的界定，误导着人们对古代实验产生了漠视的态度。因此，他们的实验传统是有失偏颇的。

研究发现，实验传统大致可分为思想实验传统和物质实验传统。毫无疑问，在科学史的大部分时间里，确切地说，从科学史初始之时到 16 世纪的漫长岁月里，在学者传统和数学传统思维的共同影响下，思想实验传统占据着科学研究活动的主导地位。16 世纪时，实验传统进入到它的第二个阶段，情况发生了显著的变化。在这一阶段，物质实验将培根科学推上了领导地位。但无法否认的是，古典科学在这一阶段依然在默默地发挥着它应有的作用。思想实验在此时遭受歧视，虽然如此，但它依旧不时地发出自己独特的光芒。

进入 20 世纪后，情况开始发生变化。主要表现是爱因斯坦相对论的成功和量子力学领域所取得的进展。不确定性原理使物质实验的局限暴露了出来，物质实验传统中要求的那种必须能用观测或实验证明的方法遭遇了诸如热传播的不连续性、光的波粒二象性、量子力学中粒子运动轨迹的概率分布、粒子的位置和速度不能同时测定等不确定性难题。这就必然导致在现代科学发展中物质实验逐步退位，思想实验越来越多地发挥作用。因为思想实验通过把实验条件理想化，为解决宇宙大尺度理论研究和粒子状态下的不确定性问题提供了可能。但这并不意味着物质实验将退出科学史的舞台，总体看来，在今后的科学研究中，思想实验与物质实验将一起发挥作用，只不过在不同的领域中，二者所表现出的协调力有所不同而已。

第二章在思想实验与物质实验的比较中进行思想实验的本体论探究。要想真正地揭示思想实验的真面目，得出思想实验在本质上究竟是什么，必须从我们熟悉的物质实验着手，将思想实验与物质实验进行对比，在比较中对一个完整的思想实验的基本构成要素进行细致的分析，寻找二者的异同。从总体上来看，思想实验与物质实验同属于实验的范畴，有着相同的构成要素和相同的存在价值。虽然在思想实验与物质实验的比较中，不同的要素间存在差异，因为实验的目的、原理、结果、从结果到结论之间的讨论环节，以及最终结论的得出总体相似，但实验的条件、步骤、从结果到结论之间的逻辑推理的作用等却存在着本质的区别。除此之外，实验的起点、现象，以及实验的代表性等因素也有着一些明显的不同，颇具差异性。找出这些不同，可为我们对思想实验的全面认识找到突破口。

此外，从思想实验的本体论视角看，在实验的整个运作过程中，实验通过向人们展示实验对象发生的一系列变化，让人们看到此类实验对象具有共性的或者是规律性的特征。从表面上来看，无论是在物质实验中，还是在思想实验中，人们都"看"到了一组实验对象连续变化的"图像"。思想实验中的图像本质上是一组科学意象。也就是说，在思想实验的运作过程中，连续变化的图像其实是科学意象的不断转换。思想实验对象的意象存在方式，为思想实验条件的理想化的实现提供了可能，这也是思想实验研究对象的类经验特征的保证。也就是说，思想实验对象的科学意象化的独特存在方式为理想化的有效运用提供了可能。

第三章对逻辑推理在思想实验中的作用展开研究。逻辑推理在思想实验中是必不可少的，特别是在悖论性思想实验中。悖论问题一般通过两难问题的导出，引发人们深入的思考，常常可致使一些科学理论产生革命性的变化，推动理论发生质的飞跃，因而，悖论问题在科学史中占据着重要的地位。诺顿和索伦森都对这一类思想实验给予了足够的关注，布朗通过其柏拉图式的说明，更是将此类思想实验放到了一个神秘莫测的高度。伽利略著名的自由落体思想实验便是悖论的典型。不过，细致分析后发现，他们的主张都是存在问题的。从协调论的视角出发，伽利略的悖论性思想实验所产生的结论的相互矛盾的两个方面为一对相反解子。所谓的相反解子是指构成逻辑上的反对关系或矛盾关系的概念或判断。协调论主张，具有反对关系的概念或判断在逻辑上不能同真，但可以同假，所以第三种理论的提出便具有了合法性。因此，协调论认为，从逻辑的观点看，要消化或减少理论中具有反对关系的相反解子，在相反的两种解子之外提出第三种解子是一种可行的策略。协调论则通过相反解子的提出，直接指向相反对的两种解子之外的第三种解题方案。协调论为悖论性思想实验所做的说明与伽利略在《关于两门新科学的对话》中结论的得出方式是一致的。这表明，协调论的主张和科学史的实际是相吻合的。

第四章在思想实验的本体论研究以及逻辑推理作用的研究基础之上，提出本书有关思想实验的创新观点：实验条件理想化是思想实验的本质特征。在科学实验中，由于清楚明白地呈现现象的需要，从自然观察，到实验室中的物质实验，再到思想实验，人们对实验条件的要求逐渐提高，经历了自然条件、优越化条件和理想化条件三个阶段。在常规科学中，自然条件、优越化的实验条件早已为人们所熟知。但在事实上，在科学探索活动中的许多时候，相对于对实验现象呈现的需要而言，物质实验中实验条件的优越化是远远不够的。在许多情况下，只有将实验条件作理想化的处理，才是实验现象得以呈现的唯一可能途径。实验条件的理想化是指实验条件的非现实存在的状态。它只能在人的思维中，以科学意象的方式概念化地存在。在思想实验中，实验条件的理想化是现象呈现的充分必要条件，实验条件理想化是思想实验的本质特征。

第五章和第六章立足当代科学前沿，探讨思想实验的具体运用。从科学的两大支柱——粒子物理学对微观世界的探索和相对论对宇观的描述来看，当代科学前沿已经推进到一个"看不见"的世界之中。在对"看不见"的世界的研究中，大多数现象都难以被直接观测到，用物质实验手段获得的经验数据只能为开展相关推测和研究提供间接支持；更有甚者，在宇宙学研究的纵深处，在宇宙大爆炸之初的奇点处，在对时间和空间均处于失效状态下的物质形态的探索方面，现有的物质手段难以获得任何相关信息。开展科学研究的主要方法是运用思想实验提出创新思想，进而构建理论模型，为世界提供合理的说明。在思想实验的作用下，理论创新本质上就是模型演进。其中，理论没有严格的对错之分，只有当其与经验事实进行比对时的优劣之别。

第七章则尝试着用思想实验为当代科学前沿问题的消解找到出路，并为我国科学前沿创新提供启示。大科学自20世纪中叶形成之后逐渐发挥了越来越重要的作用。目前，大科学已牢牢占据着当代科学研究的核心地位。然而，大科学在经过半个多世纪的发展之后，其内在的问题已逐步凸显。大科学问题的本质是物质实验的局限所致，问题的消解必须借助思想实验与物质实验的共同作用。这是未来科学发展的主要趋势，也是我国科技创新的主要方向。

上篇　理　论　篇

第一章

实验在科学中的作用

在科学活动中，作为科学研究的一种有效的方法，实验受到几乎所有科学家的青睐。人们普遍认为它"既是研究的起点，也是最后的裁判者"[①]。特别是近代科学形成以后，牛顿经典力学的成功为人们呈现了一个确定的世界，而实验则是展现世界确定性的最佳手段。这甚至使得彭加勒（J. H. Poincaré）认为，"实验是真理的唯一源泉。唯有它能够告诉我们一切新东西，唯有它能够给我们确定性"[②]。不过，判决性实验的失效，使人们清醒地认识到实验只是理论进步过程中的一种研究手段而已。但这并不影响实验作为一种非常重要的手段，依然在科学理论的演进中占据着举足轻重的地位。

第一节　实验传统的历史重构

梅森指出，16世纪以前，学者传统和工匠传统一直处于一种相互分离的状态。在弗朗西斯·培根的倡导下，二者得以结合。随后，实验传统确立。在实验传统的推动下，近代科学结出了丰硕的成果。但另一个不容忽视的事实

① W. C. 丹皮尔 . 2001. 科学史及其与哲学和宗教的关系 . 李珩译 . 桂林：广西师范大学出版社：10.
② 昂利·彭加勒 . 2008. 科学与假设 . 李醒民译 . 北京：商务印书馆：117.

是，在有些领域，数学传统一直发挥着其独特的功能，尤其在进入 19 世纪之后，由于实验传统在许多领域无法独立解决问题，数学传统在被实验传统的耀眼的光芒淹没了近 300 个年头之后，又再次凸显了它的功能。近代科学发展的模式不再符合目前科学发展的实际，科学步入现代发展阶段。然而，科学实验传统将会发生怎样的变化？就此问题，库恩在《物理科学发展中的数学传统和实验传统》（*Mathematical vs. experimental traditions in the development of physical science*）（根据 1972 年的演讲修订而成）一文中也曾对此提出疑问：科学此后如何发展？变化是在何时发生的？如何发生？这变化的实质是什么？

库恩的这些疑问的提出距今已近 50 年了，但该问题一直未能引起学界的重视，且尚无人给出答案。在近 50 年的时间里，科学又发生了巨大的变化，大到数十亿光年乃至百亿光年之外的宇宙现象研究，小到基本粒子的微观世界的研究，新发现、新理论层出不穷。在这种情况下，实验的传统形象早已不能符合科学发展的当前需要。因此，结合近几十年科学的新发展，给实验传统一个合适的描述与定位，是一种有益的探索。

一、实验传统的形成

在《自然科学史》一书中，梅森对实验传统形成的历史进行了大量的阐述，对实验在科学史中的作用给予了充分的肯定。

1. 实验传统

16 世纪之前的科学活动存在着两种相互分离的学术传统：学者传统和工匠传统。遵循着学者传统的科学理论家们主要通过理性的思维和讨论而创造出科学成果，虽然这一传统也必然离不开经验的基础，但从主观上讲，这些理论家们从心底里是排斥和鄙视实际的经验活动的。与此同时存在的是工匠传统。工匠传统所产生的科学成果虽不如学者传统的科学成果那么系统和宏伟，相比较而言，它们甚至是琐碎的，但工匠传统对于科学发展所做的贡献一点都不比学者传统逊色。因为在一些工匠技术的作品当中，工匠们通过自己的实践操作，积累了各种经验，而做出了许许多多技术上的发明，乃至科学上的发现。同时，这一传统还产生了许多做实验的杰出人物，罗伯特·诺曼（Robert Norman）即是其中著名的一位。甚至在沉闷的中世纪，罗吉尔·培根（Roger Bacon）还极力倡导重视动手实践，鄙视那些只会空言争辩的学者。

也就是在 16 世纪，两种传统分离的状况得到了根本的改变。首先打破这一状况的是威廉·吉尔伯特（William Gilbert）。吉尔伯特作为伊丽莎白女王的御医，具有深厚的理论知识，对许多工匠著作有着浓厚的兴趣，并能够亲自运用自己所掌握的理论指导实践。吉尔伯特的工作大大弥补了工匠传统的不足，正如梅森指出的那样"学者们能够做到这一点……那些对工匠著作有兴趣的学者们为工匠提供了他们所缺乏的理论"①。吉尔伯特的工作为科学活动开创了一个新的局面，这是"工匠学问和学术知识结合的范例"②。正是在这种情形下，"工匠传统和学者传统逐渐结合起来，产生了一种新的研究方法"②。

17 世纪初，弗朗西斯·培根看到了这种好的倾向，"并企图通过分析和确定科学的一般方法和表明其应用方式，给予新科学运动以发展的动力和方向"③。在弗朗西斯·培根的眼中，"当时的学术传统是贫乏的，因为它和经验失去了接触；同时工匠传统在科学上也没有充分发挥它的力量，因为它的许多东西都没有记载下来"④。基于这样的认识，弗朗西斯·培根继承了 13 世纪和他同姓的罗吉尔·培根的理想，他认为"实验方法的运用会使将来产生许多伟大的技术发明"④。为此，弗朗西斯·培根做了大量的努力，实验传统开始形成。

2. 伽利略与牛顿的贡献

近代以后，提起实验在科学中所发挥的强有力的作用，伽利略（G. Galilei）和牛顿（I. Newton）的示范与引领是功不可没的。

伽利略的自由落体运动实验、惯性原理实验、相对运动实验等，伽利略凭借着他独特的实验设计、高超的实验技巧，成就了一个又一个天才的实验，用无可辩驳的实验事实推翻了亚里士多德 2000 多年的科学统治地位，具有划时代的意义。

① 斯蒂芬·F. 梅森 . 1980. 自然科学史 . 周煦良，全增嘏，傅季重，等译 . 上海：上海译文出版社：129.
② 斯蒂芬·F. 梅森 . 1980. 自然科学史 . 周煦良，全增嘏，傅季重，等译 . 上海：上海译文出版社：130.
③ 斯蒂芬·F. 梅森 . 1980. 自然科学史 . 周煦良，全增嘏，傅季重，等译 . 上海：上海译文出版社：131.
④ 斯蒂芬·F. 梅森 . 1980. 自然科学史 . 周煦良，全增嘏，傅季重，等译 . 上海：上海译文出版社：132.

实验传统的最终确立，无疑是牛顿经典力学理论体系在科学各领域都获得了全面成功之后才实现的。在实验传统最终确立的过程中，牛顿的贡献主要表现在两个方面：一方面，牛顿十分重视实验的作用，他认为，经验事实是科学理论创立的唯一依据，牛顿声称他从"不制造假说（形而上学的，不能证明的假说，或是根据权威而形成的理论），而且他从来不发表不能用观测或实验证明的学说"[①]；另一方面，牛顿经典力学理论体系的巨大成功，使人们相信一个确定的世界图景在等待着人们去认识，而认识的手段无疑就是实验。实验传统得以确立的前提与背景，与近代科学的大背景完全一致。

3. 两种力量的结合

实验传统形成之前，两种学术传统相互分离，各自发展，二者之间冲突不断。学者传统轻视工匠传统，工匠传统也瞧不起学者传统（罗吉尔·培根就是代表）。但总体上来说，在大部分时间里，工匠传统都处于遭受压迫的境地。许多时候，工匠传统阵营内部的人也就习以为常地接受了这种状况，诺曼就承认"自己提不出任何建议"[②]，并认为那些学者们远远地超过自己。因此，"十六世纪的工匠传统虽然产生了像诺曼那样作了实验的人，但不能产生科学理论家"[②]。当然，两种传统相互分离的状态，必然阻碍了当时科学的发展。

学者传统和工匠传统结合之后，近代科学所结出的丰硕的成果琳琅满目，对人类乃至整个地球上的一切的影响都是巨大的，虽然到目前为止，其终极意义究竟是好还是坏，仍无法确定。

二、实验传统的问题

据《自然科学史》中梅森的见解，实验传统于 16 世纪才得以形成，并立即推动近代科学取得长足进展。在实验传统形成的大概时间上，库恩也是以弗朗西斯·培根倡导新实验运动而产生的科学新状态（库恩称之为培根科学）为标志，来界定实验传统形成时间的。所以，在这一点上，两人所持的观点基本相同。不过，深入研究后我们会发现，他们的观点是有失偏颇的。

---

① W. C. 丹皮尔. 2001. 科学史及其与哲学和宗教的关系. 李珩译. 桂林：广西师范大学出版社：170.
② 斯蒂芬·F. 梅森. 1980. 自然科学史. 周煦良，全增嘏，傅季重，等译. 上海：上海译文出版社：129.

1. 库恩的实验传统与数学传统二分

库恩从科学史的源头进行搜寻后发现，科学中最古老的学科——天文学、静力学和光学都并非独自发展的。它们与数学、声学的发展紧密相连。"从公元前五世纪开始，数学领域以几何学为主导，被认为是实在的物理量，特别是空间量的主导，很有助于决定其他四门围绕着它的学科的性质。"①五个学科遵循着共同的数学传统，库恩称之为古典科学。而与数学传统相对应的实验传统却一直到 17 世纪弗朗西斯·培根所倡导的近代科学的兴起方才产生。库恩把数学传统和实验传统放到历史的范畴中加以描述，对应古典科学与近代科学，并为它们服务。数学传统服务于古典科学，实验传统服务于培根科学。相对于梅森的观点而言，在近代科学产生之前，科学涵盖着相互分离的学者传统和工匠传统，而库恩显然是忽视了古典科学中工匠传统的存在。梅森认为，近代科学诞生以后，学者传统和工匠传统在弗朗西斯·培根的倡导下发生了有效的融合，擅长理论思维的科学家也开始注重动手进行实验操作了，从而产生了近代意义上的科学家。而库恩主张，此时的数学传统和实验传统仍然是相互独立发展的，也就是说，实验传统是培根科学孕育产生的结果，与以前的工匠传统没有联系。

事实上，不仅培根所倡导的新实验运动根源于工匠传统，是对工匠传统中动手实践的作用加以强调的结果，而且新实验运动与数学传统之间也并不是完全对立的——二者都是经验性的，都注重经验的累积。不过二者之间也有明显的不同，数学传统对经验性的要求大多是人们在日常观察中就可得到满足的。实验传统产生之后，培根科学对经由实验而获取的经验数据的要求就相当严格了，它必须符合一系列的实验规则，尽可能地排除各种包括人的信仰、文化、观念等在内的主观因素的干扰，力图得出客观的实验记载。因为这些经验数据将是建构科学理论的必要条件。库恩指出，实验传统中的实验不同于数学传统阶段的实验，它有三个特征：①对实验的作用和地位的看法发生了明显的变化；②特别强调培根称之为"扭狮子尾巴"的那种实验的出现；③新的实验仪器的大量使用②。

库恩的实验传统中有一个耐人寻味的现象，那就是：一方面，人们强调在

---

① 托马斯·库恩.2004.必要的张力.范岱年，纪树立译.北京：北京大学出版社：34.
② 托马斯·库恩.2004.必要的张力.范岱年，纪树立译.北京：北京大学出版社：39.

实验过程中，为了获得可靠的实验数据，要求剔除所有的人的主观因素的干扰；另一方面，在实验传统中，人的力量得到彰显。"扭狮子尾巴"实验要求人们必须"制约大自然，强使自然在那种没有人的有力干预便不会出现的条件下显示自己"[①]。为此，人们创造了大量的实验仪器，望远镜、显微镜、温度计、气压计、空气唧筒、验电器等先后于这一阶段产生。这使得近代实验完全不同于古典科学中的实验，那时人们大多是在单纯的自然状态下对事物存在的种种现象进行观测。

库恩注意到，实验传统产生后，便与数学传统产生了冲突。因为在实验传统下，人们对实验要求的精度很高，必须要做出准确的实验报告。实验主义者对数学传统是持否定态度的，比如，他们否定哥白尼体系，因为他们"不相信一个如此复杂、抽象而数学性的体系会有助于理解和控制自然"[②]。但在事实上，即使是在培根思想占据主导地位的科学盛行的近代，数学传统也依然存在，且发挥着不可替代的作用。

2. 实验传统的偏颇

梅森的阐述是详尽的，从吉尔伯特的实践，到弗朗西斯·培根新实验运动的倡导，再到牛顿科学体系的集大成的地位的确立。实验传统的地位和作用得到充分的肯定。库恩以其敏锐的目光，在古典科学和培根科学的区分中发现，是数学传统和实验传统为两类科学的发展提供了根本的推动力。二者的共同点都是认为实验传统产生于近代。但随之而来的问题是：在古代科学的发展中，数学传统固然重要，那么，实验又居于何种地位？

带着这个问题向前追寻发现，其实，学者传统和工匠传统的分离可以追溯到古希腊，在《理想国》中，柏拉图（Plato）精心构建了一个理想的城邦。城邦共同体内部分工明确：城邦统治者应拥有知识，掌管整个国家的大事，对国家事务进行谋划安排；城邦护卫者是统治者的辅助者，他们是专门从事战争、保卫城邦的人；各种工匠从事自己擅长的手艺工作，农夫种地，商人贸易[③]。在柏拉图的这一理性的方案框架允许的范围内，拥有智力的人和工匠们各司其职，

---

① 托马斯·库恩. 2004. 必要的张力. 范岱年，纪树立译. 北京：北京大学出版社：39.
② 托马斯·库恩. 2004. 必要的张力. 范岱年，纪树立译. 北京：北京大学出版社：43.
③ 柏拉图. 2009. 理想国. 庞燨春译. 北京：中国社会科学出版社：48-58.

互不相干。由此可见，两个传统在这时已经相去甚远了。此后，亚里士多德在关于天界性质的著作中，也主要运用思辨的方法，但在他的物理学和生物学的著作中，则明显可见到观察和实验方法的使用，其中包含了许多新发现的资料。事实上，亚里士多德是"一个从事广泛经验考察的人"①。这一点，库恩也曾注意到过，并给予了充分的肯定，他认为，"亚里士多德在其方法论著作中的许多段落中，就一再坚持科学家需进行仔细的观察，其坚决程度并不次于培根著作"②。这种倾向在阿基米德（Archimedes）的手中得到了充分的发挥，他发明的阿基米德式螺旋提水器直到今天仍有人在使用，他利用水的浮力测量王冠密度的故事更是广为流传。

　　坚持观察与实验的做法，对古代科学的发展起到了重要的作用。事实上，这种情形就是在众人皆认为科学发展缓慢、科学气息沉闷的中世纪，要求实验的呼声也曾掀起过一个小的高潮。罗吉尔·培根就是代表。他博览群书，但他"不是从圣经、神父、阿拉伯人或亚里士多德那里把自然知识的事实与推论拿过来就算完事，而是谆谆地告诫世人：证明前人说法的唯一方法只有观察与实验"③。

　　种种事实表明，实验在古代科学中无疑发挥了重要的作用。但梅森和库恩的实验传统对此却避而不谈。实验在古代科学中的地位和作用，在此遭遇了不公正的待遇。至少，梅森和库恩对于实验传统的界定，误导着人们对古代实验产生了轻视的态度。因此，他们的实验传统是有失偏颇的。

三、实验的基本形态

　　如前文所述，由于学者传统与工匠传统的相互分离，古代许多科学家都是在数学传统的影响下从事思辨工作的。但也有些科学家重视经验的积累，而强调观察和实验。但此时的实验与培根科学中的实验是不同的。比如，亚里士多德认为物体只有在一个不断做功的推动者的作用下，才能保持运动。因此，一块石头从石炮中被射出来，从来不是自动的，在石头离开石炮后，为了防止形

---

① 斯蒂芬·F.梅森.1980.自然科学史.周煦良，全增嘏，傅季重，等译.上海：上海译文出版社：34.
② 托马斯·库恩.2004.必要的张力.范岱年，纪树立译.北京：北京大学出版社：37.
③ W. C.丹皮尔.2001.科学史及其与哲学和宗教的关系.李珩译.桂林：广西师范大学出版社：87.

成真空，空气就从石头后面灌进来，以维持石头继续向前运动的推动力。事实上，在做出此解释时，亚里士多德无须拉来一门石炮进行演示，只需发炮后，坐在一旁进行观察，并做好详细的实验记录。在这里，亚里士多德根据平时观察到的经验现象，加以思维推想，在思想中即可做出此实验。同时，即使亚里士多德真的用石炮做了实验，他也无法确定是否真的是从后面灌进来的空气在推动着石头继续向前运动。这一实验代表着古代实验的普遍特征，即古代的大多数实验都是在学者传统和数学传统思维的影响下，又受到客观条件的制约，表现为隐性的实验，也就是思想实验。

这种现象在阿基米德的身上有着更加鲜明的体现。关于杠杆原理，我们今天把它"看作是一件要由实验决定的问题……阿基米德却是凭着希腊人对于抽象推理的热爱，从他所谓不证自明的公理或用简单实验可以证明的命题中得出杠杆定律的"①。事实上，这两个公理和命题是如此简单：①同重的物体放在和支点距离相等的地方，就保持平衡；②同重的物体放在和支点距离不等的地方，就不相平衡，离支点较远的一端必定下坠①。正是由于思想实验的有效运用，阿基米德方才能够豪迈地向世人宣称：只要给我一个支点，我就能撬起整个地球。

由于实验方法的不同，在古代实验中，经验与思维并重，并互相结合，这是思想实验的典型特征。而近代科学中所倡导的实验传统则注重借助各种科学仪器，人为地改变自然条件，为种种现象的发生创造优越于自然条件的人工条件。据此我们可将实验分为两类：思想实验和物质实验。而在近代科学以后，人们则逐渐转向轻思想实验而重物质实验。这正是梅森和库恩的实验传统问题之症结所在。他们所说的实验传统应该准确地称为物质实验传统。培根所倡导的新实验运动所强调的就是运用各种实验仪器（物质手段）引起实验对象（物质对象）发生变化，并对这一过程（物质现象）进行详细的记录后加以阐释的科学活动。

物质实验推动近代科学产生了巨大的成就，它所产出的卓越且丰富的成果蒙蔽了人们的眼睛，使人们无法看到实验的过去，从而忽视了思想实验曾经的辉煌。当然，梅森和库恩也没能看到实验的过去。

---

① W. C. 丹皮尔 . 2001. 科学史及其与哲学和宗教的关系 . 李珩译 . 桂林：广西师范大学出版社：42.

　　事实上，科学发展到今天，离不开思想实验和物质实验的共同推动。马赫就曾指出，"物质实验是思想实验的自然继续，一旦难于或不能抑或完全不能通过思想实验进行决定时，就会进行物质实验"①。在马赫的眼中，物质实验只是思想实验的延续和补充。但二者之间又没有一个严格的界限，因为"通过物质实验有意地扩展自我活动的经验和有计划的观察总是在思想指导下进行的，并且永不会与思想实验有明显的区别和脱离"②。

四、对实验种类的重新划分

　　在《冲突与协调——科学合理性新论》（商务印书馆 2006 年版）一书中，我国学者马雷提出了一种全新的合理性模式——协调论。在协调论中，马雷以理论的协调力为主要考察对象。协调力包括经验协调力、概念协调力和背景协调力三个部分。在协调力研究中，以问子和解子为理论的基本概念，从新奇性、过硬性、明晰性、一致性、精确性、和谐性、多样性、简洁性、统一性、确定性、贯通性、深刻性等方面为理论的经验协调力设置了十个评估指标、为理论的概念协调力设置了十一个评估指标，从实验、技术、思维、心理、行为等方面为理论的背景协调力设置了五个评估指标。这样就可以通过理论与理论之间的不对称性比较来呈现理论协调力的高低，为理论指明前进的方向。

　　协调论主张，实验是对理论的背景协调力考察的主要因素之一。作为一种优越的探索世界的手段，实验在认知世界的过程中，占据着无可替代的地位，发挥了极其重要的作用。牛顿的关于摆锤的实验提高了他的重量与质量关系理论的经验协调力；伽利略的自由落体运动实验则提高了伽利略的自由落体运动理论的概念协调力；1919 年，爱丁顿（A. S. Eddington）带领的考察队对光线弯曲现象的观测，在提高爱因斯坦相对论的经验协调力的同时，为爱因斯坦赢得了很高的声誉，奠定了爱因斯坦的科学地位，这当然也提高了相对论的背景协调力。由此可见，不同的实验对理论协调力的提高发挥着不同的作用。

　　根据协调论的要求，我们有必要对实验做一分类。较为常见的实验分类基本上是简单地将实验分为物质实验和思想实验。事实上这种简单的二分法只代

---

① 恩斯特·马赫 . 2005. 认识与谬误 . 洪佩郁译 . 北京：东方出版社：182.
② 恩斯特·马赫 . 2005. 认识与谬误 . 洪佩郁译 . 北京：东方出版社：183.

表了以物质为载体的实验和以思维为载体的实验这两种极端看法。当然，这种简单化的分类方法不能涵盖实验的所有情况，因为有许多实验既包括物质载体，也包括思维载体，属于物质载体和思维载体共同作用的混合实验。

由于实验在理论解决问题的过程中发挥了重要的作用，根据经验问题、概念问题和背景问题的分类原则，我们对实验的考察，可从实验的载体着手，将实验分为物质实验、思想实验、包含物质载体和思维载体的混合实验[①]。物质实验通常是指发生在实验室中，以实体形态存在的客观物质为载体，人们通过对一定条件下事物发生变化的现象进行观察，以了解事物本质规律的科学活动。实验不同于日常生活中的观察，主要是事物发生变化的条件优越化了。这种优越化表现在两个方面：一方面，从现象发生的外部条件来看，实验排除了各种各样的干扰因素，创造出了适合事物发生变化的外部环境。比如，观察金属的氧化现象，人们可以把金属放置于盛放着纯氧气的集气瓶中进行观察，以有利于氧化现象的明显发生。另一方面，从事物发生变化的本身来看，实验者为现象的发生选择优质的材料。比如，在生物学研究中，观察兔子的生活习性，人们可以通过选择不同的品种、一定的年龄、一定的体重、不同的性别等不同的兔子，从多样化的角度考虑，来挑选实验的对象，以有利于更好地表现人们所要得到的性状。的确，物质实验在理论解决问题的过程中扮演了重要的角色。它通过多次不同侧面的观察，积累了丰富的经验数据，在经验问题的解决上起到了关键的作用。自近代以来，物质实验在科学研究活动中受到人们的广泛关注，这大概是在物质实验的推动下近代科学取得的辉煌的成就所致。

相比较而言，思想实验则一直处于被人们忽略的境地。顾名思义，思想实验就是发生在人们的头脑中，以人的思维为载体，在观念中，我们设想出一个实验情景，然后我们"看"到了事物发生变化的现象。与条件优越化了的物质实验相比，由于思想实验是在人们的思维中运作的结果，其过程发生在人们的头脑中，因此思想实验中的各种条件是完全理想化了的。光滑的无摩擦的平面、以光速奔跑的人、可以区分分子运动速度快慢的小妖、可以无限变大或变小的石头，等等，都是在理想化的条件下才能见到的情景。也正是因为思想实验只

[①] 思想实验是意象化的概念在思维中运作的结果，而物质实验则是物质现象在现实世界中的呈现。所以，思想实验以思维为实验载体，物质实验以客观物质为实验载体，而混合实验则既包含思维载体又包含物质载体。

是在人们的思维中运作的结果，所以思想实验不涉及新的经验数据。这一本质特征决定了思想实验主要在概念问题的解决中发挥作用。但需要说明的是，思想实验的作用远不止于此，它也可以在解决理论型经验问题方面提供解题思路，从而具有间接的经验协调力。当然，无论是物质实验还是思想实验，都可为理论的背景协调力的提高做出自己的贡献。

　　第三类实验是混合实验，是同时包含物质载体和思维载体的实验，此类实验的存在是因为单纯物质的方法或单纯思维的方法在许多情况下是不能完全适用的。因为有许多实验的载体并不能简单地界定为物质的或思维的。确切地说，有些实验的载体应该是物质和思维相结合的。到目前为止，人们对世界的描述仍是基于三个理论，即牛顿的经典力学、量子力学和相对论的，它们分别对应宏观世界、微观世界和宇观世界。单一的物质实验主要是自近代以来，在为我们所生活于其中的宏观世界提供说明的牛顿的经典力学理论中发挥了关键的作用。但物质实验到了微观世界和宇观世界中，往往无法单独地发挥作用，因为在微观世界和宇观世界中人们无法用物质实验的方法对研究对象进行直接的观测。事实上，即使是在物质实验发挥主要作用的宏观世界中，也有许多情况是物质实验不能单独发挥作用的，比如说在对各种场的研究中。在这些领域中，许多现象无法用肉眼观察，甚至是使用了各种精密的仪器也无法进行直接观察，因此无法形成观测型经验问子①。对这些领域的认知，往往要使用间接观测的手段，然后与思维相结合，从而形成对各种间接现象的说明。1827 年，在一次偶然的机会里，布朗在用显微镜观察悬浮在水中的花粉时，发现水中的花粉和一些其他悬浮的微小颗粒在不停地作不规则的曲线运动。后来人们称之为布朗运动。在此后很长一段时间里，人们都不知道其中的原理。直到 1905 年，才由爱因斯坦依据分子运动论的原理指出，由于热的分子运动，大小可以用显微镜看见的物体悬浮在液体中，必定会发生其大小可以用显微镜容易观测到的运动。运用显微镜做布朗运动观测实验是在物质实验的基础上与思维运动相结合

---

① 协调论主张，任何理论都是由问题部分和对问题的解答两部分构成的。问题部分是由问子和提问方式构成的，对问题的解答部分是由解子和解子的联结构成的。在协调论中，问子和解子包含经验问子和经验解子、概念问子和概念解子、背景问子和背景解子。经验问子又有两种，一种是观测型经验问子，它来自观测实验，是经验事实；另一种是理论型经验问子，它来自理论，是从理论中推导出来的。

的典型。

同样，许多思想实验也常常要辅之以物质的手段，方才可以令自然界中的许多本质规律清楚地显现出来。在伽利略的惯性运动实验中，虽然绝对无摩擦的光滑平面是不存在的，但我们可以通过使用光滑程度不同的平面，小球在上面运动距离的远近也就会有所不同的表现，来帮助人们在头脑中直观地想象小球可能的运动趋势。即在平面从不光滑到光滑的一系列逐渐转换的过程中，人们看到了小球在上面运动的距离越来越远，进而让人们想象小球在一个绝对无摩擦的光滑平面上一直向前运动，永不停止的情形。以这样的物质手段显现出的现象作为辅助说明，使得伽利略的思想实验变得更加直观可信，增强了人们对这一实验的心理认同感。在协调论中，作为背景协调力一部分的思维协调力，在这种情况下必然得到明显提升，或者说，这一思想实验使伽利略的惯性定律处于思维协调的状态。因此，不管是在物质实验中，还是在思想实验中，都常常是物质和思维相结合，共同起作用的。

从历时性的角度看，有些实验目前是以思想实验的形式出现，但将来可能会转化为物质实验。思想实验与物质实验相区别的一个本质特征便是条件的理想化。之所以要将实验的条件理想化，是因为思想实验中的条件往往是在现实世界中无法达到的，也就是说，有些实验条件是永远无法达到的，至少，是在目前的科学水平下无法达到的，比如，绝对无摩擦的光滑平面、以光速奔跑的人，等等。但有些条件只是目前无法达到，随着科学水平的提高，将来是有可能实现的。比如，爱因斯坦的光子盒实验，随着实验精度的不断提高，将来就有可能实现。另外，还有些思想实验中的条件在目前就可以达到，只是由于种种原因而不能或不用在现实中实施这样的实验。比如，与人有关的基因工程实验就不能以人体做实验对象，而伽利略的比萨斜塔实验只需在头脑中就可完成，完全不用在现实中操作。

五、还原实验传统的历史

无论是梅森的学者传统与工匠传统相融合后的实验传统，还是库恩的数学传统与实验传统的二分，都不能与科学史的实际相符合。为了还科学史以本原面目，对实验传统的历史进行重新描述是必要的。

1. 实验传统历史的三个阶段

由前文可见，实验传统大致可分为思想实验传统和物质实验传统。毫无疑问，在科学史的大部分时间里，确切地说，从科学史初始之时到 16 世纪的漫长岁月里，在学者传统和数学传统思维的共同影响下，思想实验传统占据着科学研究活动的主导地位。

当然，学者传统和工匠传统在古希腊时就已相去甚远，但它们之间最早的分离发生在何时，是由于什么样的原因而发生的分离，这似乎已无从得知。但秉持着学者传统的人们运用数学传统思维进行着各种各样的思想实验，轻视工匠传统，这在当时是普遍的社会现象。不过，有一个无法回避的事实是，在这一阶段里，尤其是在人类的早期社会里，科学与人类的生活同源，无法加以分离。不难想象的是，早期人类为了得到第一柄石刀、第一枚火种、第一个铜器……这些无数个"第一"时，必须在成千上万年的岁月中，经历无数次的实验之后才能够得到。在这个意义上，物质实验起源于工匠传统。现在能够得到大多数人认可的看法是，可能只是由于做实验的人的身份较为低下的缘故，物质实验长期得不到彰显。而思想实验却由于数学传统思维的有效运用，在漫长的古代科学史中，像它的主人一样，受到了足够的重视。古代社会的这些实验，无论是思想实验，还是物质实验，流传下来的成果较少，也未能形成许多经得起事实考验的科学理论。但这一阶段应该是人类进行实验最多、最频繁的时期，它伴随着人类每一个细微的进步。虽然古代科学发展缓慢，但其每一点微小的进步都为后来科学的发展积累了经验，做出了贡献。

16 世纪时，实验传统进入到它的第二个阶段，情况发生了显著的变化。弗朗西斯·培根"规划出一条可以更有把握地朝向征服自然的方向前进的道路。他认为只要记录下一切可以得到的事实，进行了一切可能进行的观察和一切可行的实验，然后再按照他表述得还不十分完善的规则……找到表达这些关系的法则"[①]。在弗朗西斯·培根的新实验运动的倡导下，科学家们在实验中必须写出大量关于实验过程的细节并记载各种翔实的数据。据说，有些科学家往往还会写明见证人，甚至还会描述出他们的身份和地位，以示实验的可靠性。在这一阶段，物质实验将培根科学推上了领导地位。但无法否认的是，古典科学在这

---

① 斯蒂芬·F. 梅森 . 1980. 自然科学史 . 周煦良，全增嘏，傅季重，等译 . 上海：上海译文出版社：122.

一阶段依然在默默地发挥着它应有的作用。思想实验在此时遭受歧视，虽然如此，但它依旧不时地发出自己独特的光芒。伽利略的自由落体运动实验、惯性运动实验，牛顿的水桶实验等是其中的代表，这些就是明证。

19世纪的大部分科学实验研究，都还在沿着牛顿理论体系的框架所规定的方向进行着。不过，进入20世纪后，情况便发生了变化。主要表现是爱因斯坦相对论的成功和量子力学领域所取得的进展。

判决性实验遭遇失败，不确定性原理的产生宣告了拉普拉斯决定论的破产。实验传统的客观公正的形象，已无法维持其在科学活动中固有的地位。科学取得的新进展是：相对论诞生，并很快为全世界所接受。相对论的发现过程中有一个令人惊奇之处，那就是爱因斯坦很少做物质实验，似乎他的伟大成就大多是在思维中产生的。爱因斯坦一生中给人们留下的经典实验，诸如追光实验、爱因斯坦火车、爱因斯坦电梯、光子盒实验、EPR佯谬等，都是思想实验，而非物质实验。并且，在以后的物理科学发展中，思想实验逐渐发挥了越来越大的作用。

这种情况在量子力学领域中同样明显，尤其是在不确定性原理发现之后。因为不确定性原理给以往的物质实验带来了麻烦，物质实验传统中要求的那种必须能用观测或实验证明的方法遭遇了诸如热传播的不连续性、光的波粒二象性、量子力学中粒子运动轨迹的概率分布、粒子的位置和速度不能同时测定等不确定性难题。这就必然导致在现代科学发展中物质实验逐步退位，思想实验越来越多地发挥作用。因为思想实验通过把实验条件理想化，可为解决宇宙大尺度的相对性现象的理论研究和粒子状态下的不确定性问题提供可能。

2. 答库恩之问

将实验传统重构为三个阶段，显然，目前应该处于第三阶段。但接下来的科学实验传统将会朝哪个方向发展？思想实验与物质实验如何在科学活动中发挥作用？这将决定库恩之问的答案。

对此，库恩业已给出部分回答。库恩从各种物理科学在19世纪的转变和成长中敏锐地捕捉到一些有用的现象。这些现象说明：①许多科学领域进一步从原有的背景学科中发生分离，归入到实验物理学中。②数学的特征正在逐渐变化。数学研究和物理科学研究进一步分离。③培根科学中的相当一部分迅速且充分地数学化。库恩由这三个现象得出结论:"数学性科学与实验性科学的分离状态也许还要继续下去,这种分离看来植根于人的心灵的本性之中。"①但近年来科学的发展似乎并非如库恩所预料的那样——两个传统继续分离。当今科学发展的两大主题——宇宙大尺度理论研究和粒子世界的研究都表明:思想实验和物质实验在共同起作用。二者结合的倾向越来越明显,这在爱因斯坦的相对论、量子力学及霍金的宇宙学中均已得到充分体现。

宇宙大尺度理论研究和粒子世界研究为思想实验提供了广阔的舞台,事实上,这是由思想实验本身的特性所决定的:在科学理论的发展过程中,思想实验能够同时解决概念问题、经验问题及背景问题,其协调力大大增强。但思想实验的成果具有可错性,其最终地位的确立必须得依靠物质实验的验证。

协调论主张,科学的最一般的特性是协调性。一个理论是好还是坏,进步还是退步,合理还是不合理,取决于理论的协调力是上升还是下降。理论的协调力包含三个部分:经验协调力、概念协调力和背景协调力。实验作为理论背景协调力的一个重要组成部分,"实验解子的综合评估指标包括实验设计、实验操作、实验装置、对实验的理论分析、实验结果,等等"②。实验的每一个指标都可能会导致实验在某个历史时刻肯定一个理论,也可能否定一个理论,还有可能既不肯定也不否定一个理论。当一个理论在某个历史时刻面临实验协调的时候,该理论的协调力就会上升;当一个理论在某个历史时刻面临实验冲突的时候,该理论的协调力则会下降。

从协调论出发,在科学活动中,思想实验与物质实验作为理论的背景协调力的两个组成部分,都可能肯定、否定或者是既不肯定也不否定一个理论。二者都无所谓好和坏,只不过在不同的历史时刻,可能导致理论协调力上升或下降的力度不同而已。事实上,一个进步的理论很可能会同时得到思想实验和物质实验的肯定,此时,该理论的综合协调力将会上升;当然,一个退步的理论就可能会同时受到思想实验和物质实验的否定,此时,该理论的综合协调力将会下降。反过来,若思想实验和物质实验能够同时肯定一个理论,该理论的综合协调力定会大大提升,而当思想实验和物质实验能够同时否定一个理论,该

① 托马斯·库恩.2004.必要的张力.范岱年,纪树立译.北京:北京大学出版社:58.
② 马雷.2008.冲突与协调——科学合理性新论.北京:商务印书馆:286.

理论的综合协调力也就必然会大幅下降了。当然还有另外一种不确定的状态存在：思想实验和物质实验二者中有一方肯定某一理论，而另一方否定该理论或者是另一方无法实现。那么此时，实验对理论协调力的影响是比较弱的，因为实验本身处于不确定的状态之中，需要先检测并找出其自身存在的问题。总之，从协调论的视角看，两个实验传统相互结合，相互补充，共同作用，将是今后科学研究活动中显著的现象。

第二节　思想实验的可信性

对于科学知识产生的源头，逻辑经验主义和历史主义两大阵营经过了多年的争论，却仍然无法得出最终的结论。其中，费耶阿本德（P. Feyerabend）对于人们如何接受或拒绝一个理论的主张值得引起我们的注意。费耶阿本德将科学理论分为观察性命题和理论性命题，他认为，在科学活动中，"人们仅仅通过看（或听等）来接受（或拒绝）一个观察性命题，而理论性命题则是通过看和想（计算）来接受（或拒绝）的"[①]。费耶阿本德的这一主张具有代表性，但他的认识仅仅是基于人们对试管、弹簧秤、桌子、椅子等和原子、场、黑洞等两类事物的考察得出的结论。当将费耶阿本德的相关认识运用到思想实验和物质实验的对比中时，问题就出现了。因为即使是费耶阿本德所谓的理论性命题的研究对象，在现代科学中也是可观测的。比如，电工对电压的测量，实验室中科学家们对基本粒子现象的观测，医院里医生透过 X 线观察患者身体的内部情况等，这些都属于物质层面的实验，因此，对理论性命题的接受和对观察性命题的研究手段一样，都属于物质实验的范畴。而思想实验中的实验对象则完全是概念性的，以思维为载体运作，无法运用直接或间接的物质手段加以观测。因此，思想实验只能定性，而无法进行定量的考察。也就是说，无法计算。我们必须对费耶阿本德的主张进行扩展，将对思想实验的认识也涵盖其中。扩展的方向是：先将观察分为直接观察和间接观察，因为不管是直接观察还是间接观察，都是以物质为载体的，所以二者之间没有本质的区别，只有与事物结合的

---

① 保罗·费耶阿本德. 2006. 知识、科学与相对主义. 陈健，等译. 南京：江苏人民出版社：2.

紧密度上的不同。在此意义上，费耶阿本德的理论性命题只不过是间接观察性命题而已。而真正的理论性命题应该是以思维为载体的概念推理命题。以思想实验为手段生成的命题就属于此类。不过，在解决这一问题时，还要注意不能如布朗那样，走向另一个极端——神秘的柏拉图主义。

一、布朗对思想实验产生作用途径的主张

在布朗的柏拉图式的思想实验的说明中，实验对理论产生作用的途径也比较特殊。布朗认为，在几乎所有的思想实验中，其策略似乎都在于使其中想象的现象起作用。但问题还不止于此，因为布朗进一步声称，"从一个思想实验中的单一事例到理论之间的跳跃只是很小的一步"[①]。他这样声称的理由是，他认为这与自然科学推理有关。他指出，人们在面对只看到一只白天鹅之后就得出所有天鹅皆白的结论这样的跳跃时就会显得犹豫。但人们在通过一定手段对一块金子加以分析后得知金子的原子量为79，随后推广到所有金子的原子量皆为79的结论这样的跳跃时，便不会犹豫。之所以如此，取决于两个事例之间的不同在于人们不能确信白色是否为天鹅的本质属性。然而，原子量作为金子的本质属性是人们一致认同的。因此，如果一块金子拥有这种属性，那么所有金子肯定都具有这一属性。这样，布朗得出结论：有关事物的自然属性的理论的形成与归纳推理有关。推理的形式为：如果 A 事物有本质属性 B，那么所有 A 都有 B。这样，人们一旦确信一个现象为某一事物的本质属性后，那么实现总结性的归纳跳跃便如"所有金子的原子量都是79"一样容易。

布朗对思想实验所做的说明与他所坚信的数学的柏拉图主义信念密切相关。他认为，数学存在的结构就像一个遥远的宇宙星系，独立存在于我们之外，属于一个实在的范畴。虽然我们不能存在于其中，但我们可以寻求并拥有对它进行观察、记录和研究的方法。在布朗眼中，数学柏拉图主义"对于真正的柏拉图实体是最好的解释，它们不但为数学真理提供土壤，而且还为我们的数学直觉和数学洞察力担负起责任"[②]。布朗所坚信的数学柏拉图哲学包含四个要素：①数学客体独立存在于我们之外，就如物质客体一样；②数学客体是抽象的，

---

① Brown J. 1991. The Laboratory of the Mind. London：Routledge：45.
② Brown J. 1991. The Laboratory of the Mind. London：Routledge：49.

它们存在于时间和空间之外；③我们了解数学客体的途径是通过思维能力领会它们；④尽管数学客体是先验的（独立于物质的存在），但数学的学习过程却不是绝对可靠的①。

布朗认为，对数学柏拉图主义的解释有着巨大的价值。一方面，它使得数学中的"真理"易于理解。一个数学表述的对或错就像日常生活中关于一个物质客体的对或错的陈述一样。而另一方面，一些墨守成规者和构成主义者做了大量迷人的基础工作，来解释 2+2=4 为什么是正确的。经典逻辑的所有价值体现就在于它作为数学的合法的使用工具。因此，我们能够在我们传统的数学技艺的运用中得以延续（诸如非直接的证据）。各种实践将不会受到束缚，也不必以某种方式加以重新解释。同时，柏拉图哲学还解释了我们的直觉，即我们关于某些定理为真，且相信其肯定为真的心理感觉。布朗指出，没有哪一个墨守成规者或构成主义者能用逻辑的方法证明这些心理事实是对的。布朗还指出奎因就因接受了一种打了折扣的柏拉图主义哲学，其中包含①、②和④，而对③持否定态度。奎因的主张否认人们能够感知抽象的客体，而是认为人们应该通过检验他们的经验结果来获得数学真理。这一主张的结果就是他无法解释为什么 3 > 2 直观看起来是那么明显，而"质子重于电子"就不那样。

据此布朗指出，正是这种神秘的数学的柏拉图主义说明使得思想实验在科学活动中常常拥有许多特殊的功能。它能够使从一特定的、成熟的理论中得到某结论变得更加容易。

二、思想实验的柏拉图主义说明的问题

虽然布朗竭力为自己的思想实验的柏拉图式的说明进行辩护，坚持认为思想实验是对以客观实体形式存在的自然规律的一种感知方式，是人们通往客观真理的一个有效通道，但是他的说明却存在着一系列的问题。

其一，布朗认为，人们用眼睛看到一个茶杯，对于茶杯中的水是满的信念的形成等同于数学中人们可很直观地得出 2+2=4。并据此说，思想实验和茶杯信念的形成，以及数学的感知都是一样的，都是对先验的客观实体的感知方式。

---

① Brown J. 1991. The Laboratory of the Mind. London：Routledge：54.

信念的形成的确无法用逻辑推理的方式达到，这正是诺顿论据观的不足之处。但从价值论的层面来讲，恰恰是只有逻辑推理和对理论的数学证明的价值可以等同。霍金的弦理论已经得到数学上的证明，即在数学上弦理论是一个自洽的理论。但到目前为止，弦理论仍只是一个假说，未能显示出令人信服的强大力量，就因为它在物质层面上还未能得到证明，无论是物质实验还是思想实验，逻辑推理的功效与此大抵相当。霍金对先验的感知由于没有经验层面上的可观察数据的印证，也没有思想实验中类经验现象的展示，所以难以发挥效力并产生巨大的影响。况且，物质世界中难以解释的现象，并不能完全等同于对客观实体的神秘感知。这是不充分决定的，充其量只能算是一种假设。就像旋转水桶实验中牛顿的结论一样，并不一定就必须解释为是绝对空间的存在。

其二，在思想实验对抽象实体的感知上，布朗由于注意到一些不存在物质的因果联系也可感知的情况而主张柏拉图式的跳跃的神秘感知。但问题是，布朗的论述到此就止步不前了。因为，他没有给出柏拉图式的感知发生时的情形、感知的途径、具体感知的方式方法和感知要遵循的规律。事实上，布朗本身也不知道问题的答案。感知是如此神秘的发生，感知的对象存在于人类所生存的时空之外，以至于人们根本就不能够对感知事件有任何了解。布朗的主张或许在目前作为可能性之一而可以存在，但将来很可能会被其他更有解释力的理论所取代。

其三，从一个实验所必须具备的基本要素来看，思想实验和物质实验一样，包含实验目的、实验原理、实验环境和仪器设备、实验内容、实验结果、对实验结果的分析讨论和实验结论等组成部分。布朗对从实验前的设计环节到实验结果的呈现中的几个环节都未予以足够的重视，他似乎只关注从实验结果中所呈现出的现象到结论得出的这一转变。事实上，布朗没有看到，在物质实验中也存在同样的问题，即物质实验中也存在着从现象到结论的这一转变。那么，问题就出现了：布朗的主张不仅适用于思想实验，同样的说明也适用于物质实验。再进一步想，其他的所有对世界的认识都要经历这一跳跃。而在现实中，这样的说明是无力的。因为忽视实验中条件、现象、步骤等的存在，而只看到从现象到结论这一跳跃的存在，就如对一个理论用实验验证和数学证明一样，二者不可只见其一，因为二者对事件说明所产生的功效完全不能等同。

其四，布朗看到了在思想实验中是"想象的现象"在起作用，但没有注意到不管是什么样的现象都必须在一定条件下才能起作用，即他没能看到在思想实验中发挥作用的理想化条件。

其五，在对思想实验的具体考察上，布朗认为一个思想实验只是一个单独的事例。而事实上，思想实验中呈现出的现象代表的是一类事物，其具有集合概念的特征，是以科学意象方式存在的现象，并不单单说明一个孤立的事件。

最后，人们如何辨别某一事物的相关属性为其必然属性呢？对此，布朗亦未能给出答案。当然，布朗也无法给出答案，因为即使是一个科学家也无法肯定地从一个思想实验中判定一个事物的必然属性。总之，布朗所坚持的柏拉图主义神秘莫测、无法把握，有些地方连布朗自己也说不清楚。因此，面对来自各方的追问，他所主张的思想实验的柏拉图式的说明难以应对也就是必然的了。布朗接下来要完成的任务是必须揭开柏拉图主义的神秘面纱，还人们一个清晰的图景。如若不能完成这一转变，他的思想实验观必将深陷困境。

三、实验的可信性质疑

通常认为，物质实验由于其可重复性而给了人们一种可验证的印象，即客观公正的形象。事实上，可重复的只是实验操作的阶段。但在事实上，从动手操作到实验结论的得出之间还有一个讨论的环节。在现实中，大量不可预测的不公正的因素进入了这一环节，比如协商、妥协、信仰、权威的力量。既然是协商，就会有不同的观点，比如，看到同一个现象，不同的人有不同的解释。在这里，我们可以再次回顾密立根（R. A. Millikan）油滴实验中的一些现象。现在大家都知道当初密立根通过油滴实验所得出的基本电荷数值与现在的数据并不完全一样。事实上，密立根的基本电荷数值只是根据他认为较好的部分观测结果计算得出的。他一共对外界公布了58次观测数据，而他曾做过的观测次数远远多于这个数目。很显然，在实验中他先预设了一个结果，所以去掉了一些他认为不好的观测数据。将个人的主观猜想介入到实验过程中，这违反了科学求真的原则。有趣的还不只是如此。后来，物理学家费曼（R. P. Feynman）发现，密立根的数据公布并作为权威被人们接受之后，人们通过实验不断地修正密立根数据的误差。但把后来的数据资料和时间画成坐标图，弗曼居然发现后来的科学家得到的数值相比密立根的数值呈逐渐增大的趋势。数据逐渐增加，靠近现在的稳定测量值。费曼的解释是：一方面，当后来的那些科学家获得一个比密立根数值更高的结果时，他们以为一定是自己哪里出了错，便会拼命寻找，并且找到了实验有错误的原因。另一方面，当他们获得的结果跟密立根的相仿时，便不会那么用心去检讨。因此，他们排除了所谓相差太大的资料，不予考虑，所以才会出现在密立根之后科学家们测定的基本电荷数值随着时间的推移不断增大，而且每次只增大一点点的这种可笑的现象。

即使验证性的重复操作明白地呈现在人们的面前，也不能确切地说明问题。在巴斯德（L. Pasteur）和普歇（F. A. Pouchet）的有关生命是否是自然发生的科学争论中，事实上巴斯德也曾重复过普歇的实验，但这并不能确定谁对谁错，直到12年后人们发现在甘草浸液中有一种不能被沸腾的水银杀死的生物时，人们才明白普歇所展示的甘草浸液中生命的生长并不是自然发生的，但这一切在当时人们根本就无从知晓。

思想实验由于其在思维中操作，更加灵活，因此也可以无限地重复操作。但思想实验的最终结论的得出环节与物质实验的结论得出也是相同的。爱因斯坦和玻尔关于光子盒的不同诠释就是最好的证明。由此可见，无论是思想实验还是物质实验，其结论都是可错的。

从整个科学史看来，后来的理论总因为具有更大的解题效力而可推翻、取代或包容前面的理论，因此，判决性实验是不存在的。实验只能对理论的协调力产生影响，但不能决定理论的生与死。但关于判决性实验命题，如果我们加以适当的限定，即在具体问题上，针对具体理论，在某一历史时刻或某一历史时段，判决性实验依然有效。

第三节　思想实验的合法性

从前文的论述可知，思想实验和物质实验一样，都是可错的。然而，在科学史上的许多关键时刻，思想实验都曾发挥过重要作用，在推动人类深入认识世界、探索世界的过程中，取得了丰硕的成果，以至于爱因斯坦认为，思想实验方法是"人类思想史上最伟大的成就之一，而且标志着物理学的真正开端"[①]。那么，思想实验在科学史中应该作为一种怎样的存在呢？事实上，直到目前为止，人们"仍未弄明白的是，为什么它们一直能有如此显著的功效"[②]。研究波普尔（K. Popper）有关思想实验的主张，弄清思想实验存在的合法性，或许能为人们解开上述疑问提供启示。

一、波普尔的思想实验主张

在波普尔的著作中，思想实验作为一种有效的方法，被波普尔广泛运用于多处论证中。但波普尔有关思想实验的适用范围，特别是他所谓的狡辩式的思想实验的主张是存在严重问题的。破除波普尔的狡辩式的思想实验观，将使得思想实验能在当代科学前沿中得到更加有效的运用，发挥更加积极的作用。

1. 波普尔的思想实验分类

在波普尔看来，思想实验由于在科学史中取得了累累硕果，其地位是不容置疑的。但波普尔指出，有关思想实验的"某些论证方法是不可接受的"[③]，并对这种论证方法提出了严厉的批评。

为了对他所要批评的论证方法提供清晰的说明，波普尔首先对思想实验进行了分类。根据思想实验发挥作用的途径不同，波普尔将思想实验分为三类。他最为推崇的一类思想实验为"批判的使用"的思想实验（批判式的思想实验）。他认为，伽利略的自由落体运动实验以亚里士多德的物体下落理论为前

---

① 艾·爱因斯坦，利·英费尔德. 2010. 物理学的进化. 周肇威译. 长沙：湖南教育出版社：4.

② Kuhn T S. 1977. A function for thought experiments//Kuhn T S. The Essential Tension：Selected Studies in Scientific Tradition and Change. Chicago：The University of Chicago Press：240-265.

③ 卡尔·波普尔. 2008. 科学发现的逻辑. 查汝强，邱仁宗，万木春译. 北京：中国美术学院出版社：424.

提，以此为出发点展开论证，经过严密的推理，到最终将亚氏理论驳倒，是此类思想实验运用的完美典范。这是对思想实验的最好使用。除了批判式的思想实验之外，波普尔还认为，对思想实验的启发性的使用（可称为启发式的思想实验），也极有价值。比如，德谟克利特（Democritus）用他那把锋利无比的刀去切割某物体，直到不可再分时，得出最终不可再分的部分即为原子存在证据的那个思想实验，可为代表。他指出，启发式的思想实验可为科学理论中的某些现象提供解释和说明，也是合法且重要的。

波普尔予以特别说明的是第三类思想实验——他称为对思想实验的狡辩式使用（可称为狡辩式的思想实验），亦即他认为不可接受并对其提出严厉批评的那类思想实验。波普尔认为，在运用思想实验批评某一理论时，人们可以"通过展示某些被理论忽视的可能性来批评该理论，通常都是被允许的，但是，要使用思想实验反击这些批评，就得格外小心"①。波普尔认为批判式的思想实验主要就是要说明理论家忽视了某些可能性而致使理论存在问题。这时，引入一些理想情况或做出特别假设，是被允许的。但在捍卫理论而对控方进行反击时，波普尔对此做出了特别强调，此时"不能引入任何理想情况或其他特别假设"①。但随后波普尔又作了一个补充，即如果引入理想情况或特别假设，那么只有当我们坚持"理想情况必须是对控方的让步，或至少为控方所接受时，把思想实验用作论据才是合法的"①。而一旦违反了这一要求，用来反击对方的任何理想情况都不允许在思想实验中出现。

根据波普尔的主张，一个思想实验被称为狡辩式的思想实验的具体要件有三：其一，该思想实验是在某一理论遭到批判而对控方进行反击时提出的；其二，该思想实验引入了理想情况或特别假设，并以之作为前提条件，并在此基础上为自己的主张展开论证；其三，该思想实验中引入的理想情况或特别假设不是对对方的让步，而是完全站在自己的立场上，对己方加以辩护，所以无法为控方所接受。

2. 波普尔对狡辩式的思想实验的排斥

量子力学研究领域存在着大量的思想实验。波普尔认为，其中有相当一部

① 卡尔·波普尔. 2008.科学发现的逻辑.查汝强，邱仁宗，万木春译.北京：中国美术学院出版社：426.

分就属于对思想实验的狡辩式使用，且一直未引起人们的注意。当中最为典型的就是玻尔对爱因斯坦、波多尔斯基和罗森的 EPR 佯谬中有关量子力学完备性质疑的回应中所做的辩护。波普尔指出，在辩护中，玻尔没有遵循他所主张的"不能引入任何理想情况或其他特别假设"的要求。具体说，就是指在 EPR 佯谬中，爱因斯坦、波多尔斯基和罗森引入了两个粒子 A 和 B[①]。由于二者之间曾经有过相互作用[②]，我们得以通过量度 B 的位置（或动量）来计算 A 的位置（或动量），而当我们对 B 进行量度的时候，A 已经运行到很远之外，因而对 B 的量度不会对 A 产生涂污，通过计算，我们可得出一个有关 A 的矛盾状态的描述，进而说明量子力学理论是不完备的。波普尔注意到，玻尔在对三人的回应中，主要致力于说明无论是对 B 的位置进行量度，还是对 B 的动量进行量度，都会对参照系统造成涂污，即"尽管 A 不受干扰，但它的坐标却可能由于参照框架的涂污而被涂污"[③]，而没有对爱因斯坦、波多尔斯基和罗森他们在 EPR 佯谬中引入的理想状况提出质疑。

波普尔指出，玻尔的辩护令他无法接受。他的反对理由有三：①在 EPR 佯谬提出之前，人们对于系统的位置或动量无法同时得知，主要归因于量度对系统本身的干扰。波普尔指出，玻尔抛弃了这一根本立场，取而代之以"系统位置或动量被涂污的原因，是因为我们干扰了自己的参照系，或坐标系统，而不是说我们干扰了物理系统"[③]。波普尔认为，玻尔没有说明他是否承认他的旧的观点已为 EPR 佯谬的论证所驳倒，也没有说明虽然旧的观点被驳倒，但立足于其上的基本原则仍没有被摧毁。这正符合 EPR 佯谬的意图——反驳测不准原理的说明，从某种意义上看，"玻尔的回应不公开地承认了这思想实验成功实现了其目的"[③]。②玻尔的对位置量度和对动量量度的两个参照系统——选择了一个参照系就阻绝了另一个参照系选择的可能——的主张是特设的。波普尔认为，其他方法，诸如借助分光镜等手段，也有可能实现对粒子动量的量度。也就是

---

① 事实上，爱因斯坦、波多尔斯基和罗森在 EPR 佯谬中引入的是两个系统 I 和 II。1935 年，爱因斯坦在他给波普尔的一封信中，为了直观明白地说明问题，将两个系统 I 和 II 简化为两个粒子 A 和 B。此后，大多数人都习惯使用粒子 A 和 B 来描述 EPR 佯谬。波普尔此处也是如此。

② 假设我们分别知道粒子 A 和 B 的初始状态，在某一时间段内二者有过短暂的接触或相互作用，之后处于相互分离状态。这是对处于分离状态的粒子 A 和 B 进行考察的前提和背景。

③ 卡尔·波普尔. 2008. 科学发现的逻辑. 查汝强，邱仁宗，万木春译. 北京：中国美术学院出版社：427.

说，玻尔描述的参照框架并不是对粒子量度的唯一途径，选用分光镜等手段可以有效地实现对粒子的量度，且不产生玻尔所强调的涂污效应。③玻尔借助移动隔板来量度粒子的做法并不能支持对 EPR 佯谬所做论证的反驳，且其具体的量度方法在波普尔的眼中，也是不被允许的。

在波普尔看来，玻尔对 EPR 佯谬所做的回应，"并没有遵循只使用有利于控方的理想情况或特殊假设的原则"①，而只是在一些细节上，做出了一些有利于自己，事实上却是无效的辩护。这正是他所谓的狡辩式思想实验的典型，是应该遭到拒斥的。

二、回到爱因斯坦和玻尔之争

由于确定论思想根深蒂固的影响，爱因斯坦认为，量子力学对粒子世界所做的描述，原则上都是统计性的，在他的内心深处，是无法"相信我们应当满足于对自然界的如此马虎、如此肤浅的描述"②。正是出于这一不满，为了说明量子力学的不足，爱因斯坦和波多尔斯基、罗森一道构想了一个思想实验——EPR 佯谬，挑起了有关量子力学理论是否是完备的争论。

1. EPR 佯谬的论证策略

在 EPR 佯谬中，爱因斯坦、波多尔斯基和罗森认为，要判断一个物理理论成功与否，可以提出两个问题：①该理论是正确的吗？②该理论所提供的描述是完备的吗③？只有当上述两个问题都得到肯定的回答时，该理论方可令人满意。对于问题①，我们只需将该理论对世界所做的描述或预言与人的经验进行比对④，也就是看该理论是否可与经验相符合，其答案即可呈现。而对于问题②的回答则较为复杂，因为它涉及如何定义"完备"和"实在"这两个概念的问

---

① 卡尔·波普尔. 2008. 科学发现的逻辑. 查汝强，邱仁宗，万木春译. 北京：中国美术学院出版社：428.

② 许良英，李宝恒，赵中立，等编译. 2010. 爱因斯坦文集（第一卷）. 北京：商务印书馆：478.

③ Einstein A，Podolsky B，Rosen N. 1935. Can quantum-mechanical description of physical reality be considered complete？Physical Review，47（10）：777-780.

④ 有些比对可在理论提出之后立即进行；也有些由于受条件限制，须事后方可比对，例如，爱因斯坦的相对论预言光线弯曲现象，几年后方得到经验验证；甚至有些比对发生在理论提出的数千年后，例如，比萨斜塔实验与亚里士多德理论的比对；还有些比对不是一次性完成的，例如，几百年来，人们对达尔文的进化论的验证一直在进行当中。

题。爱因斯坦认为，在一个完备的理论中，"物理实在的每一个元素都必须在该理论中有它的对应"①。而关于物理实在，爱因斯坦则没有做严格的说明，只是给出了一个物理实在的元素的判据，即"如果对一个体系没有任何干扰，我们就能够确定地预测（即概率等于1）一个物理量的值，那么，必定存在着一个与这一物理量相符合的物理实在的元素"②，以此作为物理实在的充分条件。

在完成了"完备"和"实在"概念的界定及其与物理理论的关系判定之后，爱因斯坦便运用上述判据对量子力学理论进行了考察。在量子力学中，根据测不准原理，对一个自由粒子的描述由两个物理量组成：位置（d）和动量（m）。要得到其中一个物理量的正确知识，就排除了得到另一个物理量的正确知识的可能性。据此我们可知，对应于这两个物理量的算符（q）就必然是不可对易的。而用波动函数来描述粒子状态时，粒子的位置（或动量）都是实在的，即在规定的状态中，必然存在着两个对应于同一个粒子状态的值。由此，爱因斯坦、波多尔斯基和罗森得出结论："要么，（i）由波动函数所提供的有关实在的量子力学的描述是不完备的；要么，（ii）当与两个物理量相符合的算符不可对易时，这两个物理量就不可能同时都是实在的。"②③

爱因斯坦、波多尔斯基和罗森接下来的工作就是要证明波动函数对量子力学所做的描述是不完备的。为了达到此目的，爱因斯坦等人假设存在两个系统：Ⅰ和Ⅱ（有时候爱因斯坦将两个系统简化为A和B两个粒子）。对于这两个系统的考察，以两个时刻（t_1和t_2）分开。先假定在时刻t_1之前，系统Ⅰ和系统Ⅱ的状态是已知的；在时刻t_1与时刻t_2之间的某一时刻t（$t_1 < t < t_2$），两个系统曾发生过相互作用；在时刻t_2之后，二者便一直处于分离状态④。根据薛定谔方程，在时刻t_2之后，系统组合（Ⅰ+Ⅱ）的状态是可知的，那么，只要对系统

---

① 有些比对可在理论提出之后立即进行；也有些由于受条件限制，须事后方可比对，例如，爱因斯坦的相对论预言光线弯曲现象，几年后才得到经验验证；其中有些比对发生在理论提出的数千年后，例如，比萨斜塔实验与亚里士多德理论的比对；还有些比对不是一次性完成的，例如，几百年来，人们对达尔文的进化论的验证一直进行当中。

② Einstein A，Podolsky B，Rosen N. 1935. Can quantum-mechanical description of physical reality be considered complete？Physical Review，47（10）：777-780.

③ 在论证中，如果结果有误，而推理过程无误，那必然是由于前提存在问题。所以，当两个不可对易的物理量不能同时对应于同一个实在的时候，那必然是测不准原理存在缺陷。

④ 爱因斯坦他们再次想强调的是，由于系统Ⅰ与系统Ⅱ处于相互分离状态，因此，对系统Ⅰ的量度不会对系统Ⅱ产生涂污效应。这可有效避免测不准的规定。

Ⅰ加以量度，我们就可以得到一个描述系统Ⅱ的波动函数。而测不准原理规定，我们对系统Ⅰ的位置和动量的量度方式是不一样的，而且，更为关键的是，两种方式的量度将得到两个不同的物理量。这就意味着，将会有两个不同的波动函数同时对系统Ⅱ做出描述。论证至此，爱因斯坦他们发现，假如波动函数能够为物理实在提供完备的描述的话，则"与两个不可对易的算符相符合的物理量，能够同时具有实在性"①。这与前文所述的"当与两个物理量相符合的算符不可对易时，这两个物理量就不可能同时都是实在的"的论述不一致，前后形成一对悖论。

每一个函数都对应着一个物理量②，且这两个物理量的算符是不可对易的。而这两个不可对易的物理量却对应着同一个实在。此时，EPR 佯谬论证的结论已基本呈现出来。从上述悖论现象中，我们不难得出：由波动函数所提供的关于物理实在的量子力学的描述是不完备的①③。

2. 玻尔的回应

对于爱因斯坦的质疑，玻尔迅速做出了回应。玻尔指出，EPR 佯谬中所做的论证"并不能恰当地契合我们在原子物理学中所面对的真实情况"④，他认为，从"互补性"的观点看，"量子力学在其适用范围之内似乎是有关物理现象的一种完全合理的描述，例如我们在原子活动中所遇到的"④。

玻尔对于自己的主张的论证进路是，首先表明惯常的自然哲学观在量子力学领域中的运用是不妥的，因为"由量子行为的存在本身所决定的客体和测量仪器之间的有限相互作用要求——因为如果测量仪器为达到目的发挥了作用，就不可能控制客体对仪器的反作用——最终必须放弃经典的因果性概念，并对

---

① Einstein A，Podolsky B，Rosen N. 1935. Can quantum-mechanical description of physical reality be considered complete？ Physical Review，47（10）：777-780.

② 爱因斯坦假设第一个物理量为 P，第二个物理量为 Q。当然，量 P 为一个实在的元素，量 Q 为另一个实在的元素。那么，两个不同的实在的元素属于同一实在。这是矛盾的。

③ 在对单个系统进行论证时，爱因斯坦他们先证明了当对应于两个物理量的算符不可对易时，这两个物理量就不能同时是实在的。而在对两个系统进行考察时，爱因斯坦他们的论证策略便发生了变化，此时他们先证明波动函数所做的关于实在的量子力学的描述是不完备的，进而由此否定两个不可对易的物理量不可能同时具有实在性。

④ Bohr N. 1935. Can quantum-mechanical description of physical reality be considered complete？ Physical Review，48（8）：696-702.

我们看待物理实在问题的态度进行根本的修订"[①]。进而指出，EPR 佯谬中的论证也包含着这样一种本质的歧义。他的具体论证是从对单个粒子的两次量度开始的，如果对粒子进行量度的第一个光阑和仪器的其他部分一样是被"刚性地固定在空间参照系的底座上"的，粒子通过光阑时与光阑交换了的动量就必然会传递到仪器底座上，对连同第二个光阑在内的底座产生影响，从而对第二次量度的结果造成涂污；如果第一个光阑不和仪器的其他部分相连，量度的过程就会"导致对它们的空间 - 时间坐标的控制精确性的放弃"[①]。

两种不同的量度方式都由于不可避免的涂污效应而必须要放弃对一部分精确性的追求，但玻尔指出，这并不意味着量子力学所做出的是一种不完备的描述，而只是一种不可能性：在量子力学理论的领域中，不可能完全摆脱被量度对象对仪器反作用的影响。在对位置进行量度时，反作用就表现为动量的传递；在对动量加以量度时，反作用就表现为位移的发生[②]。因此，"量子力学和普通统计力学之间的任何比较——无论它对理论的合理呈现可能会多么有用——基本上都是不对头的"[①]。当然，玻尔的上述论证从根本上否定了爱因斯坦、波多尔斯基和罗森在 EPR 佯谬中的主张，因为他们的思想实验的前提条件"'对一个体系没有任何干扰'的表述中包含着一种模糊性"[①]。接着玻尔进一步指出，这些条件不但确定着对被量度粒子的行为的预测，而且还构成了可以恰当地和物理实在相联系的对粒子描述的一个部分，因此，爱因斯坦、波多尔斯基和罗森的有关量子力学对物理实在的描述是不完备的论据是不成立的。恰恰和爱因斯坦他们相反，玻尔认为，"这一描述显示了量度的一切可能性的合理使用的无歧义的诠释，且这些诠释与量子理论中客体和量度仪器之间的有限而不可控制的相互作用相容"[①]，因此，玻尔的结论是：量子力学为物理实在所提供的描述是完备的。

三、对波普尔的批判

从爱因斯坦和玻尔之争中，我们还原了双方的真实想法，以及他们的论证

---

① Bohr N. 1935. Can quantum-mechanical description of physical reality be considered complete? Physical Review, 48（8）：696-702.

② 事实上，玻尔认为，这两个方面的结合表征着经典物理学的方法。在此意义上，这两个方面在量子力学理论中被认为是彼此互补的。

策略和论证进路。当然，历史的本原也暴露出波普尔的思想实验观，尤其是他的狡辩式的思想实验主张中存在的严重问题。

1. 波普尔的三点反对理由的问题

在他的反对理由①中，波普尔指出，玻尔在对爱因斯坦他们的回应中，强调系统的位置或动量被涂污的原因是量度涂污了参照系统，这和哥本哈根学派此前一贯坚持的不同①。诚然，由于涉及两个系统之间的关系，玻尔的论证策略与以往有所不同，但事实上，与对单个系统的量度相比较，二者并无本质上的差异。因为玻尔无论是强调量度对系统本身的干扰，还是强调量度对参照系统的干扰，都是为了说明量度"必须允许一种对应于量子力学测不准关系式的活动范围"②，且最终量度结果的精确性和测不准原理以往的要求也是相吻合的。因此，这并非如波普尔所言——玻尔的回应等于承认 EPR 佯谬对测不准原理的某种解释。

在反对理由②中，波普尔认为，借助分光镜就可能实现对粒子动量的量度，而分光镜和量度仪器处于同一个框架内。这样，就可否定玻尔的"选择了一个参照系就阻绝了另一个参照系选择的可能"的说法。但事实上，玻尔在他的回应中，先论述了对单个系统量度中存在的问题，后将问题推广至对两个粒子的量度。在此问题上，波普尔似乎在刻意回避玻尔最初的对单个系统量度的论证，即两个光阑都处于一个参照框架内，但量度中无法避免的能量交换仍然会造成对参照系的涂污。波普尔此时的论证无疑属于玻尔在回应中所做论证的两种情况之一③。更何况，波普尔在他的反对理由①中，一直坚持认为玻尔对"量度干扰粒子本身"这一观点的放弃是不对的。也就是说，波普尔赞同量度必然伴随能量交换，从而产生涂污效应。

但是，在波普尔提出的替代方案中，他没有让我们清楚明白地知道如何使

---

① 此前，玻尔认为粒子的位置和动量不能同时准确得知的原因是对系统的量度必然会造成对系统本身的涂污。

② Bohr N. 1935. Can quantum-mechanical description of physical reality be considered complete？ Physical Review, 48（8）: 696-702.

③ 波普尔此时没有说明分光镜是否被刚性地固定在参照框架内。如果相连，如何与玻尔论证的第一种情况相区别？如果不相连，又如何与玻尔论证的第二种情况相区别？对于上述两个问题，波普尔都没有给出交代。事实上，不管分光镜是否与参照框架相连，波普尔的替代方案都等价于玻尔论证的两种情况之一。

用分光镜进行粒子的量度，而不对粒子产生涂污效应。也没有说明分光镜如何与量度仪器的其他部分共处于同一个框架内，而不产生相互作用。似乎只是给我们抛出了一个分光镜凭空悬浮在参照框架中，却又与参照框架中的所有事物都没有任何联系的幻象。

在反对理由③中，波普尔声称，玻尔所描述的用移动隔板来量度粒子的做法，并不构成对爱因斯坦、波多尔斯基和罗森主张的反驳。因为第一次量度会对隔板的动量产生涂污，那么对粒子与隔板接触之前的动量的计算则是无用的。在这里，波普尔似乎没能深刻理解玻尔的原本意图。事实上，玻尔此处的论证显然意不在此，而只在乎最后的论证指向——两次量度均存在涂污效应，最终结果符合测不准原理，无他。

2. 对波普尔狡辩式思想实验观的批判

当然，从前文中我们可以看出，玻尔对于 EPR 佯谬的回应的确较为被动。其整个过程都只是在一味地运用此前的既有理论为测不准原理进行辩护，所涉及的要点与几年前在对光子盒思想实验的回应中就已经强调过的几乎一样，并无新意。但毫无疑问的是，玻尔的回应确实构成了对爱因斯坦、波多尔斯基和罗森的反击，维护了量子力学的理论基础。但波普尔却指责玻尔没有遵循只使用有利于控方的理想情况或特殊假设的原则，而将其划归为狡辩式的思想实验之列。诚然，在卡诺（N. L. S. Carnot）循环实验中，卡诺的一系列条件的设置，都属于实验最终理想化状态的一部分，即所有条件都是对反对者的让步，以此来将反对者逼到最后的角落，使得他们不得不承认，只要其中任何一个环节的问题无法解决，最终的理想结果都必然无法实现。这一实验是波普尔所认可的可引入理想情况或特别假设的思想实验的代表，但他同时要求所有的思想实验都必须符合此原则则是无理的。因为，有些时候，我们无须向对方做出让步，坚持以己方的主张为出发点，做出有利于己方的论证，在科学史上，也不乏获得成功的思想实验。麦克斯韦妖就是此类思想实验的典范。众所周知，克劳修斯（R. J. E. Clausius）在卡诺循环的基础之上提出的热力学第二定律摧毁了人类第二类永动机的梦想。但热力学第二定律也带来了另一个麻烦，即在提出第二定律的同时，克劳修斯还提出了熵的概念 $S=Q/T$，并将热力学第二定律表述为：在一个孤立的系统中，热传递的过程总会使整个系统的熵增加。这样，人们稍作思考便会发现：如果将熵增定律扩展到整个宇宙，那么宇宙中的热就会不断从高温物体传向低温物体，直至未来某一个时刻整个宇宙中不再存在温差，此时宇宙总熵值达到极大，万物之间将不再会有任何力量能够使热量发生转移。此即热寂论。

为了反驳热寂论，麦克斯韦设计了著名的妖思想实验。在实验中，小妖具有特殊的智能，可以追踪每个分子的行踪，并能辨别出它们各自的速度，且具有能够根据速度快慢决定分子运动方向的能力，以及实验容器所需的理想材料等条件，这些都是为了说明在不消耗功的情况下，存在容器一侧温度升高，而同时另一侧温度降低的可能性。麦克斯韦设置的这一系列理想化条件，都是对己方有利的条件，且都是站在反对热力学第二定律的立场上，指出热力学第二定律存在问题，由此提出应当对热力学第二定律的应用范围加以限制。当然，动摇了热力学第二定律，那么奠基于其上的热寂论，必然遭到抛弃。没有使用只有利于对方的理想化条件，恰恰与波普尔能够允许的相反，麦克斯韦的每一个条件的设置，都是为了自身论证的需要，以反驳热寂论为目标，并最终取得了巨大的成功。这一思想实验构成了对波普尔的狡辩式思想实验的严重反常。事实上，在科学史上，此类思想实验还有许多。

从表面上来看，波普尔对狡辩式思想实验进行了严厉的批判，但仔细分析之后，我们可以发现，他对所谓的狡辩式思想实验的排斥又是谨慎的，甚至可以说是不坚决的。一方面，他特别强调，在反驳相互竞争对手的思想实验时"不能引入理想情况或其他特别假设"，但另一方面，又给"理想情况"或"特别假设"的存在留有余地[①]。任何一个理性的人都会承认，在科学争论中，能够对竞争对手做出让步，并设置有利于控方的条件，是难以做到的。不过，如果真能做到这一点，并迫使对方认可，最终又能摧毁对方的观点，这当然不失为一种好的策略、一个有效的途径，比如波普尔提及的卡诺循环。但纵观整个科学史，此类思想实验并不占主流，并不代表大多数[②]。因此，波普尔运用一个特例（即卡诺循环）来作为他的主张的佐证，无疑是以偏概全，令人无法认同。

---

① 波普尔特别交代，当思想实验中的理想情况和特别假设有利于控方，且其为运用此思想实验的任何控方所不得不接受时，是合法的。

② 当科学争论发生时，最为普遍的情况是，争论双方均站在己方的立场上设置条件，据理力争。或许他们所设置的条件并不能为竞争对手所认同，但依然会坚持己见。想想巴斯德和普歇有关自然发生说的著名争论，就会明白波普尔的这一主张是不切合科学史的实际的。

3. 波普尔对思想实验的"狡辩式使用"

正如前文所述，波普尔一方面指责玻尔没有对爱因斯坦的理想条件加以质疑，也没有使用有利于爱因斯坦，同时又是爱因斯坦能够接受的理想条件；而另一方面，波普尔对于玻尔的批评理由又显得较为牵强。事实上，在随后进一步的论证中，波普尔本人也犯了与玻尔同样的错误——在承认了对方的理想条件的前提下，对控方进行了反驳。例如，在 γ 射线显微镜思想实验中，海森堡（W. K. Heisenberg）假设存在一个理想的 γ 射线显微镜。运用该显微镜，我们能够实现对单个粒子的位置或动量进行量度。波普尔认为，海森堡的这一为量子力学奠基的思想实验也是一个狡辩式的思想实验，并对其进行了抨击。在对电子轨道的研究中，海森堡认为，人们无法通过一个普通的光学显微镜观测到电子运行的轨道，因为对电子位置测量的不准确度不能小于光的波长，但用波长小于原子大小的 γ 射线显微镜则能够做到这一点。在实验中，"电子的位置可以观测得这样准确，其准确度随 γ 射线的波长而定"[①]，亦即 γ 射线的波长越小，对电子位置的测量就越准确。但海森堡同时指出，"如果 γ 射线的波长远小于原子的大小，γ 射线的光量子的动量将远大于电子的原始动量"[②]，所以，电子位置的测量越准确，需要的 γ 射线的光量子的动量就越大，而 γ 射线光量子的动量越大，量度对电子产生的涂污效应也就越大，测得的动量值就越不准确。反之，要想得到准确的动量值，γ 射线的波长必须变大，而这将难以获得电子的准确位置。

在 γ 射线显微镜思想实验的基础上，海森堡建立起了三个观点：①对海森堡测不准公式的解释，这公式说测量精度存在着不可克服的障碍；②测量过程对被测物的干扰，无论是位置干扰还是动量干扰；③检测粒子时空通道的不可能性[③]。波普尔声称，海森堡的上述论证完全无效，他的理由是"海森堡的论证没能证明，对位置的测量与对动量的测量是对称的"[③]。因为，海森堡只是论及，要想测得准确的电子位置必须使 γ 射线的波长变得足够小，而这同时会涂污电子的动量。但在对电子的动量进行量度时，我们必须将 γ 射线的波长变得足够大，这时光子能量极低，以至于低到没有足够的能量涂污电子。因此，波

---

① W. 海森伯 . 1981. 物理学和哲学 . 范岱年译 . 北京：商务印书馆：16.
② W. 海森伯 . 1981. 物理学和哲学 . 范岱年译 . 北京：商务印书馆：17.
③ 卡尔·波普尔 . 2008. 科学发现的逻辑 . 查汝强，邱仁宗，万木春译 . 北京：中国美术学院出版社：432.

普尔指出，"观察结果（虽然揭示了动量）没能揭示电子的位置，这位置因而是不确定的"[1]，这只能说明我们没有揭示电子的位置，而并非是电子的位置受到了涂污。他进而得出结论：两种情况——测量位置和测量动量的情况——就不是类比关系或对称关系[1]。

从以上论述中可知，波普尔的确敏锐地发现，在准确量度电子动量时，位置的不准确只是由于我们不能准确量度，而非受到涂污。但稍作思考后，我们会发现，波普尔的论证最起码存在两个方面的问题：其一，波普尔在批驳海森堡的γ射线显微镜思想实验时，对于海森堡提出的理想化条件，没有做出否定。这正如他自己分析EPR佯谬一样，等于默认了海森堡提出的理想情况——γ射线显微镜的可行性及γ射线波长大小变化的实现等。其二，波普尔在从"没能揭示电子位置"的正确认识，到"测量位置和测量动量"的涂污的不对称性的论证，中间偷换了一个概念——把对位置和动量的准确性的研究换成了对位置和动量的涂污的研究。因为海森堡提出的γ射线显微镜思想实验的初衷只是想要说明电子的位置和动量不能同时准确得出，而波普尔却将这一问题转化为位置和动量不能准确得出是由于产生了涂污效应。显然，正如波普尔所发现的那样，位置不能准确得出并非由于涂污，但这与海森堡的初衷并不冲突，即海森堡只想要得出测不准原理的结果，而并非寻找涂污原因的过程[2]。因此，波普尔此处对海森堡的γ射线显微镜思想实验的狡辩式使用的指责必将再次破产。

四、思想实验合法性的判据

今天看来，爱因斯坦的EPR佯谬的论证过程无疑是存在问题的，但爱因斯坦的主要问题是他的信念使之然。在有关科学理论的研究中，劳丹把理论分为两类不同的命题网络。一类是指一套相关联的用于具体的实验预测，能为自然现象提供详细解释的学说，一般的假说、公理、原理都属于此类，比如麦克斯韦的电磁理论、玻尔的原子跃迁理论等；另一类命题网络不是指某个单独的理论，而是指那些更普遍的，更不易受到检验的几套学说和假设，主要是指理论

[1] 卡尔·波普尔.2008.科学发现的逻辑.查汝强，邱仁宗，万木春译.北京：中国美术学院出版社：433.

[2] 明确这一点很重要，因为在对电子动量进行量度的过程中，并未涂污电子的位置，但从量度的结果来看，是同样得不到电子的准确位置。这是波普尔偷换概念的关键之处。

谱系，比如进化论、原子论等。马雷认为，劳丹有关理论的分类具有较大的含糊性。为了使对理论类型的研究进一步明晰化，马雷先将理论划分为两大类：经验理论和概念理论[①]。经验理论是直接从观察实验所得到的经验材料中产生的，既具有直接的经验协调力，又同时具有直接的概念协调力和背景协调力。相对于经验理论而言，概念理论就复杂了许多。有的概念理论是在经验理论的基础上产生的，与经验理论一样具有直接的经验协调力，马雷称之为亚经验理论，但还有两类理论没有直接的经验协调力，马雷称之为工作理论和超理论[②]。经验理论和亚经验理论都是具体理论，而工作理论和超理论则是抽象理论。马雷强调，"工作理论虽然不能直接推导出具体理论，但它为具体理论提供概念框架，指导具体理论的构建"[②]。例如，正是基于"能量是不连续的"这一工作理论，普朗克提出了量子论假说。工作理论为具体理论的构建提供指导，而"为工作理论直接或间接提供概念框架的是超理论"[②]。马雷指出："超理论也不能直接推导出工作理论，但参与指导构造工作理论。"[②]例如，达尔文的进化论就是一个工作理论，为该工作理论提供指导的是"物种是变化的"这一超理论。当然，超理论也有不同的层次[③]。最低层次的超理论直接为工作理论提供概念框架，指导工作理论的构建。"物种是变化的"这一超理论就属于最低层次的超理论。显然，有最低层次的超理论，就意味着在低层次的超理论之上必然还有高层次的超理论。比如，"物种是变化的"这一超理论之上就还有一个超理论——事物可变。马雷指出，事实上，"这已经是一种哲学原理"[③]。从抽象的层次看，经验理论是最低层次的理论，亚经验理论、工作理论逐层递进。不难看出，"系统是可精确测量的"是一个工作理论，爱因斯坦的EPR佯谬正是在这一工作理论的概念框架下进行论证的，而在这一工作理论之上还有一个超理论"世界是确定的"。超理论"世界是确定的"内化为爱因斯坦的信念，虽然没有直接的经验协调力，但为工作理论"系统是可精确测量的"提供指导，进而规定了EPR佯谬的论证进路，甚至决定了爱因斯坦的最终结论的总体方向。

这是量子力学的测不准原理这一工作理论与爱因斯坦的超理论"世界是确定的"相互排斥、相互否定的结果。"当超理论与工作理论发生对称性冲突关系

---

① 马雷. 2008. 冲突与协调——科学合理性新论. 北京：商务印书馆：314.
② 马雷. 2008. 冲突与协调——科学合理性新论. 北京：商务印书馆：315.
③ 马雷. 2008. 冲突与协调——科学合理性新论. 北京：商务印书馆：316.

时，冲突的矛头既指向超理论又指向工作理论。矛头指向超理论时，则要求修改或放弃该超理论。"[①]受超理论的影响，爱因斯坦坚信世界是可精确测量的，他的内心深处一直存在着一个确定的世界图景。爱因斯坦的EPR佯谬是建立在对两个相互分离的系统的分析之上的。他认为，根据对系统Ⅰ的量度得出的数据，可计算出系统Ⅱ的状态，其前提条件是，由于两个系统处于分离状态，对系统Ⅰ的量度将不会对系统Ⅱ产生影响。爱因斯坦的论证是如此自然，因为他坚信两个系统分离后便不可能存在相互作用。

爱因斯坦的这一信念正是EPR佯谬论证中存在的主要问题。在EPR佯谬提出之后，便有人开始致力于探寻两个相互分离的系统是否可能存在关联。后来人们发现，两个相互分离的系统之间被证实的确存在着一种神秘的关联，这一关联被称为纠缠。爱因斯坦的主张是在量子纠缠不可能的基础之上的，而事实表明量子纠缠态是存在的。美国科学家惠勒（J. A. Wheeler）是提出验证光子纠缠态实验的第一人。1948年，他提出，由正负电子对湮灭后所生成的一对光子应该具有两个不同的偏振方向。一年后，吴健雄和萨科诺夫成功完成了这一实验，证实了惠勒的预言。第一对互相纠缠的光子正式登上历史舞台。2011年，我国科学家潘建伟已成功制备了八光子纠缠态。当然，爱因斯坦的信念问题是他自己所无法克服的。而且，受当时水平的限制，科学也无法证明纠缠态是否存在。除了上述信念的原因之外，爱因斯坦试图对基本粒子的存在状态做出等同于宏观世界中事物的描述，这也是不可取的。因为，自量子力学诞生以来，越来越多的现象表明基本粒子不存在固定的轨道，只能用概率加以描述，而这也是爱因斯坦所不能容忍的。当然，这也属于爱因斯坦的信念所导致的问题。

事实上，玻尔也面临和爱因斯坦同样的问题。在当时既有的条件下，他也无法得知量子纠缠态的存在，也就无法对爱因斯坦的论证做出有针对性的反击。因此，在玻尔的回应中，他能够做的只能是说明，在量子力学领域中，我们所遇到的是一种完全超出经典物理学的个体性，并一再地重申在对粒子进行量度时符合测不准原理的要求范围，指出EPR佯谬对粒子的准确量度是不可能的。但玻尔的回应的确显得较为被动，从本质上看，他此时的论证与他多年来的一贯主张并无太大差别，虽然论证进路有了变化。

---

① 马雷. 2008. 冲突与协调——科学合理性新论. 北京：商务印书馆：331.

事实上，思想实验是"原则上应当能够实现这个实验，但在技术上可能是极端复杂的"[①]，甚至是现实世界中"永远也无法做到的，因为不可能把所有的外界影响都消除掉"[②]，因此，思想实验的条件大多是理想化的。可以说，一个思想实验其实就是一个条件理想化的实验，实验条件的理想化是思想实验的本质特征。需要说明的是，与物质实验相比较而言，条件理想化有效地克服了物质条件的限制，使得思想实验能够在思维中更加自由地运转，但与此同时，实验条件的理想化也导致了思想实验无法验证，人们不能直接以经验的方式感知，因而无法完全接受。也就是说，从接受的角度看，由于眼见为实经验的影响，物质实验优于思想实验。不过，这并不是思想实验是否合法的判据。思想实验无法摆脱条件理想化的运用，只要理想化的条件能够对世界的探索或科学问题的解决有所启发、有所帮助，思想实验都是合法的。

第四节　实验对科学理论进步的影响

20世纪初，相对论与量子力学获得了巨大的成功，但这同时伴随着牛顿经典力学理论体系的失败——一个机械运转的确定世界逐渐为相对性、不确定性、概率和随机占主导的世界所取代。这种状况导致了一场观念性的变革，同时也引发了一系列哲学的相关思考。在科学哲学领域，科学是如何进步的？实验在科学理论的进步中究竟发挥着怎样的作用？相关问题引发了一场激烈的争论，并一直持续到今天。

一、科学理论的进步模式

1. 逻辑主义的进步模式

逻辑实证主义者认为，科学的目标是真理或逼近真理。所以，逻辑实证主义者努力的方向是寻求一种方法论或规范作为理论进步的标准。因此，他们不

① W. 海森伯. 1981. 物理学和哲学. 范岱年译. 北京：商务印书馆：7.
② 艾·爱因斯坦，利·英费尔德. 2010. 物理学的进化. 周肇威译. 长沙：湖南教育出版社：5.

关心科学史的实际，而是致力于建构一种抽象的科学进步模式。"这种模式只关心理论的形式结构和经验证据，把经验证据看成辩护假说的惟一合法依据。"[①]但在事实上，经验证据是可错的，它无法为人们提供绝对客观的证据。

波普尔认为，科学的发展不是一种累积式的渐进的过程，而是一种不断被证伪的革命的过程。一个科学理论只有在逻辑上或经验事实上有可能被证伪，才是科学的，否则就是非科学的。在此思想的主导下，他把科学发展模式概括为四段模式：P_1-TT-EE-P_2……波普尔的科学观注重理论的动态的演进过程。相对于科学哲学中较早些时候的逻辑经验主义而言，这是一个重大的进步。在这一演进过程中，先前的理论总是不断地被后来理论所证伪而取代。证伪"借助于确凿事实的帮助，不断地推翻理论，这便是科学的增长"[②]。按照波普尔对理论不断证伪的要求，在科学活动中，人们只需致力于寻找理论中存在的反常即可。"这样科学的诚实性就在于预先规定一项实验，假如实验结果同理论相矛盾，就必须放弃这个理论。"[③]

虽然波普尔的证伪主义与逻辑实证主义的主张有着明显的不同，但实际上，二者之间并没有什么本质的区别。二者都是用逻辑的标准作为理论进步评价的唯一方法，这必然背离科学史的实际。

为了使逻辑主义能够更加符合科学史的实际，拉卡托斯（I. Lakatos）对波普尔的证伪主义进行了合理重建，将其重建为精致证伪主义。拉卡托斯通过对科学史的考察发现，对某一特定问题进行研究的理论在不同的历史阶段表现为不同的理论，或一个理论系列 T_1、T_2、T_3……他将这样的理论系列称为"科学研究纲领"。他指出，一个研究纲领下的所有理论都是由两部分组成的：硬核和保护带。硬核是研究纲领的核心观点部分，主要表现为理论中的公理、原理和定律；而保护带则是理论中的一些辅助假说或条件部分。当一个理论遭遇反常时，人们便可以通过调整、修改保护带来保护硬核。这样，研究纲领就可能消除反常，可以说明更多的问题。拉卡托斯的精致证伪主义使得逻辑主义的基本形象有所改观，但拉卡托斯转变得并不彻底，问题依然存在。

① 马雷. 2008. 冲突与协调——科学合理性新论. 北京：商务印书馆：10.
② 伊姆雷·拉卡托斯. 2005. 科学研究纲领方法论. 兰征译. 上海：上海译文出版社：8.
③ 伊姆雷·拉卡托斯. 2005. 科学研究纲领方法论. 兰征译. 上海：上海译文出版社：7.

2. 历史主义的进步模式

对于包括波普尔、拉卡托斯在内的以逻辑手段为主要特征的科学进步模式，库恩持完全相反的态度。他以范式为核心概念，提出了一个类似人类社会不断演进的进步模式——科学革命的进步观：前科学（范式前）—常规科学（范式后）—科学革命（范式转换）—新的常规科学（新范式）……库恩主张"所描述的发展过程是一个从原始开端出发的演化过程，其各个相继阶段的特征是对自然界的理解越来越详尽，越来越精致。但是这一进化过程不朝向任何目标"①。在常规科学时期，科学的主要任务是进行释疑活动，即解决范式所规定的问题和科学活动中遇到的反常问题。不过，这一阶段的反常并不足以威胁到科学活动的正常运转。当常规科学遭遇的反常逐渐累积，并严重到难以克服时，科学革命就会爆发。也就是说，科学革命的出现是因为常规科学遇到了难以解决的反常问题。

库恩的科学进步观所做的说明是，科学的进步和人类社会一样，在常规科学时期和科学革命阶段，科学都在进步。不过，在这两个阶段中科学所呈现的状态区别很大。在常规科学时期，科学所从事的主要工作——释疑活动，是在一个成熟的范式下进行的。这一阶段科学的进步呈逐渐累积的态势，相对平稳，但也较为缓慢。而在科学革命爆发时期，反常的凸显对当时的范式构成严重威胁，这是决定一个范式去留的激烈斗争时期，也是科学进步最为显著的时期。

库恩的这种历史主义的科学革命模式完全等同于人类社会进步的模式。而在科学史上，实际情况并不总是如此。因此劳丹主张："科学本质上是一种解题活动。"②科学活动对世界的认识的目的就是使理论能够说明的经验问题数达到最大，同时所面临的反常问题和概念问题数最小。也就是说，有两个相互竞争的理论 T_1 和 T_2，当理论 T_1 的解题能力大于 T_2 时（$T_1 > T_2$），T_1 较之于 T_2 是进步的。理论由于其解题能力的不断提高而进步。

当然，劳丹主张的理论的解题能力的提高相对于纯累积性的理论而言，是一个巨大的进步。因为，逻辑主义者所坚持的累积性进步观认为，一个进步的理论必须比它的先行理论更能将已解决问题的范围扩大，即必须能解决其先行

---

① 托马斯·库恩. 2004. 必要的张力. 范岱年，纪树立译. 北京：北京大学出版社：153.

② 拉瑞·劳丹. 1999. 进步及其问题. 刘新民译. 北京：华夏出版社：13.

理论所能够解决的一切问题。在劳丹看来，这无疑是一种简单化的做法。事实上，库恩对于逻辑主义者有关理论进步的问题也早有察觉。他指出，当新理论取代旧理论的时候，通常在伴随着其所解决的反常问题的范围扩大的时候，也常常会失去对部分已解决问题的解题效力。这就是所谓的"库恩损失"现象。劳丹对这一现象所反映出的问题的解决策略按重要性的不同将经验问题进行细化分类，如果"知道了问题的相对重要性和相对数量，便能辨明在哪些情况下，知识的发展即使在丧失解决某些问题的能力时也仍然是进步的"①。

　　无论是逻辑主义的观点，还是历史主义的主张，到其发展后期都趋向于吸收对方的思想以弥补自身的不足，力求使自己的主张能在最大程度上符合科学史的实际。拉卡托斯通过保护带的设置，使得科学研究纲领具有更大的生存空间，这是拉卡托斯在历史主义方法影响下所做的努力，但由于其理论硬核的不可动摇性，他的进步观依然不由自主地被限制在逻辑主义的范围内，无法摆脱逻辑主义的约束。劳丹的解题模式在很大程度上继承了库恩的主张，他拒绝为科学的进步预设一个诸如真理之类的目标，而认为科学家只是致力于为理论解题能力的不断增强而奋斗。理论的进步可通过对前后相继理论的比较来获得，这也必然需要借助于逻辑主义方法的运用。

3. 新的方向

　　直到拉卡托斯和劳丹之前，科学哲学界所做的努力都是在试图构建一种模式。这种模式可为科学进步提供统一的说明。多少代人之所以为这一目标一直孜孜不倦地奋斗，是因为他们坚信，科学事业的进步一定是在一些固定不变的和必须遵守的原则的指导下展开的。但费耶阿本德通过对科学史的考察发现，科学事业中的任何一条法则，不管它如何有道理，在认识论上得到多少经验事实的支持，在某一历史时段得到多少人的认可，最终都会被后来人有意或无意地打破，真正符合科学史实际的"只有一条原理，它在一切境况下和人类发展的一切阶段上都可加以维护。这条原理就是：怎么都行"②。

　　费耶阿本德"怎么都行"的主张既反对为理论的进步预设一个假定的目标，也反对单一的科学进步模式的构建。面对科学史的实际情况，费耶阿本德的头

---

① 拉瑞·劳丹.1999.进步及其问题.刘新民译.北京：华夏出版社：151.
② 保罗·法伊尔阿本德.2007.反对方法：无政府主义知识论纲要.周昌忠译.上海：上海译文出版社：6.

脑是清醒的，但这一主张必然同时导致理论多元化和无政府主义思想的蔓延。在科学实践活动的指导中，费耶阿本德"怎么都行"的论调常常让人们感到无所适从。马雷的协调论为解除费耶阿本德所面临的理论困境提出了一个可行的方案。这将在文章接下来的部分中加以详细的阐述。

二、实验对理论作用的协调论考察

马雷提出的协调论为我们对思想实验与物质实验的比较研究提供了一个全新的视角。在协调论中，马雷对理论的研究以理论的协调力为主要考察对象，通过理论与理论之间的不对称性比较来呈现理论协调力的高低，为理论指明前进的方向。

1. 协调论的主张

在科学哲学史中，对科学问题的考察，直到劳丹之前，在关于科学理论的评价问题上，人们主要关注经验问题。而劳丹指出，在科学的发展中还存在着与经验问题至少是同等重要的概念问题。他认为，"自然界中使我们感到惊奇或需要说明的任何事物都可以构成一个经验问题"[①]。这类问题主要是指人们在观察中形成的问题。主要包括物体的运动、形状的改变、数量的增减、性质的变化等自然现象。经验物体与每一个人的生活直接相关，当然随着科学前沿的不断推进，现在已远离人们日常生活的粒子现象和宇宙现象也属于经验问题思考的范畴。与此同时，科学中广泛存在着另一类非经验问题，即概念问题。"概念问题是指这种或那种理论所显示出来的问题，它们是理论所特有的，不能独立于理论而存在。"[②]这等同于，概念问题就是有关理论问题的那些问题。这些问题除了包括理论中一些新的概念的创造，还包括概念混乱、理论的内在一致性等问题。

而在协调论中，马雷认为，劳丹从经验和概念两个方面对理论所做的研究，只是对理论的一种静态的考察，这必然形成一个封闭的系统。为了打破这种封闭的状态，马雷指出，"理论所牵涉的看来不仅仅是经验问题和概念问题，还应

---

① 拉瑞·劳丹. 1999. 进步及其问题. 刘新民译. 北京：华夏出版社：17.
② 马雷. 2008. 冲突与协调——科学合理性新论. 北京：商务印书馆：50.

该有一个背景问题"①。

为了在理论进步中，从经验、概念、背景三个角度对问题进行分析，马雷提出了问子和解子概念。问子和解子在协调论的整个框架中便包含了经验问子和经验解子、概念问子和概念解子、背景问子和背景解子。在经验问题中，"被提问的经验事实或检验蕴含叫经验问子。对经验问题的解答形成经验解子"②。马雷指出，经验问子有两种，一种是观测型经验问子，它来自观测实验，是经验事实；另一种是理论型经验问子，它来自理论，是从理论中推导出来的。在概念问题中，"对概念问题的解答形成概念解子。被提问的经验解子或概念解子叫概念问子"③。同样，在背景问题中，"被提问的内在策略与外在策略之间的关系状态叫背景问子。对背景问题的解答形成背景解子"③。

在协调论中，理论与理论之间的比较可以通过问子数和解子数的测量来实现。问子和解子概念的提出，为我们对实验在科学进步中的作用的研究提供了一个新颖的视角。

2. 物质实验对理论协调力的影响

关于物质实验对理论协调力的影响，在《冲突与协调——科学合理性新论》中，马雷对此已有充分的说明。实验是背景协调的一部分。实验与理论的关系需视具体情况而定，"有理论被实验肯定的情况，有理论被实验否定的情况，也有理论既不能被实验肯定又不能被实验否定的情况"④。

"实验可以提高理论的经验协调力。"⑤经验一致性、经验过硬性、经验明晰性、经验精确性、经验简洁性和经验多样性等都在很大程度上依赖实验数据做出分析和判断。如果实验数据有误，就会导致人们对正确的理论计算值产生怀疑，可能会断送一个很有前途的理论。"实验间接地提高理论的背景协调力。"⑥实验室实践直接影响着我们的社会实践和政治实践，新材料、新设备和新方法是从实验室向外部世界转移的。实验室实践的拓展所产生的效应使得实验科学

① 马雷.2008.冲突与协调——科学合理性新论.北京：商务印书馆：90.
② 马雷.2008.冲突与协调——科学合理性新论.北京：商务印书馆：82.
③ 马雷.2008.冲突与协调——科学合理性新论.北京：商务印书馆：83.
④ 马雷.2008.冲突与协调——科学合理性新论.北京：商务印书馆：286.
⑤ 马雷.2008.冲突与协调——科学合理性新论.北京：商务印书馆：289.
⑥ 马雷.2008.冲突与协调——科学合理性新论.北京：商务印书馆：290.

家受到普遍的尊重，使得实验科学理论具备更多的技术协调力、行为协调力和心理协调力。

近代科学以来，实验在科学中所发出的耀眼的光芒，主要是它在经验协调力上所做出的巨大贡献所致。事实上，它可以同时导致经验协调力和背景协调力中的多项指标同时上升。

3. 思想实验对理论协调力的影响

思想实验对理论协调力的影响，到目前为止，尚且为人们所忽视。事实上，思想实验虽然在理论综合协调力的各项指标中有些项是明显比不上物质实验的，比如，在经验协调力中，在背景协调中的技术协调力、心理协调力等方面，但思想实验在概念协调和背景协调中的思维协调等指标上，其协调力是明显高于物质实验的，且思想实验可对理论在经验、概念和背景三方面的协调力同时产生影响。

物质实验对经验协调力的提高，主要是通过观测型经验数据的采集来实现的。而事实上，思想实验虽然在思维中运作，但它也可以为理论的经验协调力的提高做出贡献。这一功能主要是人们可以通过思想实验来提出理论型经验问子，同时可为经验问子的解答提供解题思路[①]。爱因斯坦的相对论预言了光线弯曲现象。"光线弯曲"就是理论型经验问子，1917年经观测验证后，"光线弯曲"也就变成了经验解子。协调论主张，来自经验观测中的经验问题形成观测型经验问子，来自理论中的经验问题形成理论型经验问子。那么，在爱因斯坦的电梯思想实验中，我们可以提问：当一电梯在向下做自由落体运动时，地球的引力会对电梯中的人产生什么样的影响？思想实验的结论是失重。这是一理论型经验问子，不能构成经验解子，但它可为问题的解决提供线索。我们可以在这一思想的指引下，在电梯中安装一个弹簧秤，那么，当电梯在向下做自由落体运动时，我们可以通过一定的手段来观测弹簧秤的示数。同样，在伽利略的惯性定律实验中，如果小球在无摩擦的光滑平面上运动，将会出现什么样的状态？思想实验的结论是匀速直线运动——虽然这一状态在现实世界中是不存在的。

思想实验可通过澄清理论中概念的混乱状况，来提高理论的概念明晰性协调力。"更快""最快""较快"的概念澄清，使得伽利略的自由落体运动理论的

---

① 马雷. 2008. 冲突与协调——科学合理性新论. 北京：商务印书馆：82.

概念协调力明显高于亚里士多德的理论。事实上，思想实验还可以通过新概念的提出，来提高理论的概念新奇性协调力。爱因斯坦在他的追光实验中提出了"光速不变"概念，促使他的理论的协调力大幅上升。

　　不过，思想实验的功能绝不止于此。它在消除理论中概念的混乱状况时可发挥主要的作用，提高概念明晰性协调力，它还可以提出新奇的概念（如光速不变），增强概念新奇性协调力。因此思想实验的主要作用显示在对理论的概念协调力的提高中。另外，思想实验还可以通过影响人们的思维、心理接受和认同度，来间接地促进理论背景协调中的思维协调力和心理协调力的提高，这样就可以提升理论的综合协调力。因此，思想实验可同时对理论的经验协调力、概念协调力、背景协调力这三个部分产生影响。这就是思想实验的独特魅力的显现。

第二章

思想实验与物质实验的比较

要想真正地揭示思想实验的真面目，得出思想实验究竟是什么的结论，必须从我们熟悉的物质实验着手，将思想实验与物质实验进行对比，在比较中对一个完整的思想实验的基本构成要素进行细致的分析，寻找二者之间的异同。这样，才能够对思想实验的形象进行完整的刻画，为思想实验研究找到合适的定位。

第一节　实验要素的比较

在科学史的许多关键时刻，面对科学难题，大多数人深感困惑。然而，有些大科学家，诸如伽利略、牛顿、爱因斯坦等，"完全在思想中，仅仅凭借简单的片言只语，就像用魔法一样设计了一个实验，然后我们也是在头脑中跟随着，重复……就知道了解题思路，有时候我们会有一种豁然开朗的感觉"①。这就是思想实验的作用。那么，什么是思想实验？它何以能够有如此神奇的作用？它与物质实验有什么样的关系？这些都是值得深入研究的问题。

---

① Norton J D. 2004. On thought experiments：Is there more to the argument？ Philosophy of Science, 71（5）: 1139-1151.

一、实验的起始边界

在科学不断发展的进程中，实验始终扮演着重要的角色。但对于实验究竟起于何处，终于何处，以及思想实验与物质实验的起点与终点是否一样，却鲜有人关注。当然，考察实验的起始点，人们最容易想到的就是看实验者在实验中做了什么。当然这中间包括设立装置，让它们运作，并观看发生了什么，测量、计算、解释并且得出结论。但问题并不是看起来这么简单。布朗指出，"划清实验的界限是不容易的"[①]。他认为，理论与观察之间的区别是模糊的，观察所形成的情况是负载理论的。那么，实验者在进行实验操作之前的理论准备环节，是否属于实验的一部分呢？为了对实验的界限有一个准确的认识，布朗将实验区分为广义上的实验和狭义上的实验。

布朗指出，从狭义上看，实验包括操作和观察。从广义上看，实验包括背景假设和内在的理论指导、操作、观察、附加理论、计算、得出结论。二者之间存在着大概的和易于发现的区别。其中，狭义部分是现象，是人们能够见到的。可将这用简略的方式表述为：理论＆背景→现象→结果[①]。无论是物质实验还是思想实验，狭义上的实验就是我们所观察到的，是现象，是中间环节；广义上的实验则包括从理论和背景假设到最终结论的得出的全部过程。

而仅就思想实验而言，它的发生就如："我们在想象中建构了事物，我们让它运行，我们看到了发生的现象，并且我们得出了结论。它与真正的实验非常相似，除了它发生在想象之中，而非真实世界。"[①]从以上论述可知，在布朗看来，虽然实验有狭义和广义之分，但思想实验与物质实验的起点与终点是一样的。

事实上，布朗所主张的思想实验与物质实验之间的一致性仅仅表现在形式上，即二者有相同的要素和结构，当然也就具有相同的起点与终点。但在本质上，二者是截然不同的[②]。索伦森对此要比布朗激进许多。因为索伦森认为，"绝大部分思想实验都可通过引出想象的方案而转化为物质实验"[③]。即在他看来，思

[①] Brown J. 2007. Counter thought experiments. Philosophy of Science，61：155-177.

[②] 在本质上，布朗坚持一种柏拉图式的思想实验观。他认为，存在一个先验的世界和知识，思想实验就是人们通往先验世界，获得先验知识的一条有效通道，这是一种典型的柏拉图主义哲学观，而物质实验则仅仅是人们在经验世界的操作过程。

[③] Sorensen R. 1992. Thought Experiments. New York：Oxford University Press：164.

想实验和物质实验是可以相互转化的。物质实验在思维中即表现为思想实验，而将思想实验付诸实施，就变成了物质实验。进而得出结论："思想实验就是无须真正实施即可达到其目标的实验。"[①]那么，思想实验与物质实验的起点与终点的一致性就毫无悬念了，因为二者之间唯一的区别就在于它们是发生在思维中还是现实中。

马赫的主张与布朗及索伦森的观点存在着较大差异。他认为，"思想实验先于物质实验，并为它铺好了道路"[②]。在这里，物质实验主要包括布朗所主张的狭义实验部分，即人们可以观察到的物质操作并产生现象的过程的那部分。而思想实验只是物质实验之前的自然延伸，是准备环节，当然只属于布朗的广义实验范畴。据此可知，在马赫的眼中，思想实验与物质实验同属于一个实验的不同阶段，当然二者的起点和终点也就必然完全不同。

不难看出，马赫、布朗和索伦森等人已敏锐地觉察到思想实验的特殊价值，对思想实验与物质实验之间的异同有所关注，为我们实现对思想实验的认识提供了一个可资借鉴的方向。但从现有的研究成果来看，他们对二者所做的研究较为笼统，并且大多数人的目光都聚焦在实验的条件与结论上，想探寻思想实验与理论之间的关系，而对思想实验的目的、步骤和论证环节几乎无人关注。实际上，这些环节与实验结论的最终产生无疑是密切相关的。在马赫、布朗和索伦森等人的基础之上，就实验所包含的诸要素，在思想实验和物质实验之间，进行一个全面系统的比较研究，是深入了解思想实验的本质及其价值的必经之路。

二、实验的构成要素

虽然马赫、布朗、索伦森等人都对思想实验与物质实验的异同有过相关思考，但他们的观点是模糊的，没有就二者进行细致的考察。而在常规科学活动中，一个完整的科学实验应包括以下七个部分：①实验目的；②实验原理；③实验环境和仪器设备；④实验内容（实验步骤）；⑤实验结果（实验数据）；⑥实验结果的分析讨论；⑦实验结论。以实验构成要素为突破口，对思想实验

---

① Sorensen R. 1992. Thought Experiments. New York：Oxford University Press：205.

② Mach E. 1976. On thought experiments//Mach E. Knowledge and Error. Dordrecht：Reidel：449-457.

和物质实验作一个细致的比较研究，将有助于我们对思想实验形成一个清晰的认识。

1. 实验的目的

在科学史上，物质实验中有相当一部分是偶然发生的，这些现象的产生与该实验进行的本意无关。比如，众所周知的青霉素的发现就源于这样一次偶然的机会。发现者弗莱明（A. Fleming）将葡萄球菌放置于培养器中，本来是为了观察细菌的形态变化，总结它的生长规律，以寻求攻克细菌的方法。机会来源于有一天弗莱明忘记将培养器的盖子盖上，而落入了几块绿色的霉斑。或许是由于好奇心的驱使，弗莱明将这个培养器放在显微镜下进行观察。令人吃惊的事情发生了！在霉斑的周围，那些本来繁衍迅速的葡萄球菌不见了。弗莱明的进一步的实验表明，霉斑就是青霉菌，这正是他一直寻求的天然抗生素。在科学史上，类似的事例屡见不鲜，X射线的发现、波义耳（R. Boyle）石蕊试剂的获得、门捷列夫（D. Mendeleev）的元素周期律的诞生，等等，都是如此。当然，这些偶然发现不代表实验的全部，甚至可以说，这只代表少数现象，因为大部分物质实验都是在人们的控制下进行的，特别是近代以后，由于人类对自然操控能力的不断增强，越来越多的实验是按照人们事先设计好的方案进行的。

思想实验和大多数物质实验一样，每一个思想实验的诞生，都有着明确的目的。具体说，就是在实验之前，都存在一个设计环节。在光子盒思想实验中，爱因斯坦就是根据测不准原理中人们不能同时准确测定光子发射的时间和能量而设计出弹簧秤和时钟同时作用的光子盒，以否定测不准原理。当然思想实验也并不排除有科学家们的灵感突然闪现的可能。有资料记载，爱因斯坦的电梯思想实验的产生就源于有一天当他坐在椅子上沉思时，突然如电击一般跳了起来，因为他想到了坐着椅子向下做自由落体运动的失重的情境。霍金的黑洞面积定理也是在一天晚上，当他上床睡觉的时候，他想到黑洞世界——事件视界——是由那些刚好不能从黑洞逃逸而永远只能在黑洞边缘上徘徊的光线在空间－时间里的路径所形成的。他把这种现象形象地想象成一个人从警察那儿逃开，但是他仅仅只能比警察快一步而不能彻底地逃脱的情景。"我忽然意识到，这些光线的路径永远不可能互相靠近。如果它们靠近了，它们最终必定互相撞上。这正如和另一个从对面逃离警察的人相遇——他们俩都会被抓住！"①正是基于这样的想象，霍金得出了黑洞的面积定理：一个黑洞的视界的表面永不随时间减少。

事实上，不管是爱因斯坦的电梯实验还是弗莱明的青霉菌实验，不管是霍金的黑洞定理实验还是伦琴（W. Röntgen）的射线实验，虽然这些实验都在某个偶然的情况下，得出令人意想不到的结果，但这些都不是凭空产生的，都是科学家们历经长期思索的，与他们一直追求的目标是一致的。他们的长期追求的目标和大部分设计好的实验目标一样，都是实验的目的所在。

2. 实验的原理

欧文（A. Irvine）认为，"像物质实验一样，思想实验必须与过去旧有的经验观察和某些业已充分发展的理论有着一种特殊的关系"②。即思想实验的部分假设前提必定会得到某些确定的经验观察的支持，并且思想实验必须以一个充分发展的理论作为合理的背景展开论述。在这里，我们可以看到，欧文完全赞同汉森的实验负载理论的主张，并将其运用到对思想实验的理解之中。

而诺顿则主张，一个实验之所以成为思想实验的主要特征就是其必须具备事件的假想的或与现实相悖的条件。比如，他一再强调的人们不能把思想实验的前提假设为"炮弹在地球表面的飞行是沿着抛物线轨道行进的"，因为这是对事物真实状况的精确描述③。但诺顿主张，在思想实验中，人们可以把"炮弹是沿着圆形轨道运行的"作为思想实验的假设前提。毫无疑问，诺顿已经意识到在思想实验中有许多状态在现实世界中是不存在的，即他认为思想实验不是对现实世界中真实状况的描述，那只是一种假想的状况，许多条件在现实生活中是无法实现的。事实上，诺顿所谓的"与现实相悖的条件"正是思想实验所必备的理想化条件，但诺顿却将其歪曲为"炮弹沿圆形轨道运行"这样明显与经验事实相冲突的有问题的条件。

欧文的观点与诺顿的主张明显相左。他指出，"思想实验中这种较为强烈的

---

① 史蒂芬·霍金. 2009. 时间简史. 许明贤，吴忠超译. 长沙：湖南科学技术出版社：128-129.

② Irvine A. 1991. Thought experiments in scientific reasoning//Horowitz T, Massey G. Thought Experiments in Science and Philosophy. Lanham：Rowman & Littlefield：149-165.

③ 即炮弹本来就是沿着抛物线轨道运行的，这是事物在现实世界中的真实情况。诺顿主张，此类现象可以存在于物质实验中，但不能作为思想实验的假设前提。

与现实相悖的要求是无理的"[1]。原因有二：①许多思想实验是物质实验的前身，其中原来的思想实验的前提条件是即时的；②许多思想实验的前提条件要么已知是正确的，要么我们对它仍处于无知的状态。在后一种情况中，此类前提条件可能在实际上转化为与现实相冲突的，但在未来某一时刻，当我们一旦了解了它时，就转化为现实的了。上述两种情况都表明，必须具备与现实相悖的要求应该遭到抛弃。因此，"这种与自然界基本规律、基本原理明显冲突的观点，是我们必须拒斥的"[1]。正如欧文所主张的那样，思想实验和物质实验一样，都必然以某些发展成熟的理论为背景受到这些理论的影响，至少必须遵循该实验研究领域中的基本原理。事实上，从协调论的视角看，诺顿的"事件的假想的或与现实相悖的条件"由于其能够在理论上产生新奇的推测，所以可能会导致理论的概念新奇性协调力的上升，但同时诺顿的这一主张又由于其明显与经验事实相冲突，甚至与现有的发展成熟的理论不相适应，所以也就必然会导致理论的概念和谐性协调力和概念贯通性协调力的下降。因此，诺顿的主张最终在收获了理论的单一协调力上升的同时，可能导致理论的综合协调力在下降。从总体上看，这不是一个好的策略。相对而言，我比较赞同欧文的观点，因为虽然欧文有关"遵循该实验研究领域中的基本原理"的要求，显得较为保守，但选择站在巨人的肩膀上，即在现有科学成果的基础上前进，可减小进步的阻力，使得理论的概念和谐性协调力处于上升的状态。这与科学史的实际更为符合。

仍以爱因斯坦和玻尔之争为例，在爱因斯坦的光子盒思想实验提出之后，玻尔就利用广义相对论的引力原理，也通过思想实验，想出了一个反驳的方案。他指出，由于广义相对论的红移效应，在光子发射出去后，盒子的重量发生改变导致盒子中时钟的位移发生变化，而在重力场中下降的时钟的运行会变慢，因此，光子盒能运用弹簧秤精确测得能量，却无法有效地控制光子发射的时刻。也就是说，光子盒不能够精确地测定光子的时间。而其产生的误差刚好满足测不准关系。爱因斯坦本来在设计这个光子盒实验的时候，就是运用他所擅长的相对论来驳斥量子力学，其矛头指向的是能量和时间的测不准关系，试图证明基本粒子的能量和时间的不确定性不满足测不准关系。而玻尔在反驳爱因斯坦

---

①　Irvine A. 1991. Thought experiments in scientific reasoning//Horowitz T，Massey G. Thought Experiments in Science and Philosophy. Lanham：Rowman & Littlefield：149-165.

的思想实验时，也同样运用了广义相对论的引力原理，证明了光子盒实验不违反测不准原理。结果是：虽然爱因斯坦在其内心深处无法接受量子力学的基本原理，但在光子盒思想实验的这一轮较量中，他还是承认了量子力学在逻辑层面的自洽性。在爱因斯坦和玻尔这一轮的争论中，两个人的思想实验都遵循着广义相对论的基本原理，而非诺顿所坚持的那种"与现实相悖的条件"。由于爱因斯坦不可能与自己的核心理论——广义相对论相冲突，所以他为了保证理论的贯通性协调力不处于下降的状态，而不得不承认了光子盒实验不违反测不准原理。而玻尔却由于为理论提供了成功的辩护，从而使得量子力学的概念贯通性协调力、概念一致性协调力、概念和谐性协调力同时提高，即理论的综合协调力处于上升的状态。如果诺顿的观点成立的话，爱因斯坦就可以通过改变实验的基本理论规则，假定光子盒不受广义相对论红移效应的影响，而拒绝认同玻尔的反驳。

3. 实验的条件

实验的条件主要是指实验发生的环境和实验所需使用的仪器设备。从表面上看，思想实验所发生的条件似乎和物质实验没什么两样。比如，爱因斯坦的光子盒实验发生在一个盒子里，这个盒子里有一个由电池驱动的光子源、一个弹簧秤、一个刻度尺、一个时钟、一个接收光子的屏幕，盒子一边还有一个由快门控制的小孔。这些设备在实验室里应该都有，但稍作对比之后我们就可以发现问题了。以一个最为简单的物质实验为例，比如，在用电位差计校准毫安表实验中，实验所需的仪器设备有：HD1718-B 型直流稳压电源（0～30V/2A），UJ36a 型直流电位差计（0.1 级、量程 230mV），BX7D-1/2 型滑线变阻器（550Ω、0.6A），C65 型毫安表（1.5 级、量程 2～10～50～100mA），ZX93 直流电阻器，ZX21 旋转式电阻箱，UT51 数字万用表，导线若干。

对上述两类典型的实验进行比对之后可知，在思想实验的仪器设备中，我们只要列举出仪器设备的种类和数量即可，至于光子盒的材质、弹簧秤和时钟的精确度、电池的型号等，这些都没有进行明确的交代，事实上可能就连爱因斯坦本人也说不清楚，但这对思想实验的正常进行没有丝毫影响，因为它们可随实验的需要而无限地精确。但在物质实验中，我们看到的则是一番完全不同的景象，每一个实验仪器设备都必须标明具体的型号和特定的功率，如果稍有差错，哪怕只是在其中一个微小的环节上出现失误，都会影响到整个实验的进行。

进一步看，光子盒实验发生在一个理想的光子盒中，这个盒子看起来平淡无奇，但盒子本身，以及盒子中装设的各种设备，在现实世界中都是难以存在的，至少在目前科学水平下是这样，因为它需要的精确度太高。在现实世界中，这些我们无从知晓，当然，在思想实验中我们也无须知晓。事实上，思想实验所发生的环境是指一种具有代表性的环境，思想实验中的仪器设备也只是这类仪器设备的总称，而不是指某一特定型号的仪器设备。换句话说，思想实验中的环境与仪器设备是泛指，而物质实验中的环境与仪器设备是特指。这正是思想实验的条件理想化特征的来源。

条件理想化是思想实验的本质特征。从最为朴素的角度来看，"用思想来实验花费的代价是比较小的"[①]。而从更为深刻的角度看，"在理想化的条件下，思想实验能够更好地得到结论"[②]。事实上，从自然条件到物质实验中优越化的条件，再到思想实验中理想化的条件，是一个渐进的过程。在这个过程中，实验者通过排除、忽略一些可能影响实验结论产生的干扰因素，揭示了事物的真相。

4. 实验的步骤

实验的步骤是指在实验过程中对实验对象的存在状态发生变化的连续描述。在这一点上，思想实验和物质实验相似。虽然在物质实验中实验对象为物质实体，而思想实验中的实验对象为概念实体，但两类实体都是在给定的实验条件下，作为实验对象向人们呈现它们的存在状态不断发生变化的过程。

当然，实际实验中的步骤并非是对实验对象状态从始至终的变化过程的绝对描述。科学家们往往会根据需要设置一些关键的观察项目，这是由实验目的所决定的。在光子盒实验中，关键的观察项目就是光子发射前后弹簧秤的变化和时钟记录的光子发射和接收时刻。思想实验中的观察项目由于目标明确，所以相对简单，一般不需要产生详细的观察数据。光子盒实验中弹簧秤和时钟的具体数据的大小、范围等不会对实验结果造成影响，追光实验中人们也不需要

---

① Mach E. 1976. On thought experiments//Mach E. Knowledge and Error. Dordrecht：Reidel：449-457.

② Irvine A. 1991. Thought experiments in scientific reasoning//Horowitz T，Massey G. Thought Experiments in Science and Philosophy. Lanham：Rowman & Littlefield：149-165.

追光的那个人提供光柱的实物照片作为佐证，麦克斯韦妖也无须对那个容器中从 A 向 B 和从 B 向 A 运动的分子数进行统计。事实上，物质实验中的观察类项目也可像思想实验一样简单，但由于物质实验必须有精确的实验数据作为支撑，所以物质实验的实验步骤就相对复杂许多。每一个实验都要有许多组实验数据，大部分要配上图表，以方便数据的处理。

值得一提的是，纯观察类实验中实验对象的存在状态的变化是自然发生的，但在现代实验中大部分都并非如此，因为许多实验对象的存在状态都是在人们设定的实验仪器设备的干涉下发生变化的。这种情况在思想实验和物质实验中都存在。但在两类实验中得以实现的难易度差别却很大。原因是思想实验在思维中进行，实验条件是理想化的，所有的思想实验都一样，即使是纯观察类的思想实验，比如，爱因斯坦的追光实验，看起来就是在一运动的光柱前观察光柱的现象，但事实上要想真正做到此实验却一点也不简单，因为没有人能够以光速奔跑，人类也无法制造出这样高水平的仪器设备。只不过人们通过理想化方法的运用，只需在思维中运作，一切就都变得简单起来。

物质实验就不能如此简单了。纯观察类的实验，只需对实验对象进行细致的观察，并分阶段做好相关记录即可，但大多数物质实验都不是这样，尤其是科学水平已经达到相当高度的今天，实验的每一个步骤的进行都需要严密的论证设计，精密的仪器设备的保障大多需要高昂的科研经费的支撑。稍稍了解一下当前欧洲正在进行的世界上能量最高的强子对撞机实验，就可体会到现代的物质实验进展的真实状况，而且物质实验的未来将会越来越艰难。思想实验仅在思维中展开概念实体演变的实验步骤与物质实验中物质实体演变的实验步骤之间的不同即可一目了然。

5. 实验的结果

实验对象经过一系列的变化，最终表现出的状态就是实验的结果。实验结果在物质实验中是对物质实体的存在状态进行的数据描述，而在思想实验中则主要表现为规律性、原理性、概括性的图像。二者之间出现这种不同是因为，思想实验的结果的存在状态在思维中是概念实体形象化的体现——心理意象，而物质实验的结果的存在状态则仍然是物质实体，但已经是发生变化后的新状态——往往用精确的观测数据、表格或图像来展示。在物质实验中，测量所得的经验数据必须如实代入计算公式，不能在公式后立即写出结果，大多要进行数值计算才能得出实验结果。随后还要对结果进行不确定度的分析，有些还需要做出图表，附在实验报告之后。总体上看，物质实验的结果大多是量化的描述。

在思想实验中没有具体的观察数据产生，当然也就缺失了数据处理这一环节。但思想实验的结果必然要形成图像化的现象，就仿佛我们"看"见发生了什么。思想实验的过程就是一系列心理意象，如许多画面蒙太奇式不断闪现的过程。在麦克斯韦妖实验中，我们"看"到的是容器中冷热不同的分子在一只小妖的指挥下，有秩序地向着容器的冷热不同的两个部分运动，就是这样的情景。最终形成的图像是，容器中冷的一侧中的分子运动得更慢，预示着温度更低，而热的一侧中的分子运动得更快，预示着温度更高。

6. 对实验结果的讨论

对实验结果的讨论环节包括经过比对剔除误差、推理、交流、协商等。其中，有权威的影响，有传统文化的制约，有习惯思维的束缚，有以前经验的蒙蔽，甚至还有信仰、世界观等主观因素的干扰。讨论是物质实验中必不可少的一个环节。当然，它在思想实验中也存在。

在物质实验中，一份完整的实验报告，除了有准确的实验数据的测量记录和正确的数据处理之外，还应该对实验结果做出合理的分析讨论，以便从中找到实验对象的运动规律，并判断这一实验结果是否可信，是否有所发现。因此，一份只有数据记录和实验结果计算的报告，只是完成了实验操作人员的测量与记录工作。至于实验数据结果的好坏，实验过程还存在哪些问题，还要在哪些方面加以完善或作进一步的研究，等等，这些都是实验结果得出之后需要实验者去思考、分析和判断的问题。

有趣的是，物质实验讨论环节中的这些做法是为了使实验数据能更好地与事实的客观真相符合。但事实上，这也常常会使人的主观想法，有时候甚至是主观偏见渗透到实验的结果中。众所周知，密立根通过他的油滴实验，巧妙地测得了单一电子的电荷 e，并因此获得 1923 年的诺贝尔物理学奖。2002 年，这一实验被评为世界"十大最美物理实验"之一。在此实验中，密立根所获得的数据非常清楚地表明了基本电荷的存在，并算出了基本电荷的精确值。但在 1978 年和 1986 年，杰拉德·霍尔顿（Gerald Holton）和阿兰·富兰克林

（Allan Franklin）分别通过研究密立根实验室的研究笔记，发现密立根的个人主观因素清晰地记录于其中。虽然霍尔顿和富兰克林分别是站在不同的立场，从不同的角度对密立根的笔记本进行考察，但其中密立根对不同时间进行的实验给予的评论，诸如"美。肯定能发表。美极了""错得厉害，不能使用""非常低，一定是出了什么错""可能是个双液滴"等评语代表了密立根两种截然相反的态度。这两种不同的态度的产生，在科学知识社会学（sociology of scientific knowledge，SSK）学者们那里被解释为社会因素的介入，巴恩斯指出，"密立根所使用的解释过程的指令系统依赖于局域文化传统"，因为在"那里存在一个对实验产生的证据片段进行解释的传统"[1]。关于密立根当时究竟是基于什么样的考虑而对他的实验进行评论，我们现在已经无从知晓。但他根据自己的解释，做出了他的个人主观判断却是无法否认的事实，并且他的判断对实验结果产生了巨大且深远的影响。因为密立根发表的那篇得出电子电荷 e 的数值的论文只是基于 58 个油滴的测量数据得出的，而事实上他的笔记本中包含了 175 个油滴的测量记录。这就意味着，密立根仅凭借着他的个人判断，就抛弃了 117 个测量数据。

值得令人深思的事情还没有结束，这种主观因素的干扰并不仅仅存在于密立根的身上。事实上，在霍尔顿和富兰克林之前，费曼在 1974 年就已经发现，在密立根之后的科学家们测定的基本电荷的数值随着时间的推移在不断增大，但具有讽刺意味的是，每次只增大一点点。费曼指出，如果我们把相关的数据资料和时间画成坐标图，就会发现前一个人得到的数值比密立根的数值大一点点，后一个人得到的数值比前一个人的又再大一点点，再往后的一个人又再大上一点点。从密立根的数值到最后确定的数值经历了一个逐渐变化的过程。这是因为后来的那些科学家由于受到密立根的权威的影响，不敢偏离密立根的结论太远[2]，因此密立根之后的那些科学家们的测量数据每次只能增大一点点，朝向最终的确定值缓慢前行。

在思想实验中，由于数据处理环节的缺失，人们当然也就不需要考虑物质实验中常常存在的实验误差等问题。但思想实验在这一环节中也同样会有

[1] 巴里·巴恩斯，大卫·布鲁尔，约翰·亨利 . 2004. 科学知识：一种社会学的分析 . 邢冬梅，蔡仲译 . 南京：南京大学出版社：30.

[2] 费曼认为，这因为密立根的权威的影响，使得那些科学家在自己的实验数据和密立根的结论有所偏差时，由于害怕可能是自己出错，而舍弃了偏离密立根结论太远的那部分数据。

人的主观因素的渗入，同样会有问题存在。同样是光子盒实验，爱因斯坦和玻尔得出的结论完全不同。这足以说明问题。那么，思想实验的讨论环节主要是什么呢？笔者认为主要是从该实验的基本原理出发，看实验对象的变化是否与原理相符合。这也再次暴露出诺顿主张的问题——仅仅依靠逻辑推理无法达到实验的效果。玻尔正是从此点出发，才得出与爱因斯坦完全不同的结论。讨论环节中主观因素的存在表明，无论是物质实验还是思想实验都是可错的。

7. 实验的结论

结论与结果之间虽然只有一步之遥，但经过讨论和推理的环节之后，完全可能截然相反。同样是光子盒实验，在爱因斯坦和玻尔的手中实验对象、实验条件、实验过程及实验结果都完全相同，但经过结果到结论之间的分析和推理之后，最终结论却完全对立。这为我们提供了最好的例证。

从结果到结论之间的变化，在思想实验与物质实验中大致相同。麦卡利斯特（J. W. McAllister）认为，"思想实验像物质实验一样，能采取不同的形式，实现不同的目的。但不管其拥有什么样的形式与目的，思想实验都必须拥有证据意义，以在科学中发挥作用"[①]。即无论是物质实验还是思想实验，其结论都会反作用于理论。之所以会出现此种情形，是因为实验结论的得出要受到实验与理论关系的影响。一方面，实验对理论产生肯定或否定的影响。任何一个实验的进行，所展示的现象和最终得出的结论，都会对理论产生影响。实验可能为一个理论提供一个支撑数据或一种现象，而支持这个理论，也可能产生否证这个理论的反常数据或反常现象。另一方面，不同的理论为实验提供的说明可能是不同的。有的理论对实验结果做这样的解释而得出一个结论，有的理论做那样的解释而得出另一个结论。事实上，只要有相互竞争的理论存在，结果与结论就不可能完全吻合，实验结果与结论之间的差距就必然会存在。

三、小结

从实验的目的、原理、条件、步骤、结果、结论，以及结果和结论之间的

---

① McAllister J W. 1996. The evidential significance of thought experiment in science. Studies in History and Philosophy of Science，27（2）：233-250.

讨论环节等方面，对思想实验和物质实验作一细致的比较研究，有助于我们勾画出一个清晰的思想实验的形象。从总体上来看，思想实验与物质实验同属于实验的范畴，有着相同的构成要素和相同的存在价值。但在思想实验与物质实验的具体比较中可以发现，实验的步骤、实验的结果特别是实验的条件之间存在着巨大的差异，而思想实验的理想化的条件是导致这些差异的本原。因此，这再次说明，思想实验就是条件理想化的实验。

由于思想实验和物质实验都与理论密切相关，都能够对理论的进步做出贡献，对理论的协调力的上升或下降产生影响，但两种实验对理论协调力的影响又相去甚远。一般说来，因为物质实验的条件必然会受到限制，而思想实验的条件是理想化的，由于不受任何条件的限制而可以任意变化，所以思想实验在概念统一性、概念新奇性、概念一致性等方面的协调力肯定高于物质实验，但由于物质实验能够产生直接用经验验证的结果，而在概念和谐性方面的协调力高于思想实验。不过，随着物质实验产生可验证的经验现象的范围不断拓展，思想实验的某些结论可能逐渐得到验证，从而使得思想实验的概念和谐性协调力也产生变化。总之，从一定的历史时期看，物质实验的经验协调力和背景协调力肯定大于思想实验，但思想实验的概念协调力则必然大于物质实验。在对思想实验和物质实验进行比较研究的基础上，揭示思想实验的运行机制，探求思想实验发挥作用的效力，有助于其在科学前沿中的有效运用。

第二节　思想实验与物质实验的本质区别

在近现代科学中，思想实验在伽利略和爱因斯坦等科学家们出神入化的运用下，使人们对世界有了深刻的认识。但关于思想实验，库恩一直感到困惑的是，为什么思想实验在科学史中一直能有如此显著的功效。事实上，到目前为止，依然无人能对这一问题给出明确的答案。也是由于这一困惑，欧文提出了许多问题：什么是思想实验？思想实验和物质实验之间是什么关系？即它们有什么相似点和不同点？我们如何决定它的结果？思想实验和科学理论之间是什么关系？等等①。对上述问题的回答，将有助于我们揭开思想实验的神秘面纱，有利于思想实验在当代科学前沿中的有效运用。

一、思想实验与物质实验相同吗？

以思想实验和物质实验在科学中的具体表现作为突破口，是揭示思想实验本质的必经之路。但站在不同的角度看二者之间的异同，科学哲学家们得出的结论也各不相同。目前，有关思想实验和物质实验之间的比较，大致有三种不同的声音，具体如下。

1）本质相同。索伦森是持这一主张的代表人物。索伦森也认识到思想实验与物质实验之间有一些不同的特征。比如，他指出，科学中存在许多悖论问题，这是物质实验所常常疏忽的，而思想实验的研究重点就是悖论问题。他认为这是思想实验和物质实验的主要不同之处。此外，索伦森还认为，在物质实验中，人们可凭借感官提供经验依据，而思想实验只能通过非感官来源来诉诸问题的解决。不过，索伦森指出，这些不同仅仅体现出物质实验专门化的优点，并非是其与思想实验相区别的本质特征。他主张，从本质上看，思想实验就是无须真正实施即可达到目标的实验。因此，思想实验与物质实验一样，都属于实验的范畴。

此外，有些人从某一特定角度看，思想实验与物质实验有着相同的功能。比如，麦卡利斯特从证据的角度看实验与理论之间的关系，他认为思想实验和物质实验一样可为理论提供支持或反对的证据。虽然麦卡利斯特并不赞同索伦森的全部主张，但他同样宣称，"思想实验像物质实验一样，能采取不同的形式，实现不同的目的。但不管其拥有什么样的形式与目的，思想实验都必须拥有证据意义，以在科学中发挥作用"②。在他看来，一个思想实验，就像一个物质实验一样，可提供关于世界的证据，并且它支持或质疑一个科学陈述的方式也是相同的，是根据它所提供的证据进行的。

2）部分相同。根据思想实验在理论进步中的作用，波普尔将思想实验分为

---

① Irvine A. 1991. Thought experiments in scientific reasoning//Horowitz T，Massey G. Thought Experiments in Science and Philosophy. Lanham：Rowman & Littlefield：149-165.

② McAllister J W. 1996. The evidential significance of thought experiment in science. Studies in History and Philosophy of Science，27（2）：233-250.

三种：批判式的思想实验、启发式的思想实验和狡辩式的思想实验。他认为，前两种思想实验与物质实验一样，都能在理论进步中发挥重要的作用，可为科学理论中的某些现象提供解释和说明，具有重要价值。但他指出，第三种——狡辩式的思想实验，即在理论遭到批评时，为了捍卫理论而对控方进行反击的那些思想实验，是易错的，常常形成狡辩。他对此类思想实验提出了严厉批评，并告诫科学家们："通过展示某些被理论忽视的可能性来批评该理论，通常都是被允许的，但是，要使用思想实验反击这些批评，就得格外小心。"①可见，波普尔在思想实验与物质实验的使用价值上较为谨慎，认为只有部分功能与价值等同。

除了波普尔这类经过深入思考而将思想实验分类处理的人之外，还有一类人，以诺顿为代表，他们在实际行动中将自己的注意力限制在自然科学中的思想实验上，或许这些仅以自然科学中的思想实验为研究对象的哲学家们并没有进行过确切的论证，他们的限制似乎只是一种谨慎的策略，即他们不能确定科学中的思想实验与其他领域，如哲学，有什么本质的不同。他们仅仅讨论他们确信他们的解释能够起作用的范围，但他们的行动却透露出思想实验在他们心底深处的局域性。

3）完全不同。布朗是持此类主张的哲学家中态度最为鲜明的一位，他主张思想实验和物质实验完全不同。他认为，我们的知识大部分来源于物质实验，即为经验知识，可以用经验论者的思想路线加以说明；但布朗同时认为，还有一部分先验知识，通过对相关自然规律的感知而获得，感知的途径就是思想实验。因此，也可以说，先验知识来源于思想实验。就如数学思维能捕获到抽象的组织一样，科学思维能通过思想实验捕获包括自然规律在内的抽象实体。因为自然规律和独立存在的抽象实体之间是有关联的，这类实体的存在给了思想实验感知的东西。所有思想实验对自然规律的感知，"既不立足于新的经验证据之上，也不仅仅是旧的经验数据的派生"②。

当然，库恩的思想实验观与布朗的主张截然不同，但在思想实验与物质实验的区别上，他们的立场是一致的。库恩指出，人们普遍认为，以一些人们所熟知的并广泛接受的经验数据为基础，经由思想实验的运作，能够产生新的知

---

① 卡尔·波普尔. 2008. 科学发现的逻辑. 查汝强，邱仁宗，万木春译. 北京：中国美术学院出版社：426.

② Brown J. 1991. The Laboratory of the Mind. London：Routledge：75.

识或对自然的新理解。但库恩认为，"思想实验所产生的新理解不是对自然的理解，而是科学家的概念工具"①。他之所以这样认为，原因是科学家们旧有的世界认知中内含着一些固有的矛盾，或存在认知混乱的状况。所以，"思想实验的作用从一开始就迫使科学家承认他的思想方式中固有的矛盾，以便消除以前的混乱"①，进而帮助科学家得到不同于他们以前坚持的定律和理论。这与通过物质实验获取经验知识的方式完全不同。

从总体上看，以上科学哲学家们对思想实验与物质实验之间关系的思考，以及对二者的比较研究，要么过于笼统（如索伦森、布朗等），仅仅从传统的经验论和先验论两个角度展开思考，要么较为片面（如库恩、麦卡利斯特等），仅仅从某一特定视角看待思想实验。全面系统地对思想实验与物质实验进行比较研究，是深入认识思想实验本质的必然选择。

二、思想实验与物质实验的本质区别

在思想实验与物质实验的细致的比对中，寻找二者之间固有的差异性，进而凸显思想实验的本质，可实现我们对思想实验全面深入的认识。对二者本质的比较研究拟从五个方面展开。

1. 实验起点的不同

在马赫看来，思想实验与物质实验的起点全然不同。马赫认为，思想实验是物质实验必须具备的前提条件。每一个实验者在物质实验真正实施之前，都会在头脑中先进行思想实验，形成物质实验的程序。这意味着，马赫认为物质实验与思想实验所要经历的程序相同，但在起点上，"思想实验先于物质实验"②。而布朗则认为思想实验与物质实验的起点相同，他曾指出，"实验包括背景假设和内在理论指导、操作、观察、附加理论、计算、得出结论"③。思想实验与物质实验都是如此，二者不仅起点相同，而且整个过程的所有程序都是相同的。

马赫与布朗有关实验起点的主张虽然并不完全准确，但他们，特别是布朗，

① Kuhn T S. 1977. A function for thought experiments//Kuhn T S. The Essential Tension：Selected Studies in Scientific Tradition and Change. Chicago：The University of Chicago Press：240-265.
② Mach E. 1976. On thought experiments//Mach E. Knowledge and Error. Dordrecht：Reidel：449-457.
③ Brown J. 2007. Counter thought experiments. Philosophy of Science，61：155-177.

从一个完整的实验程序所包含的几个必要环节着手进行分析的做法，却为我们提供了一个有益的思路。在物质实验中，人们在实验之前，必须为实验的顺利进行做精心的准备，从实验所需的仪器设备，到实验过程中所需的温度、湿度，再到实验对象的选材等，小到验证事物属性的实验，大到强子对撞机实验，不管是哪一种，实验所需的物质基础都是实验正常进行所必备的。因为物质实验是以人们控制下的物质基础为起点的。近年来，旨在探索宇宙起源奥秘的欧洲大型强子对撞机（large hadron collider，LHC）实验一直在进行当中。在实验之前，科学家们会反复论证，如果不具备实验的物质条件，那么实验是不能进行的，因为这样大规模的实验随时可能会带来不可预测的负面后果。2010 年 5 月，第一个人工生命诞生，从细胞核的选择，到 DNA 片段的连接，也都是在科学家的控制之下有计划地进行的。在任何一个物质实验中，人们都是以可观测的物质基础为起点。正是因为这一点，物质实验才可以形成观测型经验问子。也正因为如此，最终实验结果的得出，就一定会对理论产生影响，形成一个经验协调或经验冲突的实例。也就是说，实验结果构成了观测型经验解子。这与提高理论解决问题的经验协调力是直接相关的。同时，实验结果还可间接地通过对思维、心理等方面产生影响，而导致理论的背景协调力的上升或下降。

而在思想实验中，人们只能以一个假想的状态作为实验的起点。导致这一状态产生的原因比较复杂，大致可就此将思想实验分为三种情况：①无须做真实的物质实验；②现有的条件不能够做真实的物质实验；③永远无法在现实世界中形成可观测的经验数据，它只能在人的思维中以假想的形式出现。当然，思想实验的起点就决定了它无法形成观测型经验问子，但它可以产生理论型经验问子。虽然理论型经验问子必须得到观测型经验数据的验证，才能够提高理论的经验协调力，但思想实验通过理论型经验问子的提出，可导致问题的产生，可为理论的解决提供思路，也可间接地为理论的经验协调力的提高做出贡献。

2. 实验条件的差异

为了使事物的现象清楚明白地呈现出来，物质实验常常要求精确度很高的实验条件，即优越化的实验条件。实验条件的优越化是相对于纯自然条件下的观察而言的。古代天文学观测只能凭借肉眼，同时天气与环境对其限制比较多，发展缓慢。而近代科学中，在望远镜发明以后，天文学实现了飞跃式的发展。

与人的肉眼相比较而言，望远镜的运用就是实验条件优越化的重要一步。也正是优越化的实验条件，使人们看到了许多以前看不到的现象。今天，人们"看"到了宇宙空间里所有的星球都正在相互远离，从而得出宇宙正在加速膨胀的结论。这都要归功于实验条件的优越化。优越化的条件使得实验按照实验者所设计的方案呈现出他们所希望看到的结果。也正是优越化的实验条件使实验的结果具有更强的可信性，虽然并不一定总是正确。

　　而思想实验的条件相对于物质实验优越化的条件而言，其要求要高出许多。这在量子力学的发展中曾有过深刻的表现。1926 年，量子力学的发展陷入了僵局，长期面临着的无法解决的问题令包括玻尔和海森堡在内的许多人几近绝望。经过很长一段时间的苦苦思索，海森堡对此有了新的认识。他指出，物理学中的所有实验都是用牛顿的经典力学术语来描述的，此前他们所面临的那些问题就在于他们运用经典力学体系中的概念来看待粒子现象，来讨论一个电子的速度和位置。用经典力学的概念看待粒子现象是存在问题的做法，其在实验中的表现就是他们在那些物质实验中遭遇的难以克服的反常。海森堡表示，在量子力学中，人们应该"对自牛顿以来成为经典力学基础的那些概念的适用范围施加限制"①。进而他又明确了他的态度"这些概念的应用受到测不准关系的限制"②。测不准原理的发现，使得量子力学中的那些问题迎刃而解。众所周知，海森堡对测不准原理的发现是基于一个思想实验而获得的。这个实验就是γ射线显微镜实验。海森堡将用γ射线显微镜观测环绕原子核运行的电子的实验分为三个步骤。

　　第一个步骤是将观测结果转述成一个概率函数。电子的位置可以观测得这样准确，其准确度随γ射线的波长而定。在观测前实际上可以说电子是静止的。但是在观测作用过程中，至少有一个γ射线的光量子必须通过显微镜，并且必须首先被电子偏转。因此，电子被光量子撞击，就改变了它的动量和速度。

　　第二个步骤在于显示一个不绕原子核运动而是离开原子的波包，因为第一个光量子已将电子从原子中打出。如果γ射线的波长远小于原子的大小，γ射线的光量子的动量将远大于电子的原始动量。因此，第一个光量子足以从原子中

---

① W.海森伯.1981.物理学和哲学.范岱年译.北京：商务印书馆：12.
② W.海森伯.1981.物理学和哲学.范岱年译.北京：商务印书馆：14.

打出电子，并且人们绝不能观测到电子轨道中另外的点，所以也就没有通常意义的轨道了。

第三个步骤将显示电子离开原子的路线。两次相继观测之间所发生的事情，一般是无法完全描述的①。

在这一思想实验中，海森堡对经典力学中的那些概念的适用范围施加限制，事实上也就是将物质实验的条件提高为思想实验的条件，并在此基础上来谈论电子的位置和速度。海森堡发现，"人们不能以任意高的准确度同时测量这两个量"②。这就是测不准原理。

海森堡的γ射线显微镜思想实验实现了此前物质实验所无法完成的工作，解除了量子力学的发展困境。思想实验的成功来源于其理想化的实验条件。欧文曾指出，理想化的条件假设就类似于忽略了实验中那些与结果非直接相关的因素，不论其对或错。这样可使得思想实验"在更为一般的环境中，对于理论的启发更为有利，作为导向性的事例，在或多或少的程度上（取决于假设类型）将更接近真实世界的运用"③。事实上，思想实验的条件中的大多数在物质世界中是无法实现的，如发射出像月亮一样大小的炮弹的大炮、追着光柱奔跑的人、可跟踪分子的小妖等。这时，理想化方法的运用就成为必然。实验条件的理想化这一思想实验的最大特征，使得思想实验能够自由地运用在物质实验所无法触及的领域。

3. 实验对象存在方式的区别

从实验对象发生变化的过程来看，思想实验与物质实验并无二致。在薛定谔猫的思想实验中，他设想了一个密闭的结构巧妙的盒子，其中有一个精密的装置，包括一个辐射源、一个用来记录发生粒子辐射时的检测器、一瓶毒药（如氰化物）和一只猫。作为辐射源的这个粒子有 50% 的概率发生辐射，同时检测器将记录下这个粒子的活动情况。一旦衰变发生，粒子发射出来，就会激发一连串的连锁反应，装置将通过一个机构将毒药瓶击碎，毒药释放，猫将死亡；当然，如果辐射没有发生，毒药瓶也就不会被击碎，猫将会继续活着。根据实

---

① W. 海森伯 . 1981. 物理学和哲学 . 范岱年译 . 北京：商务印书馆：16.

② W. 海森伯 . 1981. 物理学和哲学 . 范岱年译 . 北京：商务印书馆：12.

③ Irvine A. 1991. Thought experiments in scientific reasoning//Horowitz T，Massey G. Thought Experiments in Science and Philosophy. Lanham：Rowman & Littlefield：149-165.

验中呈现出的现象所做的说明是：辐射衰变的发生完全是随机的，以 50% 的概率分布。因此，在打开盒子查看之前，人们是无法得知猫的生存状态的。实验最终的结论为：原子衰变的发生以 50% 的概率分布，那么猫同时处于一个既死又活的叠加态。仅从表面上看，这与物质实验的过程是一样的。

但从两类实验中现象的具体形态——实验对象的存在方式上看，两者却是大不相同的。思想实验中的对象是一个抽象的客体，代表着一类事物。它是一个清晰的概念，但具体形象上却很模糊。比如，伽利略的比萨斜塔实验中的球，我们只需要有一重一轻两个球的概念就可以了，对球的大小、具体重量、形状、颜色、气味、材料等却不会有具体的要求。薛定谔猫实验中的猫其实也只是个代表，把它换成一只狗、一只鸡，甚至是一个人都可以，因为这对于实验的结果是不会产生什么影响的。只不过在通常的意识中，用人来充当这个实验的主要形象，肯定会在人们的思维中产生冲突而遭到众人的反对。马赫在讨论引力问题的时候，石头可以随意地变大或变小，以至于思想实验在"得出的量上的表象就获得了最肯定的支柱"[①]。思想实验中的实验对象不管其在具体形象上如何变化，它们的概念协调的状态不会发生变化，也不会导致其经验协调力的下降。

然而，这些对象在物质实验中是不可能的。相反，人们对于实验的精度要求是越高越好。牛顿的钟摆实验的经验协调力之所以高于伽利略的实验就是因为他的实验精确度高于伽利略的实验。大多数物质实验对研究对象的要求都很高，近乎苛刻。它们对实验对象的重量、大小、长短、元素、颜色、气味等各方面材料的精确度的要求都是不一样的。因为实验对象的不同而产生差异，导致最终的实验结果差之毫厘，谬以千里的情况很多。特别是在当今的一些高科技领域中，对实验材料的要求精确到小数点后的很多位数的差错，都有可能导致一个火箭发射实验的失败。因此导致严重的经验冲突。

事实上，物质实验和思想实验中的实验对象在存在方式上的差异并不是简单的对抽象程度不同的反映。在物质实验中，实验对象所呈现出的状态之所以不能够无限制地进行抽象，是因为它必须是事物表象的不断演化。而在思想实验中，实验对象所呈现出的状态则是人们头脑中的科学意象在不断演化。科学意象虽然根源于经验世界，但它在人们的头脑中却常常主要表现为一类事物，

---

① Mach E. 1976. On thought experiments//Mach E. Knowledge and Error. Dordrecht：Reidel：449-457.

凸显了某一类事物的某些特征，其他特征则被视而不见。当然，对于某些具体的方面，科学意象就可以无限地抽象，自由地变化。

思想实验代表的是一类现象，而物质实验只是一个个案的显现。从统计学角度看，一个物质实验只是一个特殊的案例，其结果也只能作为一个实验观测产生的经验数据而存在。

4. 从实验的结果到结论之间

在物质实验中，实验的可观测部分从实验的起点处开始，直至实验结果的呈现时止，包含了实验中现象演化从始至终的所有环节。但对于一个完整的实验来说，实验结果的呈现并不是实验的结束。因为从实验结果到实验结论之间还有一个讨论的环节。讨论是针对实验结果所呈现的现象进行解释说明的过程，包括猜想、协商、对比、争论等。逻辑推理是说明必需的研究手段之一。无论是在物质实验中，还是在思想实验中，都有逻辑推理方法的运用。

从经验、概念、背景三个方面看，思想实验的主要优势在于其概念协调力高于物质实验，也就是说，概念协调力对于思想实验是关键的，特别是在以悖论形式出现的思想实验中，逻辑推理的运用的主要目标就是提高理论的概念协调力。因此，逻辑推理在此类思想实验中所发挥的主导作用是毋庸置疑的。因为事实上它本身就是一个用思想实验的形式表现出来的二难推理。推理的重要作用，在验证性的思想实验中也很相似。人们在一个假想的状态中，以一个假定的现象为起点，想象发生了一系列现象的演变，最终得出结果。值得注意的是，马赫认为，"一个思想实验的结果，是我们以思想中变化的状况为出发点做出的猜测"[①]。这一观点可能代表了相当一部分人的想法，但事实上，此类主张是有问题的，因为悖论性思想实验中的一系列演变过程就是一个逻辑推理的过程。因此，若要该思想实验成功，且其结果为真，那么其中的逻辑推理过程必然是正确无误的。剩下的就是思想实验的起点问题了，即刚开始时思想实验起点的假想状态中的假定条件是否违背了事物本质规律的问题。在伽利略的比萨斜塔实验中，中间的推理过程清晰无误，那么，最终悖论的产生必然是因为逻辑推理的起点处存在问题，即从一个错误的起点出发，即使推理过程无误，也不能够得到正确的结果。

---

① Mach E. 1976. On thought experiments//Mach E. Knowledge and Error. Dordrecht：Reidel：449-457.

在探索性的思想实验中，推理的作用就要弱得多。在追光实验中，爱因斯坦苦苦地思索了 10 年。有一天他突然顿悟：①光速不变，永远是 c；②光具波粒二象性，即光兼具波和粒子两种特性。他的这一顿悟来自追光实验中的一个假想状态，从中直接得出结论。中间似乎没有什么逻辑推理的过程。

到了物质实验中，推理的过程在验证性的实验和探索性的实验中的表现也有所不同。在验证性的实验中，在实验之前，人们便已经知道了实验的原理，对实验将会出现什么样的结果也已大致了解，实验的过程是早已设计好了的。所以，验证性的实验其实也就是对前人已经做过的实验的一次重复而已。这来源于实验的可重复性特征。而在探索性的实验中，推理总是出现在新现象产生之后，即从现象出发，思索为什么会是这样。在这里，推理的作用是为现象提供说明，对现象发生的原因加以解释。比如，密立根的油滴实验，根据油滴在电场中运动的状态，可推算出基本电荷。

总体上来看，物质实验以现象为主，以推理为辅助手段。在许多物质实验中，现象一出，结果便很明了。从现象到结果，根本无须推理，甚至不用言语解释，便能得到大家一致赞同的结论。而在思想实验中，因为概念协调力的大小直接影响了实验的可接受度，所以逻辑推理的作用则甚为关键。

5. 从统计学的角度看思想实验

在思想实验与物质实验的对比研究中，有一个现象值得引起我们的关注。思想实验无论是成功的还是失败的，都只需一次就可将结果显现出来，进而凭此推导出结论。但人们如果仅凭一次物质实验就得出结论，那无疑是草率的做法，一定会遭到人们广泛的质疑。物质实验总要经过多次反复验证，才会得出最终的结论。

对于实验最终的结论而言，从统计学的角度看，每一次物质实验都只是一个案例，只能提供一个统计数据，所以物质实验往往要进行多次，得出若干组数据，从中寻找一些共同的现象。很多著名物质实验都经过了许多年的连续实践，在摸索中不断改进，可能要进行成千上万次实验。比如，孟德尔的豌豆杂交实验前后历经了 8 年不间断的观察，才从中窥得这样的事实：生物性状遗传给下一代遵循着某种确定的规律，而非混沌无序。

上面的论述说明，从统计学的角度看，每一次物质实验只能提供一个经验数据。虽然在物质实验中，科学家们都尽可能选取具有典型性的物质，以体现其代表性，但一次实验并不能说明什么问题，即使是成千上万次，也只能代表部分。也就是说，对于千变万化的自然界而言，物质实验无法穷尽所有。从此点出发，实验的结论只是基于部分现象的推论。因此，在物质实验中从实验结果到实验结论的得出中一个最常见的方法就是归纳推理。结合科学史的实际看来，仅凭人们的部分经验而得出的结论，总会被后来出现的反常一而再，再而三地推翻。所以一次物质实验无法代表全部，人们必须多次进行实验才能得出令人感到可信的结论。事实上，即便如此，对于人类永远无法穷尽的自然界来说，无论进行多少次实验，它都只能说明部分问题。

在思想实验中，其实验对象是一类事物的总称，其实验条件是理想化的，这是一种独特的境界，其逻辑推理的过程是标准化的、通用的科学方法，其展示的结果，代表的是一类现象，而非个别现象。因此，这样的思想实验即使重复进行成千上万次，其展示的现象都是相同的，结果也必然相同。事实上，从对理论的分类上看，一个思想实验就是一个抽象理论。协调论主张："理论是由问题和对问题的解答构成的，一般把对问题的解答部分看成一个有结构的整体，其普遍性的特点是，该结构有两部分组成，即作为前提或前件的主体解子和作为结论或后件的非主体解子。其形式是：主体解子→非主体解子。"①根据协调论，马雷认为，无论是抽象理论还是具体理论，都有着上述共同的结构形式。不同的抽象理论总是有着共同的演绎进路，即抽象理论总是从一些定义、公理、公设出发，通过演绎推理，导出其他一系列的命题和定理。根据协调论的观点，定义、公理、公设就是该抽象理论的主体解子，而从中导出的一系列命题和定理就是该抽象理论的非主体解子。相对于物质实验而言，思想实验作为一个抽象理论，从主体解子导出非主体解子的过程总是遵循规范化的逻辑进路，因此，思想实验的概念一致性协调力总体高于物质实验。

产生这一结果的原因是，思想实验是以意象方式存在的概念实体的运作，思想实验的结果就代表了这类现象的全部。在麦克斯韦妖实验中，在小妖的作用下，冷的分子和热的分子分别向着不同的方向运动，绝不会像在物质实验中一样，可能会发现反常现象存在。在物质世界中，人们看到了许多乌鸦是黑色

① 马雷.2008.冲突与协调——科学合理性新论.北京：商务印书馆：232.

的，于是得出"所有乌鸦都是黑色的"结论，但可能某一天在某个地方又会发现一只白色的乌鸦，于是"所有乌鸦都是黑色的"结论将会被推翻，或者人们就要对这一结论进行修改，以包含对新的反常现象的说明。物质实验的结论经常会因为反常的出现而变化，这在科学史中比比皆是。在有关原子模型的研究中，道尔顿最早提出原子模型是一个实心球，后来由于发现了电子，汤姆逊（J. J. Thomson）认为其应该是葡萄干面包原子模型，而卢瑟福实验发现轰击原子的粒子发生了不同的偏转现象，这表明原子的大部分体积是空心的，因此提出了电子绕核运动模型，今天最新的证据支持的是电子云模型。在短短不到 200年的时间里，原子模型发生了五次变化，将来有可能还会发生类似的转变。这种情况在思想实验中绝不会存在。思想实验只要前提正确，推理无误，其结论就必然是正确的。

三、小结

思想实验"通过一定的物质操作和思维加工相结合的实验过程，得到自然过程在理想状态下的规律，然后再回到现实的过程中去加以修正，使之能直接应用于实际"[1]，从而使之与物质实验既有本质的不同，又有无法割断的联系。从总体上看，思想实验与物质实验有着相同的结构和要素，但在实验的起点、现象，以及实验的代表性等因素方面则有着本质的不同。对二者之间差异性的探寻，特别是在当代科学前沿中，由于微观和宇观世界科学活动对实验条件的要求大大提高，思想实验的优越性得以凸显，而物质实验则逐渐下降到仅仅作为科学思想的验证手段的时候，结合科学前沿中的具体事例，认识并运用思想实验开展科学研究是一项迫切且具有创新价值的工作。

第三节　思想实验的本体探究

从一份实验报告所包含的七个部分中，我们可以看出构成一个实验所需要

---

[1]　肖显静. 2012. 伽利略物理学数学化哲学思想基础析论. 江海学刊，（1）：53-62.

的基本要素有哪些。以爱因斯坦的光子盒实验为例，对思想实验运行的本体进行细致的分析，我们方可知晓在思想实验中运作的对象的本质。这将有助于我们对思想实验本质的认识。

一、一则案例：爱因斯坦的光子盒思想实验

1. 光子盒思想实验的提出

概率诠释是量子力学的基本特征，其对粒子现象的说明是统计性的。虽然量子力学理论可以对粒子世界中的种种表现提供解释和进行计算的有效途径，但它却遭到爱因斯坦、薛定谔（E. Schrödinger）等人的坚决反对。爱因斯坦认为，"它是对实在事物的一种不完备的表示……"，他"坚信此理论会把我们对物理学基础统一性的寻求引入歧途"[①]。因为他认为任何一个领域的基础理论都不能是统计性的，且必须满足因果决定论。在爱因斯坦的观念深处，量子力学理论只是对粒子系统行为的一种说明。所谓粒子系统行为是指处于相同环境中的许多相互独立的粒子群的集体状态。爱因斯坦认为量子力学不能说明基本粒子的运动现象。基本粒子的运动现象必须是决定性的，不能是统计性的。为了说明测不准原理的不完备性，进而推翻量子力学的理论基础，爱因斯坦精心设计了光子盒思想实验。

在光子盒思想实验中，爱因斯坦设想：

> 光子盒内有个由电池驱动的光源，盒旁有一个由快门控制的小孔，盒内的计时装置 a，定时开启并关闭快门 b，每开关一次就有一个光子从小孔中射出。释放光子前后，盒子的重量可以由盒顶部的弹簧和盒左面的指示针 d 和刻度尺 f 清楚地标示出来，这样就能够根据质量与能量的关系式 $E=mc^2$ 来推算出盒子释放光子前后的能量之差。另一方面，由计时装置的读数也可以准确地确定光子发射时刻及其到达屏幕的时刻。由此，没有理由说光子的能量 ΔE 和时间 Δt 不能被同时精确地测定。这个结果与测不准关系明显地存在矛盾。[②]

---

① 阿尔伯特·爱因斯坦．2008．爱因斯坦晚年文集．方在庆，韩文博，何维国译．北京：北京大学出版社：71.
② 贺天平，桂起权，刘毅，等．2009．科学实验之光．北京：科学出版社：99-100.

如果这一思想实验成立，其结论必然是：粒子的时间和能量可同时获得，测不准原理面临失效。

2. 光子盒思想实验的实验报告

以实验报告要求的完整格式，将爱因斯坦的光子盒思想实验表述为一份实验报告。具体如下。

光子盒思想实验报告

光子盒这一思想实验的实验报告，同样也包含着一般实验报告所应该具有的从实验目的到实验结论的得出之间的七个方面内容。

（1）实验目的

观测基本粒子的运动现象，对运动状态下的基本粒子的能量和时间进行测定，并进一步说明测不准原理的不完备性。

（2）实验原理

对光子的能量和时间进行测定是同时进行的。

1）盒顶的弹簧秤可测出光子盒在光子发射前后重量的变化。根据相对论质能关系 $E=mc^2$，光子的能量能够精确测出。

2）光子发射的时刻及其到达屏幕的时刻由盒子里的时钟控制，可精确测出。

（3）实验环境和仪器设备

1）实验环境是在一个理想的光子盒中。

2）实验仪器设备：

一个由电池驱动的光子源，一个弹簧秤，一个刻度尺，一个时钟，一个盒子（盒子一边有一个由快门控制的小孔），一个接收光子的屏幕。

（4）实验内容（实验步骤）

该实验的主要步骤如下：

1）在某一时刻 t，启动快门 b，发射一个光子；

2）通过盒顶的弹簧秤和盒子旁边的刻度尺读出盒子在光子发射前后的重量之差；

3）从盒子内的时钟上，得出光子发射的时刻和光子到达屏幕的时刻。

（5）实验结果（原始数据）

在这一理想的光子盒中，在单一的基本粒子的运动过程中，人们可在精确测定光子发射前后光子盒重量变化的同时，精确地测定光子发射和到达屏幕的时刻。

（6）实验结果的分析讨论

通过光子盒在光子发射前后重量的变化，根据相对论质能关系$E=mc^2$可精确测出光子的能量。与此同时，光子发射时刻及其到达屏幕的时刻可从盒子里的时钟得出。基本粒子的能量和时间可同时被精确测定，不满足测不准关系。

（7）结论

基本粒子的时间和能量可同时获得，测不准原理失效，量子力学理论对粒子现象的说明是不完备的。

3. 光子盒思想实验的本体探寻

爱因斯坦这一思想实验发生在一个理想的光子盒中。实验的仪器设备有：一个由电池驱动的光子源，一个弹簧秤，一个刻度尺，一个时钟，一个盒子（盒子一边有一个由快门控制的小孔），一个接收光子的屏幕。

实验过程主要有三个步骤：①在某一时刻 t，启动快门 b，发射一个光子；②通过盒顶的弹簧秤和盒子旁边的刻度尺读出盒子在光子发射前后的重量之差；③从盒子内的时钟上，读出光子发射的时刻和光子到达屏幕的时刻。

人们所"看"到的实验结果为：在这一理想的光子盒中，在单一的基本粒子的运动过程中，人们可在精确测定光子发射前后光子盒重量变化的同时，精确地测定光子发射和到达屏幕的时刻。

据以上描述，这一思想实验发生的整个过程，我们都如亲眼所见。贯穿该思想实验始终的实验本体——光子盒似乎一直在我们的"视野"当中，且发生了一连串的变化：启动快门、发射光子、刻度尺发生变化……但事实上，我们真的看见这一连串的变化了吗？如果没有，又是什么在逐步地演变？对此问题的回答，离不开对思想实验本体的探寻。

二、从经验世界的本体到思想实验的本体

在人类历史上，有关人们对世界本体的探寻，已经发生过几次根本性的转变：从经验世界逐步延伸到人们的思想深处。

1. 经验实体的演变

在人类早期，出于本能，一些理性的人们对世界的认识是基于朴素的经验的，相信世界是由一些可见可感的物质构成的客观实体。亚里士多德就曾将实体分为两类：①"就其最真正的、第一性的、最确切的意义而言，乃是那既不可以用来述说一个主体又不存在于一个主体里面的东西。"一座房子、一只狗、一棵树等均为此类实体。②"在第二性的意义之下作为属而包含着第一性实体的那些东西也被称为实体。"动物、植物、车等即属于此类实体①。

德谟克利特对于世界本原的认识显然比亚里士多德要深刻许多。在他的原子思想实验中，他想象自己用一把锋利无比的刀，去切割一块奶酪。由于刀足够锋利，又足够小，人们可以一直切割下去。最终的结果是：得到一块坚硬的永远也不可能切开的东西。德谟克利特的这一思想实验想要说明的是，物质不是无限可分的，最终的不可分割的物质就是原子②。在此基础上，德谟克利特还对原子的特征做了进一步的描述：原子是永恒的，因而由原子所组成的整个自然界乃至整个世界也都是永恒的。此外，他还对原子的基本属性（大小、形状、次序和位置等）做了一些描述。需要指出的是，虽然德谟克利特此时对原子特征的细致描述没有直接依据（这些应该都来自他的思维推理），但他将世界的本体推进了一大步：从亚里士多德的可知可感的经验实体，推进到由思维推理得出的物质实体。

2. 理论实体的出现

今天看来，无论是亚里士多德的实体，还是德谟克利特的原子，都是以一种经验为基础的实体而存在。不过，近代以后，这种基于经验的客观真实存在的实在论主张逐渐走向瓦解。在麦克斯韦的推动下，人们认识到场也是一类终极实体，后来法拉第用铁屑展示了磁力线从而形象地向人们证明了场的存在。人们对世界的本体认知，从经验的直接感知扩展到间接感知。事实上这只是开了个头，随后便一发而不可收。特别是现代科学对大尺度宇宙空间和微观尺度粒子世界的研究，将当代科学前沿推进到一个完全"看不见"的世界之中，世

---

① 亚里士多德.1959.范畴篇 解释篇.方书春译.北京：商务印书馆：12.

② 利昂·莱德曼，迪克·泰雷西.2003.上帝粒子——假如宇宙是答案，究竟问题是什么? 米绪军，古宏伟，赵建辉，等译.上海：上海科技教育出版社：45-46.

界的本体再次发生巨大变化。夸克、希格斯玻色子、宇宙大爆炸之初的奇点等，有的只能由经验间接感知，有的根本无法感知，只能作为一种理论实体而存在。

随着近年来科学探索的不断深入，关于世界本体的思考也随之变化。更让人感到困惑的是，霍金用金鱼缸思想实验为人们展示了那个不确定的世界。借助金鱼的眼睛和头脑，对金鱼所生存的世界进行观察、分析、描述，并总结出一套和人类所做的一样的对世界进行说明的理论（如牛顿的经典力学体系或爱因斯坦的相对论），二者之间的差异仅仅在于金鱼的视角和人的视角有所不同而已，但金鱼缸思想实验产生了另一个一直为人们所忽视的后果——理论实体的可变性。

事实上，世界本体的上述变化，对科学研究的常规手段——物质实验的本体而言，有着深远的影响。从铁球到场，到夸克、希格斯玻色子，再到宇宙大爆炸之初的奇点，本体似乎在不断地远离人们实实在在的生活，从人们的感官所能感知的范围，深入到必须借助于人的理性方可体验但却又不确定的境地。

3. 思想实验的本体

许多擅长运用思想实验的大师，比如爱因斯坦和伽利略，都擅长用生活中或实验室中人们常接触到的，现实世界中存在的事物作为思想实验的研究对象。当然，以此类事物作为思想实验的本体的确有一个好处，那就是使这样的思想实验更容易为人们所理解和接受，从而减少人们的心理冲突。仍以爱因斯坦的光子盒思想实验为例，面对那个包含有电池驱动的光子源、弹簧秤、刻度尺、时钟和接收光子的屏幕等人们熟知的事物的光子盒，人们基本不会因为感到陌生而产生心理排斥。相比较而言，在麦克斯韦妖思想实验中，人们因对那个拥有独特能力的小妖存在的合法性产生了怀疑，从而影响了人们对这个思想实验的心理认同。也正因为如此，虽然麦克斯韦妖实验与爱因斯坦的光子盒实验、火车实验、电梯实验，以及伽利略的自由落体实验、匀速直线运动实验等一样，是科学史上伟大的思想实验，但其中的小妖，却无法与爱因斯坦的光子盒、火车、电梯，以及伽利略的铁球、小车等一样为人们所认同。

不过，笔者在这里想要指出的是，上述思想实验本体在人们心理认知层面的差异，并不会对思想实验本体自身构成威胁。也就是说，上述本体在本质上是一致的。无论是德谟克利特的刀、原子，伽利略的球，爱因斯坦的火车、电梯，莱德曼的足球，霍金的金鱼，还是麦克斯韦的妖，其本质上都是相同的，都是作为一种理论实体而存在。因为爱因斯坦光子盒中的光子源、弹簧秤、刻度尺、时钟等由于客观条件的限制，并不能够在现实中真实地存在，上述事物均为理想化的理论实体而存在于思维之中。从这一本质特征来看，光子盒与小妖并无本质不同。

三、对思想实验本体的两类不同认知

在科学哲学史上，对思想实验本体的认知，是一个众说纷纭的话题。但总体而言，可分为本质相对的两大类：基于经验的物质实体和基于思维的理论实体。

1. 基于经验的物质实体

索伦森就是这一主张的代表。在索伦森看来，绝大部分思想实验都可通过引出想象方案而转化为物质实验，思想实验只是物质实验的延伸[①]。他认为，物质实验和思想实验之间的主要区别在于，它们试图这样做的方式不同。"物质实验是通过增加你的感官感觉的机会为你提供依据。"一个有效的思想实验则"通过扩大你的非直接感官来源——比如回忆，一种知识向另一种知识的转化，认知任务内在的重新整合，以及认知障碍和难题的消化"[②]。在运作过程中，思想实验和物质实验都可以同时运用感官策略和非感官策略。二者并无高低优劣之别，最多只是因为要实现的目标不一样而导致侧重点有所不同，正如轰炸机和滑翔机都可以滑翔，但不同的设计使得滑翔机能滑翔得更好。因此，索伦森主张，思想实验的本体与物质实验的本体之间没有什么明显区别，二者在本质上是一致的。

与索伦森对思想实验本体的观点相似，诺顿也主张，思想实验不存在认识论上的奇迹。他认为，思想实验之所以能够告诉我们一些有关世界的信息，是因为它们运用了我们在物质实验中，或者是在日常生活中的一般性认识论资源：常规经验和得到最终结论的某些推理。

事实上，诺顿的主张来源于传统的科学经验主义哲学，即认为我们所有的

---

① Sorensen R. 1992. Thought Experiments. New York：Oxford University Press：164.
② Sorensen R. 1992. Thought Experiments. New York：Oxford University Press：165.

关于世界的知识都从经验中来。而经验主义认为，科学知识只不过是经过适当组织和概括的经验。并且，诺顿发现，思想实验中不包含新的经验数据。因此，诺顿断言，"它们只能重新组织或概括我们已知的关于世界的知识，并使之明晰化。这种先验的知识永远以经验为基础而存在，它们只能以假设形式进入思想实验之中"①。

事实上，无论是索伦森将思想实验与物质实验同等对待的观点，还是诺顿的基于经验的论据重构主张，它们都同样认为思想实验的本体与物质实验的本体是一样的，无本质不同，都是基于经验的物质实体。他们的主张意味着思想实验的结果也可以通过物质实验进行验证，也就承认了思想实验也具有经验协调力。

2. 基于思维的理论实体

布朗对于思想实验本体的看法，与索伦森和诺顿的主张截然相反。布朗的有关思想实验的认识充满了一种神秘主义色彩。他认为，思想实验在思维实验室中的运作，除了那点隐喻之外，人们很难说清楚它究竟是什么。他指出，思想实验是形象化的，其中含有智力的操作，但又不仅仅是基于理论计算而生成的产物；思想实验常常不能像物质实验一样被实施。因此，在思想实验的运作中，不管其距离感官经验有多远，我们在建构理论客体的过程中的确有像感知一样的东西，就像从事实中看到的一样，公理自身就有一种让我们认为它是正确的力②。这种"力"存在于数学的直觉中，而不是感官感知中。

在布朗的思想实验观中，他着力要论证的主张有两点：①思想实验是先验的；②自然规律和独立存在的抽象实体在本质上是一致的，这类实体的存在给了思想实验感知的东西③。正是思想实验的存在，使这种先验的感官能够起作用，它和数学的柏拉图哲学中包含的东西是相同的。布朗还指出，语言学的规则和康德式的感知形式都是对先验知识的解释，但二者都不包含在其中。事实上，布朗主要想告诉人们，有些自然规律可以为人们所见，其方式就和有些数学客体可以为人们所见一样。从布朗的思想实验观中，我们可以得知，思想实验的

① Norton J. 1996. Are thought experiments just what you thought? Canadian Journal of Philosophy，26（3）：333-366.
② Brown J. 1991. The Laboratory of the Mind. London：Routledge：31.
③ Brown J. 1991. The Laboratory of the Mind. London：Routledge：32.

本体是一种抽象的理论实体，存在于人们的思维之中。但同时要指出的是，布朗一直努力要把思想实验本体与自然规律牵扯到一起，甚至将二者等同起来的做法不能成立，因为思想实验的本体并不是客观且不变的。

库恩的思想实验涵盖的范围则要宽广得多，不仅包括布朗所关注的那些在现实中完全不能考察，甚至根本不可能在自然界中发生而只能在人的思维中运作的思想实验，还包括那些在实验室中可以发生，只不过目前还未曾考察过的情况。不过，库恩认为，上述两类思想实验都必须服从一些"似真的条件"，即"它必须提供一种正常的情况，就是说，这种情况使分析这个实验的人感到很适合用以前的经验去处理"[①]。但"似真的条件"并不表明思想实验与物质实验之间存在着本质的联系，因为库恩认为，"思想实验没有体现关于世界的任何新信息，所以它不能教给人们任何以前不知道的东西……它的作用仅局限于纠正以前的概念错误"[①]。在库恩的论证过程中我们看到，思想实验是通过理论实体的心理转换，来达到消除科学家们思想方式中固有的矛盾与混乱的目的。从这一意义上看，库恩的思想实验本体与布朗的思想实验本体在本质上是一致的，都是理论实体。

上述几位哲学家的思想实验观代表了思想实验本体论不同主张的两个极端。当然，也有些人由于思想实验本体的模糊性，在面对思想实验时，只谈及它的功能，而完全回避有关本体的争论，如库珀和欧文。

四、思想实验的本体："意象化"的理论实体

在实验的整个运作过程中，实验通过向人们展示实验对象发生的一系列变化，让人们看到此类实验对象所具有的共性的或者是规律性的特征。从表面上看，无论是在物质实验中，还是在思想实验中，人们都"看"到了一组实验对象连续变化的图像。诺顿将这组"图像"的连续变化称为思想实验的"实验性特征"。在这里，笔者不打算对诺顿有关思想实验的实验性特征的观点展开讨论，但对于人们在思想实验中"看"到的这组"图像"的本质研究，毫无疑问是我们进一步揭示思想实验本体所必经的重要一步。

---

① Kuhn T S. 1977. A function for thought experiments//Kuhn T S. The Essential Tension：Selected Studies in Scientific Tradition and Change. Chicago：The University of Chicago Press：240-265.

稍作思考后人们会发现，物质实验中的"图像"是经验真实的，而思想实验中的"图像"是经验虚幻的，是人们思维的产物。更进一步的研究显示，思想实验中的"图像"在本质上是一组科学意象。也就是说，在思想实验的运作过程中，连续变化的"图像"其实是科学意象的不断转换。思想实验对象的意象存在方式，为思想实验条件理想化的实现提供了可能。

（一）实验中的科学意象

1. 科学意象

在现实社会中，人们常常谈论商人、警察、农民等人，在自然界中，我们常常说起老虎、狮子、狐狸等，在科学实验中，我们又常常会考虑弹簧秤、显微镜、时钟等仪器的功能。无一例外的是，我们在谈论上述对象时，我们的头脑中就会显现出商人、老虎、弹簧秤等的形象，但事实上我们当时并没有真的看着这些事物，而且它们又不是指某一个商人、某一只老虎、某一个弹簧秤，它们只是这些事物在人们的大脑中的一种映像，代表着一类事物。这种映像就是意象。"意象纯粹是一种内心活动的表现。"[1]

在思想实验中，不仅妖、光子盒、γ 显微镜等自然界中不存在的事物属于意象，那些在自然界中真实存在的事物，如弹簧秤、时钟、猫等，也属于意象的范畴。因为在思想实验中，这些事物并非特指某一个真实存在的物质实体。但在物质实验中，研究的对象则是以物质实体方式存在的真实事物。

2. 科学意象的转换

前文曾述及在思想实验中，人们也如在物质实验中一样"看"到了一组实验对象连续变化的"图像"。那么，这组连续变化的"图像"在本质上和物质实验中的"图像"真的一样吗？

比光子盒思想实验更容易让人们"看"到实验对象连续变化"图像"的是爱因斯坦的火车实验。在这一思想实验中，他设想，有一列很长的火车，正在以恒定的速度 v 沿着直线轨道行驶。该火车的两端分别为 A 和 B，其中间点为 M。火车从 A 向 B 行进（即 A 为车尾，B 为车头）。同时假定，在某一时刻 t，与火车处于相同位置的铁轨也存在三点 A'、B'、M'（三点分别对应于 A、B、M）。在

---

① 李继宏，杨建邺，李晓刚 . 2007. 科学意象 . 北京：科学出版社：2.

A' 和 B' 处分别有灯 L_1 和 L_2，并且 L_1 和 L_2 在 t 时刻同时打开。那么，L_1 和 L_2 的光线到达火车中间点 M 处（假定在 t 时刻，M 点和 M' 点是重合的）的时间孰先孰后，还是同时到达？

在这一思想实验中，处于不同参照系中的观察者，"看"到的结果是不一样的。在以铁轨为参照物的坐标系中，站在 M' 点处的观察者"看"到的结果是显而易见的：因为 L_1 和 L_2 到 M' 点的距离相等，光线传播速度相同，所以 L_1 和 L_2 的光线将同时到达 M' 点。但在以火车为参照物的坐标系中，人们将看到一番完全不同的景象：因为火车正在以速度 v 向前行驶，即当灯 L_1 和 L_2 的光线发出时，火车上的 A、B、M 和铁轨上的 A'、B'、M' 三点重合，而当光线发出并向前传播时，火车的中间点 M 正同时在以速度 v 远离 A'，向着 B' 点运动。所以，L_1 发出的光线到达 M 点的速度应该是 $c-v$，而 L_2 发出的光线到达 M 点的速度是 $c+v$。那么，结果也就显然是从 B' 点的 L_2 发出的光线将先于 A' 点的 L_1 发出的光线到达 M 点。爱因斯坦还进一步推测，假如火车是以光速 c 行驶的话，L_1 发出的光线将永远无法到达 M 点，因为 L_1 发出的光线和火车一样以相同的速度向同一个方向行驶，当然就永远也无法追赶上 M 点。

事实上，产生这两个不同结果的原因是两个不同的参照系的设定，以铁轨为参照物的坐标系是一个静止的惯性系，而以火车为参照物的坐标系则是一个处于运动中的惯性系。该实验的最终结论为：不同的惯性系具有不同的同时性，即同时性的相对性。这使得原先人们观念深处一致认同的那个不变的静止的参照系遭遇严重的反常，该新结论为一种全新的时空观的诞生铺平了道路。

虽然这一实验因两个不同的参照系的设定而变得复杂起来，但在实验的各种类型中，爱因斯坦的火车实验仍属于最为简单的一种——观察类实验。很多人在接触这一实验的时候，头脑中很自然地出现了生活中我们都坐过的火车。但事实上，此实验中运动着的火车在某种程度上与麦克斯韦妖是相近的，与现实生活的火车有着明显的区别，因为我们没有关于这列火车具体细节的任何认知。

再让我们考察一下麦克斯韦妖思想实验，我们会得到同样的结论。在这一实验中，我们在思维中"看"到的现象是：①实验的情境：一个被分为 A 和 B 两个部分的容器（A、B 两部分的分界上有一个小孔）。容器中充满着温度均匀的空气。②实验的主角：一个能见到单个分子的存在物——小妖。它有着极高的智能，可以追踪每个分子的行踪，并能辨别出它们各自的速度。③实验的过程：当有气体分子向小孔运动时，小妖打开或关闭那个小孔，使得运动速度较快的分子从 A 跑向 B，而运动速度较慢的分子从 B 跑向 A。④实验的结果：在不消耗功的情况下，B 的温度越来越高，A 的温度越来越低。将爱因斯坦火车和麦克斯韦妖这两个风马牛不相及的事物结为近亲，似乎是一件很荒谬的事，但这两个实验中连续变化的图像都是科学意象的不断转换，而非现实世界中自然物的不断变化。在此意义上，爱因斯坦火车和麦克斯韦妖显然属于同类现象。

（二）思想实验的研究对象以意象化方式存在

让我们想象一下几组现象的对比：麦克斯韦妖中的那个能识别分子踪迹的生物与自然界中的某种生物，薛定谔猫和我们在生物课上观察的猫或任何一只可在家中抓老鼠的猫，爱因斯坦追光实验中的那个光柱和迈克耳孙干涉仪实验中的光束……虽然，看起来思想实验和物质实验似乎都在讨论同样的事物，物质实验中有光束、弹簧秤、时钟等，这些在思想实验中也同样存在，但从上述对比中，我们又不难看出，二者的研究对象有着本质的不同。事实上，物质实验以物质实体为研究对象，在一定的实验环境中，实验对象表现出一系列变化的连续状态；而思想实验中的研究对象则是以意象的方式存在的，其变化过程与物质实验大体相似。不过，由于思想实验本体的意象化存在方式，思想实验具有了物质实验所无法具备的优势，正如马赫曾经指出的那样，"如果我们用它们（思想实验）来代替那种粗糙的经验，后来得出的量上的表象就获得了最肯定的支柱"①。

思想实验的研究对象通常表现出超越现实的特征。在麦克斯韦妖中，人们关注的不是小妖的生活习性、体貌特征、兴趣爱好等自然界中生物的各种性状，而是它的可分辨、追踪冷热不同的分子踪迹的特殊功能。上述特征的存在主要是因为以意象方式存在的思想实验的研究对象往往是一种抽象的存在，而非现实世界中的事物。即使有些事物在自然界中确实存在，如薛定谔猫，但它通常不是思想实验所要研究的真实意图，即非生物学中要追寻的目标，而只是想通

---

① Mach E. 1976. On thought experiments//Mach E. Knowledge and Error. Dordrecht：Reidel：449-457.

过猫的既死又活的叠加态说明量子力学的不完备性，更何况思想实验中的许多研究对象都只是创见意象，如妖、光子盒、γ显微镜等，这些创见意象并非现实世界中的真实存在。

（三）科学意象即概念实体

在物质实验中，实验的研究对象猫、光、水桶等的存在方式均为物质实体，而思想实验的研究对象猫、光、妖等则为抽象的实体，但这一实体不再是物质实体。虽然这类实体有些直接来源于物质实体对大脑的刺激，但也有些并非与物质实体相关，而且具有创见性，比如妖，但它还是具备生物的一些特征的，因而与物质实体有着间接相关性。不管是直接还是间接来源于物质实体的这类映像，它们都只是属于概念实体的范畴，只存在于人们的思维之中。

在思想实验中，从实验的构思，到实验过程中的概念实体的变化，再到实验结果的呈现、最后实验结论的得出，都是在思维中运作的。因此，思想实验的对象一直属于概念实体。但在物质实验中，毫无疑问，在实验操作的过程中，实验的对象必须是物质实体。但在实验操作前的实验构思和实验操作后结论的得出，都是在思维中运作而成的。因此，在这两个环节中，物质实验的对象也是概念实体。通过上述对比可知，在操作过程中，物质实验的对象为物质实体，思想实验的对象是概念实体，因而思想实验可以通过概念协调力的比较进行评价。但在思维运作中，无论是思想实验的对象，还是物质实验的对象，都是概念实体。二者之间没什么区别。

无论是思想实验还是物质实验，都是在科学思维的支配下进行的。但在具体操作中，由于物质实验的实验对象为物质实体，但科学思维的对象则为意象，因此物质实验与思维中构思的状况难以完全符合，这往往表现为物质实验的运作受到实验条件的限制。但在思想实验中，科学思维的运作对象和思想实验的运作对象则是同一的，都以意象的方式存在，因此二者可完全符合。其表现则为思想实验条件的理想化，不会受到各种因素的制约。

五、余论

近年来，希格斯玻色子的发现，引起了人们的广泛兴趣。索菲·赫布丹

（Sophie Hebden）认为，其中也离不开思想实验的作用。他还指出，从古希腊到今天的相对论和量子力学，思想实验一直被用来研究理论的结果或它们中固有的谬误[①]。但思想实验运作的内在机制却持久地困扰着人们。认识到思想实验本体作为科学意象而存在，使其具有很大的可变性，这是思想实验常常可产生超越现实力量的源泉。在马赫阐述的引力理论中，人们能够在思维中将那块石头从我们日常生活中常见的石头变化到和月亮一样大，再变化到和太阳一样大，最后比太阳还要大很多。这块越来越大的石头的神奇力量就是科学意象可变性的体现。根据协调论，科学意象的可变性实际上扩大了我们在一般的物质实验中考察对象的范围，我们的经验世界中不存在像太阳那么大的石头，但科学意象把石头的范围任意扩大了，从而导致理论协调力在新奇性、一致性等方面得到提升。在此意义上，我们可以说科学意象的可变性特征是科学活动中创造性思维成功的前提。没有意象，就没有创造性思维。

---

① Hebden S. 2014. Small world, big physics. New Scientist, 221（2959）：35-39.

第三章

逻辑推理在思想实验中的作用

在科学活动中，实验所展示出的巨大作用，在近代科学及现代科学中都是无可比拟的。事实胜于雄辩。实验一次又一次地用经验事实向世人展示了在自然条件下人们仅凭肉眼所无法看到的自然图景。实验的成果是显性的。然而，在思想实验中，虽然在人的思维之中也有类似自然图景的现象呈现，但却无法产生凭借经验可感知的成果，显性的实验成果的作用被逻辑推理所取代。逻辑推理的运用可使理论体系处于内在协调一致的状态，其直接目标就是增强理论的概念协调力。

第一节　科学活动中的逻辑推理

在科学史中，人们常常可以从一个显而易见的前提出发，做出一些富有创见性的预测。从前提到预测的结果，内在地发挥作用的就是逻辑推理。可以说，在科学活动中，实验和逻辑推理作为科学发挥效力的两面，是共存的。实验向人们展示了事物固有的客观现象，而逻辑推理则向人们显示了事物内在的理性联系。二者在科学中并重，不可偏废。

一、科学活动的主要任务

从科学活动的实际情况中，我们不难看出，科学活动主要由四个部分构成：①科学事实或人类对自然现象的发现；②对科学事实的试探性解释或对自然现象背后原因的猜测；③以这些解释或猜测为前提、为基础推演出的有关定律、公式、结论或预言等；④对这些定律、公式、结论或预言等进行检验[①]。

在这四个部分中，科学家们所做的工作又可以分为两类：经验数据的获取和建立于经验数据之上的理论建构。其中，①和④主要通过实验呈现，②和③主要经由逻辑推理实现。但事实上，四个部分不分先后，即逻辑推理和实验现象的呈现是同步进行的。

通过对科学史的考察可知，在阿基米德之前，仅凭经验，人类早已运用杠杆原理从事生产生活实践，但众所周知这称不上是科学活动。而到了阿基米德手中，经过多次验证，终于总结出杠杆原理，并让杠杆原理的强大力量得到更为广泛的运用。同样，在牛顿的经典力学体系产生之前，人们也一直运用力的各种经验在活动。而在现代科学中，彭加勒将物理学分为实验物理学和数学物理学两类，人们只凭借实验物理学中的经验现象，而没有运用数学物理学经由逻辑推理形成理论，则不成其为科学。否则，就误解了科学的真实本性。

当然，只有逻辑推理，而没有实验中经验现象的印证，也同样难以发挥强大的力量。霍金的弦理论研究提出了许多常人难以想象的创见。目前，人们所认识的世界是以四维时空方式存在的，但霍金的弦理论只有在十维时空或者二十六维时空中才是协调的。也就是说，目前的弦理论，只有在至少是十维的时空中，才能在逻辑推理中是自洽的。毫无疑问，仅仅在逻辑推理中自洽，只能表明该理论是对世界的可能的解释之一，虽然他在对世界的认识中又迈出了可能是重要的一步，但却难以让人很信服地接受它。因为这很容易让人们想起托勒密（C. Ptolemaeus）的宇宙模型。在这一模型中，人们可以相当精密地预言天体在天空中的位置，因而该模型被人们广泛地接受。后来，哥白尼的那个更为简洁的模型也是如此。但有趣的是，虽然它们在逻辑推理上是完整无误的，都能在理论上自洽，但现在人们都知道这些模型预言与世界的本原面目是不相

---

① 钱兆华. 2004. 为什么实验方法和逻辑方法对科学特别重要? 科学技术与辩证法，21（2）：20-22.

符合的。

科学的力量，只有在实验现象与逻辑推理相吻合之时，方能得以彰显。当然，科学史的实际情况常常表现为二者的进展并不同步，但无论是逻辑推理先得出结论，后有实验现象加以验证，还是先有实验现象的显现，后产生理论对其进行合理的说明，都不会影响最终的科学力量的显现。元素周期律的提出以及元素周期表的诞生和改进是科学史上一个影响深远的事件。随着元素的原子量和化合价在 19 世纪 60 年代被确定下来，分别有多名化学家进行了把元素分成若干有联系的组的尝试。在这些化学家当中，影响较大的主要有法国的坎古杜瓦（B. de Chancourtois）于 1863 年、英国的纽兰兹（J. A. R. Newlands）于 1864 年、德国的迈耶尔（J. L. Meyer）和俄国的门捷列夫于 1869 年发表的文章中的相关分类。其中，迈耶尔和门捷列夫各自独立地提出了元素周期律，指出元素的性质随它们的原子量的增加而呈周期性的变化，并分别列出了元素周期表对这一定律加以说明。由此可见，门捷列夫元素周期表的产生也是站在"前辈巨人的肩上"，并与同时期的同行相互竞争的产物。事实上，门捷列夫周期表形成之后，还有一个不断改进与完善的过程。1869 年，门捷列夫在俄罗斯物理化学学会的 4 月号的刊物上发表的《元素对于原子量的依赖关系》（又译为《关于元素原子量与性质间的关系》）一文中指出，元素周期律的核心解子如下：①元素性质具有明显的周期性；②原子量的大小决定元素的性质；③根据相邻元素的原子量和性质可以修改某些元素的原子量；④可以根据空位预测未知元素的原子量和性质[①]。

根据上述原则，门捷列夫把当时已知的 63 种元素制成了他的第一张周期表。第二年，也就是 1870 年 12 月，门捷列夫在俄国化学学会上宣读了他的关于元素周期律的第二篇论文《元素的自然体系及其在预言待发现元素的性质中的作用》，该文于 1871 年正式发表。文章对第一张周期表做了进一步的改进，特别是对第一张元素周期表中一些元素的原子量进行了大胆的修正[②]。例如，当时化学界公认铀的原子量为 116，而门捷列夫发现按这个原子量将铀列入周期表内后，铀就落在了与它性质毫不相似的一族元素里。因此，他根据铀的性质

① 马雷 . 2008. 冲突与协调——科学合理性新论 . 北京：商务印书馆：222.

② 马雷 . 2008. 冲突与协调——科学合理性新论 . 北京：商务印书馆：220.

将它的原子量修定为 240，这和今天测定的原子量 238.029 是相当接近的。根据类似的推理，他还修改了其他一些元素的原子量，且后来他的修正都在实验室中得到了验证。更加令人感到惊奇的是，门捷列夫还在元素周期表中为当时四个尚未发现的元素留下了空位，同时还极其详尽地预言了这几个元素具有类铝、类硼和类硅的性质以及它们的原子量。四年后，法国化学家布瓦博德朗（L. de Boisbaudran）发现了一种新元素，命名为"镓"，并向巴黎科学院提交了关于这个新元素的报告。门捷列夫在得悉这个报告后，立即指出，这种新元素镓就是类铝元素，但它的比重出了问题，不应是布瓦博德朗测定的 4.7，而应在 5.9 ～ 6.0。随后，布瓦博德朗进行了重新测定，发现自己原来的计算中出了差错，镓的比重的确是 5.96。这一事件在整个科学界引起了很大的震动。此后，类硼的元素钪和类硅的元素锗也陆续问世，且这三个元素的性质、原子量都和镓一样与门捷列夫的预言十分接近。这样，门捷列夫根据逻辑推理所预言的三种元素都被发现了，并得到了实验室中现象的印证。门捷列夫发现的元素周期律展示了逻辑推理的强大力量，特别是在其预言和后来的实验现象相吻合的时候。从协调论的视角看，门捷列夫对第一张元素周期表所做的改进，是在不触动元素周期律的核心解子的基础上进行的，因此，"这种修改增强了周期表或周期律的概念过硬性……而且，周期表的概念过硬性的上升在这里还引起概念新奇性的上升"①。当然，在此之后门捷列夫的元素周期表还陆续经历过多次改进，元素周期律的协调力逐渐提升，主要原因就在于门捷列夫"强调指出周期表应当有些空白地位留给未发现的元素，门得列耶夫②并且高度准确地预测了这些还没有下落的元素的性质，后来它们全部都被发现了"③。爱因斯坦的相对论在诞生之初，全世界只有极少数支持者，而在 1919 年的那次日食观测中，当人们发现"光线弯曲"现象与爱因斯坦的理论的预言完全一致时，相对论立刻在全世界范围内得到广泛认同。这些都是先产生理论，然后经由逻辑推理得出结论的成功典范。

而进化论的产生则经历了相反的过程。达尔文（C. R. Darwin）先是进行了大量的具体数据的采集，特别是在 1831 ～ 1836 年，他乘坐贝格尔号军舰，横

---

① 马雷.2008.冲突与协调——科学合理性新论.北京：商务印书馆：223.

② 门得列耶夫，今译"门捷列夫"。

③ 斯蒂芬·F.梅森.1980.自然科学史.周煦良，等译.上海：上海译文出版社：437.

渡太平洋，经过澳大利亚，越过印度洋，绕过好望角，进行环球考察的几年间，搜集了大量的实物证据，进而在此基础上，形成了进化论思想，产生了广泛的社会影响，令人们对整个世界的认识发生了观念性的转变。

二、逻辑推理的优越性

逻辑推理一般以某个不证自明的假设为前提，从该前提出发，用严格的演绎推理方法循序渐进，最后得出结论。逻辑推理往往由于其推理过程的严密性，使人们对它的结论无法挑剔。

因此，在科学活动中，要想达到实验现象与逻辑推理完全符合的理想状态，实非易事。在科学史上，二者所得的结果许多时候都是不尽相同的。这主要根源于物质实验的局限性。物质实验虽然可以直接观测到经验数据，说明该事物的部分现象特征，但实验过程中的实验条件无论怎么努力也无法达到绝对理想的状态，因而导致难以由个别实验结果得出该物质的全面特征。而在逻辑推理中，计算或推理的条件是理想化的，且其中的条件往往只考虑了一些关键性的影响因素，而自然地将一些次要因素排除在外，或者是忽略不计，因而逻辑推理的结论是理想化的。这使得物质实验中的现象演变很难与逻辑推理步调一致，得出相同的结论。而二者一旦完全吻合，就必然会得出令人信服的结论。

不过，同样的问题在思想实验中则不会存在，因为条件理想化是思想实验的本质特征。正是条件的理想化，使得思想实验中的现象与逻辑推理的步骤可以协调一致，也正是二者相互协调的状态，使得思想实验获得了巨大的成功。在《物理学的进化》(*The Evolution of Physics*)中，爱因斯坦指出，几乎所有物理学史上的基本原理的发现，都是在思想实验的启发下做到的。从某种程度上甚至可以说，近现代科学的开端都是以思想实验为基础的。17世纪时，伽利略使用思想实验方法建立了近代科学的基本概念和原理。作为经典力学基础的基本原理——惯性定律，正是从思想实验中得出的。牛顿把伽利略的惯性定律确立为经典力学第一定理，标志着近代物理学的开端。后来，牛顿继承了伽利略的思想实验传统，他的万有引力定律的提出也是在一个著名的思想实验——大炮实验的启发下实现的。在这一实验中，牛顿把力的某种特性推到极限，在思维中把抛物体的运动范围逐渐地从我们基于日常生活经验就可见到的现象推到地球的引力范围之外。伽利略和牛顿的思想实验表明，思想实验的过程也是在思维中运用逻辑推理进行高度科学抽象的过程。思想实验者必须借助一定的想象和逻辑推理从整体上创造出全新的思维客体、假想条件与情节，进而得出合理的科学结论。

事实上，思想实验在近代科学产生过程中发挥了重要作用，同时科学史显示，现代科学革命也是从思想实验开始的。在现代科学活动中，研究对象由宏观变为微观、宇观，由低速变为高速，在很多情况下根本无法进行真实的物质实验，思想实验便成为行之有效的科学研究方法。思想实验在现代科学活动中的地位和作用，从爱因斯坦创立现代科学理论的基石——相对论的过程中，就可得到深刻的说明。爱因斯坦创建狭义相对论是从怀疑牛顿的绝对时空观开始的。带着对绝对时空观的疑问，爱因斯坦从16岁起就在头脑中做起了追光实验，这一实验产生了狭义相对论思想的萌芽，正是它推动着爱因斯坦对物理学中的传统观念进行重新审视，萌发出狭义相对论的思想。后来，爱因斯坦又先后创造了很多巧妙的思想实验。这些思想实验使得相对论在物理学界得到越来越广泛的支持和理解。

三、科学活动中逻辑推理的存在方式

在科学活动中，实验中的现象可以用经验的方式感知，这种特性以及实验的可重复性表明实验是显性存在的。即使是在思想实验中，实验现象以科学意象的方式存在，人们也可以用类经验的方法感知。在思想实验中，人们在脑海中不断闪现出一幅幅画面，这些画面随着实验的进展，遵循着逻辑推理的步骤而发生转化。人们似乎是用眼睛"看"到了实验的对象在逐步演变。

而与此相对的是，逻辑推理的存在方式是隐性的。无论是在物质实验中，还是在思想实验中，从实验之前的假设阶段，到实验设计中对实验对象的纯化处理，以及实验现象显现之后从实验结果到得出结论之间的讨论、协商、选择等环节中，表面上这些过程是在实验现象的指引下向前发展，但事实上，实验结论的得出却时刻受到隐藏在实验现象背后的逻辑推理的制约。在许多实验中，不同的观察者所遵循的逻辑推理方法或前提不一致，导致最终的结论相左，甚至完全相反。同样是看到太阳东升西落，但持地心说和持日心说的人们会得出完全相反的结论。

不过，当逻辑推理和实验现象不同步进行时，逻辑推理的存在往往就会表现得更加清晰。德布罗意（L. V. de Broglie）的光的波粒二象性理论在提出之初，是纯逻辑推理的，只不过此时的理论只能被看作一个科学假说而存在。魏格纳（A. L. Wegener）的大陆漂移假说由于无法得到有效的地壳以下层面的经验数据的支持，将一直是个假说，有待于后来的实验现象的验证。而德布罗意的波粒二象性理论则已经得到多项经验事实的支持。

四、思想实验与逻辑推理的关系

1. 库恩的"概念修正"说

在《思想实验的作用》（*A Function for Thought Experiments*）一文中，库恩认为，思想实验的主要作用是帮助科学家得到一些不同于他们以前所坚持的定律和理论。思想实验之所以有这一功能，是因为它能通过向人们揭示他们思想方式中内含的悖论而把问题凸显出来。问题的解决，必须要修正他们的概念工具。

库恩指出，要想使思想实验实现这一功能，思想实验者使用概念的方式必须与他们以前相同。之所以这样强调，原因在于思想实验发生作用的环境不能异于从前，这样才能适合用以前的经验进行分析，这根源于思想实验中没有新的经验数据的进入。也正因为思想实验中没有任何关于世界的新的信息，所以它们不能给人们带来新知识。那么，它们的作用就仅限于纠正以前的概念错误。

对于自己的主张，库恩运用伽利略在《关于两门新科学的对话》中那个有关速率的思想实验进行了说明。他指出，在伽利略的思想实验之前，亚里士多德的速率概念类似于单独的平均速率和瞬时速率概念的结合。他对于速率的认识是基于"较快""较慢"等描述性概念的。因此，在一段时间 t 里，一较快的事物 A 通过距离 A'，另一较慢的事物 B 通过距离 B'，A' 比 B' 长，亚里士多德称之为"快些"，也就是"较快"。在这样的认识之上，亚里士多德得出结论："在相等的时间里通过同一的量的运动事物是等速度的。"[1]亚里士多德的理论要求我们只考虑运动总距离和总时间之间的关系即可，至于运动的事物在运动过

---

① 亚里士多德 . 2009. 物理学 . 张竹明译 . 北京：商务印书馆：212.

程中，可能先快后慢，也可能先慢后快，甚至于在运动之间的某一时间段可能停止不前等因素，都无须考虑。在今天我们看来，其中存在的问题是显著的。而在《关于两门新科学的对话》中，伽利略有关速率的认识则是基于匀速运动的严格定义的。他指出，匀速运动是"在任何相等的时间间隔内，运动质点走过的距离是相等的"①。在这一定义的基础上，伽利略又得出了四条公理，构成了他对速率的认知体系。在这四条公理中，伽利略依然运用了"大速度""小速度""较大速度"等描述性的概念，但由于伽利略在匀速运动概念中将运动事物走过相等距离的时间限定在整个运动过程的任一相等的时间段内，而不是像亚里士多德那样只考虑运动全程的总时间，这样就有效地消除了亚里士多德理论中概念不清晰的部分。

对于这种情况，库恩将其归纳为：对"更快"可以有不同的理解，可以理解为应用于比较某一特定时刻的事物运动的瞬时速率，也可以理解为应用于比较完成两个特定运动的过程所需的时间。亚里士多德的理论中存在着"更快"概念的两种理解含混不清、混乱的状况，而伽利略的理论则通过匀速运动定义的给出，建立起明晰的"更快"概念，取代了亚里士多德的混乱的"更快"概念。库恩认为，在一个成功的思想实验的结果中，经过概念修正或重新概念化之后的概念，不会存在内在的混乱状况，且在这类思想实验中，人们"既学到了关于世界的知识，也学到了关于它的概念的知识"②。

2. 诺顿对思想实验的逻辑重构

在库恩的思想实验的概念修正过程中，逻辑推理的作用占据着主导地位，实验现象的呈现则退居其次。这一趋势到了诺顿的手中，则走向了一个极端。他明确主张："思想实验就是论据。"③他甚至认为思想实验可用纯逻辑推理的论证过程加以取代。

面对思想实验，人们头脑中难以摆脱的疑问是：思想实验为我们提供的有关世界的信息究竟来自何处？事实上，这涉及思想实验的认识论问题，即思想实验与经验之间有着什么样的联系。先验论者通常认为，由于思想实验超越了

① 伽利略.2006.关于两门新科学的对话.武际可译.北京：北京大学出版社：142.

② 托马斯·库恩.2003.科学革命的结构.金吾伦，胡新和译.北京：北京大学出版社：101.

③ Norton J. 1991. Thought Experiments in Einstein's Work. Savage：Rowman & Littlefield：129-148.

人们在生活中常见的经验材料，所以思想实验中有关世界的信息来源于经验世界之外的一些特殊资源。然而，诺顿明确指出，"思想实验不存在这些认识论上的奇迹。它们之所以能够告诉我们关于我们的世界的一些信息，是因为它们运用了我们的一般性认识论资源：常规经验和得出它们的推理"①。诺顿的主张是经验论的。他认为我们所有关于世界的知识都是从经验中来的。经验主义认为，科学知识是经过适当组织和概括的经验。同时，诺顿要求所有经验主义科学哲学家都必须抵制如下主张：科学的主要实验根基——物质实验可被纯粹在头脑中想象出的观念的产物所取代。诺顿进而指出，思想实验不包含任何新的经验数据。它们只能重新组织或概括我们已知的关于世界的知识，并使之明晰化。这一主张与库恩是高度一致的。这些知识永远以经验为基础而存在，且它们只能以假设的形式进入思想实验之中。这些假设有时是隐晦的，有时是显而易见的。但不管属于哪种情况，思想实验都是重组或概括这些假设的策略。诺顿指出，这些策略就是论据。

诺顿认为，思想实验有可能是笨拙的，这正如论据一样。当我们把思想实验看作论据的时候，一个好的思想实验是一个好的论据，一个糟糕的思想实验就是一个糟糕的论据。当然，这就意味着，并不是所有的思想实验都是完美的演绎或归纳推理的论据。只有在我们的假设是正确的，论证是有效的情况下，思想实验的结论才是可靠的。但有一点是毫无疑问的：任何思想实验的运作和成果都可以完全被揭示并表现为明确的论据，且该论据所使用的是和思想实验同样的资源。在此基础上，诺顿阐述了他的重构论题："所有思想实验都可基于或明或暗的假设，被重构为论据。当且仅当重构的论据能证明结论为真时，方可证明对思想实验所产生的结论的信念被证明为真的条件。"①

第二节　悖论性思想实验的逻辑问题

科学史中曾出现过许多悖论问题。它们一般通过两难问题的导出，引发人

---

① Norton J. 1996. Are thought experiments just what you thought？Canadian Journal of Philosophy，26（3）：333-366.

们深入的思考，常常可致使一些科学理论产生革命性的变化，推动理论发生质的飞跃，因而，它们在科学史中占据着重要的地位。伽利略的著名的自由落体思想实验便是悖论的典型。

一、自由落体运动理论的进步：从亚里士多德到伽利略

有关自由落体运动的有显著影响的理论主要经历了亚里士多德和伽利略两个阶段。其中的转折点便是众所周知的伽利略的自由落体实验。正因为如此，该实验在自由落体运动理论进步中的作用备受人们关注。

1. 伽利略对亚里士多德理论的驳斥

对于自由落体运动中物体下落的速度问题，亚里士多德认为其主要受到两个因素的影响：①运动所通过的介质不同（如通过水或土或空气）；②运动物体自身轻或重的程度不同，如果运动的其他条件相同的话①。当第一个因素——介质条件相同时，物体"运动的速度受到运动物体本身差异的影响"②。亚里士多德在这里所谓的"物体本身差异"指的是物体的重量。他指出，有较大动势的物体通过同一距离的速度也较大，并且速度的比等于这些物体重量的比。

根据亚里士多德的理论，重量不同的物体在相同的介质中运动，其运动速度与重量成正比。因此，当一个物体的重量是另一个物体重量的10倍时，它将以另一个物体速度的10倍运动。亚里士多德的这一论断无疑是仅基于诸如"石头比树叶下落的速度快"等日常生活经验而直观得出的。对于这一论断，伽利略明确表示怀疑亚里士多德未曾真正做过实验对此理论加以验证，并对亚里士多德发起责难："两块石头，一块的重量是另一块的10倍，如果从100库比特③的高度令其同时下落，其速度差别会如此大，以至于一块落地而另一块下落还不到10库比特，这会是真的吗？"④我们基于日常生活中的经验直观地来看，这的确是很难令人信服的。

为了澄清事实的真相，伽利略运用一个思想实验对亚里士多德的理论进行

① 亚里士多德 . 2009. 物理学 . 张竹明译 . 北京：商务印书馆：114.
② 亚里士多德 . 2009. 物理学 . 张竹明译 . 北京：商务印书馆：116.
③ 1 库比特 =457 厘米。
④ 伽利略 . 2006. 关于两门新科学的对话 . 武际可译 . 北京：北京大学出版社：57.

驳斥，其论证策略如下。

首先，伽利略以假设亚里士多德的理论成立为前提，即在相同的介质中，材料相同的两个物体中，较重的物体比较轻的物体下落的速度快。

那么，如果将两个物体合在一起，较慢的物体将使较快的物体减速，而较快的物体将使较慢的物体加速。即：结合体下落的速度比较快的物体慢，且同时比较慢的物体快；也可以说结合体下落的速度介于较快的物体和较慢的物体之间。

由上述两个步骤，伽利略推导出了一个很直观的悖论：如果一块大石头具有下落速度8，而一块较小的石头具有下落速度4，那么当它们合在一起时，系统将以比8低的速度运动；而当把它们绑在一起时就变成了一块比原来以速度8运动的石头还要大的石头。所以较重的物体比较轻的物体以较低的速度运动。

最终，伽利略得出结论：倘若两个物体是同一比重，那么大的和小的物体是以相同的速度运动的[①]。

伽利略通过这一悖论性思想实验，宣告了亚里士多德理论的破产。物体在自由落体运动中的速度与物体的重量无关，在相同的条件下，所有物体以相同的速度下落。

2. 科学理论进步的衡量

逻辑主义者认为，科学的目标是真理或逼近真理。所以，逻辑主义者努力寻求建立一套方法论或规范作为衡量理论进步的标准。即用逻辑的方法，衡量一个一个科学理论是否可以消除更多的反常，同时说明更多的问题。而历史主义者劳丹则主张："科学本质上是一种解题活动。"[②]科学活动对世界的认识，其目的就是使理论能够说明的经验问题数达到最大，同时所面临的反常问题和概念问题数达到最小。理论由于其解题能力的不断提高而进步。马雷的协调论主张通过理论与理论之间的不对称性比较来呈现理论协调力的高低。在协调论中，理论所面临的经验问题和概念问题是同一量级的待解决问题，解决的数目越多，理论的协调力就越高。和劳丹的解题观相比，协调论在理论合理性的衡量标准上又前进了一大步。

---

① 伽利略 . 2006. 关于两门新科学的对话 . 武际可译 . 北京：北京大学出版社：57-59.
② 拉瑞·劳丹 . 1999. 进步及其问题 . 刘新民译 . 北京：华夏出版社：13.

以上论述表明，无论是逻辑主义的追求，还是历史主义的努力，衡量理论进步的核心标准是理论解决问题的效力，或者说是理论对世界的解释力的大小。科学活动对世界认识的目的就是使理论能够说明的问题数达到最大，同时使理论所面临的反常问题数达到最小。

亚里士多德的理论只能说明诸如"石头比树叶下落得更快"之类的经验问题。该理论中两个物体的比重不同，一旦比重相同但重量不等的两个物体放到一起，亚里士多德的理论就将遭遇困境，面临无法解决的反常问题。只不过按照当时的科学水平，人们无法测量出物体下落的速度，所以伽利略才通过逻辑推理的方法，推导出谬误。在这里，根据劳丹的主张，亚里士多德的理论面临着一个难以解决的悖论性问题；而按照协调论，伽利略的理论可比亚里士多德的理论多解决一个重要的概念问题。正是这样概念问题的有效解决，使得伽利略的理论协调力得以大幅提升。从经验维度看，伽利略的理论可与更多的观测型经验数据相符，特别是比重相同但重量不等的两个物体做自由落体运动的速度之间的对比，因此，其经验协调力明显高于亚里士多德的理论。在概念方面，二者使用的物体、速度、重量等概念相同，虽然推理的策略有别。而在背景问题上，两种理论在实验前后完成了一个根本的转变：实验之前，亚里士多德的理论已经确立了近 2000 年的统治地位，受到人们的广泛认同。此时，伽利略理论的提出，必然会被人们视作异端。在这一阶段中，亚里士多德的理论呈现为背景协调状态，而伽利略的理论则面临着严重的背景冲突。不过，在实验之后，情况便发生了根本的变化。由于实验产生了亚里士多德理论难以解决的悖论，此后伽利略的理论逐渐为人们所认可。伽利略理论的背景协调力呈逐渐上升的趋势。综合经验、概念和背景三个方面看，伽利略理论的综合协调力明显高于亚里士多德的理论。自由落体运动理论随着其综合协调力的提高而进步。

二、对悖论性思想实验的逻辑重构

伽利略的这一思想实验逻辑思路明了，推理的方法在其中发挥了重要的作用。因此，这一实验无论是在诺顿的思想实验的论据观的说明中，还是在布朗的柏拉图式的思想实验理论中都占据着重要的地位。

1. 诺顿对自由落体运动思想实验的逻辑重构

诺顿认为，任何一个思想实验的成果和作用都完全可以在一个使用同样信息的清晰的论证中被展示和揭露出来。他主张，任何一个思想实验都可明确地被重构为一个论据。据此，他提出了一个重构论题：

> 所有思想实验均可在基于一些或明或暗的假设的基础上被重构为论据。在思想实验中，从结果到结论的信念只有在重构的论据可证明其结论是正确的范围内才可被证明是合理的[①]。

根据这一论题，他对伽利略的自由落体实验进行了重构，具体过程如下：①为简化论据而假设：在一给定的介质中，物体下落的速度与它们的重量成正比。②从①中可得出：如果一块大石头下落时的速度为8，而另一块只有它一半重的较小的石头下落的速度为4。③假设：如果一个下落速度较慢的石头与一个下落速度较快的石头相连，速度较慢的石头将会阻碍较快的石头，使得那块较快的石头下落的速度变慢。④从③中可得出：如果②中的两块石头相连，它们的结合体下落的速度将比速度8慢。⑤假设：两块相结合的石头的重量比那块大石头的重量重。⑥由①和⑤可得出：结合体下落的速度将比速度8快。⑦结论：④和⑥相互矛盾。⑧因此，我们必须拒绝假设①。⑨因此，所有石头都以同样的速度下落[①]。

诺顿认为，伽利略的这一悖论性思想实验所得出的结论完全可以在上述这个使用同样信息的论证中得以展示，即同样的结论可以由通常的逻辑手段获得，二者在本质上没什么两样。

2. 柏拉图式思想实验观对逻辑推理的质疑

布朗认为，在伽利略的自由落体实验中，通过逻辑推理，人们得出了一个悖论⑦。布朗承认，从①到⑦，伽利略的逻辑推理都是有效的。从⑦到⑧，也在合理的范围内，没有什么争议。但诺顿的论据观所做说明的有效性仅仅到此为止。因为直到此处人们只是得到了一个悖论，从悖论⑦到自由落体运动的结论⑨之间还有一段距离，因为诺顿的论据观无法解释如何直接从⑧中得出结论

---

① Norton J. 1996. Are thought experiments just what you thought? Canadian Journal of Philosophy，26（3）：333-366.

⑨。对此，布朗所做的进一步说明是：一个自然规律其实就是一个客观实体，先验知识获得的途径就是运用思想实验对这些客观实体进行感知。伽利略的自由落体实验在"摧毁一个旧的或既存理论的同时又产生一个新的理论。这是先验的，它既不立足于新的经验证据之上，也不仅仅是对旧的经验数据的派生"①。所以人们必须借助对先验知识的柏拉图式的感知来获得。

现在我们都知道，哪一块石头下落的速度更快的问题以"所有物体下落速度相同"的答案得到解决。在实验中，从①到⑦，只能表明亚里士多德的旧理论被摧毁了，但伽利略的"所有物体都以同样的速度下落"的新理论究竟是如何确立的呢？布朗对该问题的解决所做的说明，即通过思想实验对先验知识进行感知的途径，充满了神秘主义的色彩。这种神秘性来源于他所坚信的数学的柏拉图主义信念。布朗认为，感知的前半部分是以物质形式存在的客观实体之间的相互作用过程，而后半部分则存在于人的思维之中，有人的主观意识的介入，即在实验现象的呈现到实验结论的出炉之间，存在诸如人的信念、描述、判断、分析、协商、讨论等思维活动。据此布朗指出，正是这种神秘的数学的柏拉图主义说明使得思想实验在科学活动中常常拥有许多特殊的功能。它能够更加容易地从一特定的、成熟的理论中得到某结论。

3. 诺顿的辩护策略

面对布朗的责难，诺顿也承认从⑧到⑨的最后一步的确相当微妙。但他仍然坚信，不存在所谓的柏拉图式的思维跳跃过程。他认为，这一思想实验有一个隐藏的前提：⑧a假设：所有物体下落的速度都仅仅依赖于它们的重量②。

诺顿声称，如果做出⑧a假设，那么从⑧对亚里士多德理论的拒斥，到⑨伽利略的结论的得出，就只是一个简单的推论。从总体上来看，最可行的理论就是物体下落的速度仅仅是它们重量的一个增生的功能。他还指出，任何其他选择都面临着一些功能的减少，这相当于重物比轻物下落得慢。伽利略的结论的获得仅作为一种常见功能的特例，现在任何除伽利略的理论之外的其他理论都将通过一个简单的论证导向自相矛盾。这就如从①到⑦，从伽利略的推理

---

① Brown J. 1991. The Laboratory of the Mind. London：Routledge：37.

② Norton J. 1996. Are thought experiments just what you thought? Canadian Journal of Philosophy，26（3）：333-366.

中导向一个很明显的悖论一样。考虑一个下落速度较快较重的物体和一个下落速度较慢较轻的物体，如果我们在它们的下落过程中使其相连，那么较轻的物体将拖曳较重的物体，因此其结合体将以一中间速度下落，这与较重的结合体必须不比任何一部分下落的速度慢的结果相矛盾。因此，诺顿将从⑧到⑨的转变表示如下：⑧a假设：所有物体下落的速度都仅仅依赖于它们的重量。⑧b假设：物体下落的速度是它们的重量的某个单一的增生功能。⑧c从③和⑤可得知：如果这一功能在任何地方都严格地增生，那么我们可以找到一个结合体，它下落的速度处于它的组成部分的下落速度之间。⑧d⑧c的结果与⑧b相矛盾。⑨从⑧d得知：这一功能是固有的。所有石头都以同样的速度下落[①]。

诺顿认为，直接来源于思想实验的上述论证是一个完美的辩护。在思想实验的论据观中，步骤①到⑦的确为最后一个步骤从⑧向⑨的转变做了准备，但通过上述辅助假设提出之后的论证，从⑧到⑨的最后一步在某种程度上则一点也不神秘。

三、对悖论性思想实验逻辑重构的问题

无论是诺顿的论据观，还是布朗的柏拉图式的感知，他们对思想实验所做的说明都是不完备的。

事实上，诺顿在他的重构论题之后，就已经意识到他的论据观的不足。因为要想使一个完备的论据的结论为真，不仅要求其论证过程严密，中间没有问题，而且要求其前提必须为真。但诺顿明确认识到，"在思想实验中暗含使用⑧a假设的观点，是布朗的意向所指……这一看法是对伽利略的《关于两门新科学的对话》中相关部分的严重误读[①]。因为《关于两门新科学的对话》中自由落体实验的背景是物体在一定的介质中下落，并且亚里士多德也曾清楚地指出过物体下落的速度与介质有关。诺顿还注意到，伽利略在《关于两门新科学的对话》中的代言人萨尔明确假设过物体在一定的介质中下落。由于上述原因，诺顿认识到：⑧a前提假设是错误的。事实上，物体下落的速度与多种因素有关，除了介质和重量之外，最起码还有两个可在其中起作用的因素：物体

---

①　Norton J. 1996. Are thought experiments just what you thought? Canadian Journal of Philosophy，26（3）：333-366.

的比重和形状。几种因素交叉到一起，情况就必然比亚里士多德想象的要复杂得多。当物体在一定的介质中下落时，若物体的比重不同，其下落的速度与重量明显是有关的，比如，一个铁球、一粒沙子和一片树叶三者同时下落，便可说明问题。即使物体的比重相同，同样重量的物体也可能因为它们的形状不同而导致下落的速度不同，即物体下落的速度也受到它的形状的影响。比如，作为一天然金块，它会迅速下落。当把金块变为一片薄叶时，它下落的速度就会变慢。

正因为如此，诺顿对于《关于两门新科学的对话》中萨尔从⑧到⑨的转变也相当不满，因为萨尔似乎也承认伽利略的理论不能完全起作用，但他努力通过强调伽利略的理论比亚里士多德的理论更接近事物的真相来占据优势地位。最终，诺顿也只能无奈地承认，"当我们将思想实验的最后一步放到假设⑧a所不存在的伽利略的谈话的背景中，它没有也不能够得出伽利略的理论"[①]。因此，在论据观中，照最坏的方向看从⑧到⑨的转变是一个导向错误的荒谬的推导，照最好的方向看它仅在揭示假设⑧a中所坚持的特殊案例的范围中有效，这种情况就如非常重的、紧密的物体在非常稀薄的介质中下落一样。

总之，诺顿在将这一思想实验重构为论据之后，自己又推翻了它。对于伽利略的"所有物体都以同样的速度下落"的这一结论是如何获得的，诺顿最终没有给出答案。而只是用一些模糊的话语，诸如"最好的方向""非常重的、紧密的物体""非常稀薄的介质"等来进行某种不确定的表述。这表明诺顿对于自己的理论也没有清醒的认识，缺乏足够的信心，他只是隐约感觉到理论前进的方向，但却不能够给予充分的说明。

那么，结论是否来自布朗的柏拉图式的感知呢？答案也是否定的。虽然，布朗相信，人的眼睛看到一个茶杯，对于茶杯中的水是满的信念的形成等同于在数学中人们可很直观地得出"2+2=4"的信念，思想实验和茶杯信念的形成，以及数学的感知都是一样的，都是对先验的客观实体的感知方式。但难以解释的现象，就可直接等同于对客观实体的神秘感知吗？这是不充分决定的，最多说这只是可能的情况之一。

---

① Norton J. 1996. Are thought experiments just what you thought？Canadian Journal of Philosophy，26（3）：333-366.

事实上，诺顿和布朗都没能够捕捉到思想实验的一个重要的特征：理想化条件的运用。在这一思想实验中，尤其是在最后结论的得出中（即从⑧到⑨的转变），伽利略暗含了两个球是在理想化的真空中做自由落体运动，且这两个球的比重相同。理想化条件的设置，在伽利略的实验中一直受到重用，在这里也是一样，正是理想化条件的设置，才可使伽利略最后得出正确的结论。这也正是诺顿论据观论证推理失败的原因，他试图以⑧a这一明显错误的假设为前提，来为问题的解决提供条件，最终反而陷入了自己设置的迷宫中，找不到出路。诺顿不能得出最终的正确结论是必然的。当然布朗则由于被柏拉图式的神秘主义蒙蔽了眼睛，使得他看不到理想化条件的存在。

四、协调论的解决方案

协调论主张，任何理论都是由问题部分和对问题的解答两部分构成的。问题部分由问子和提问方式构成。"问子是由那些我们感到好奇、渴望理解并对之提问的东西。"[①]对问题的解答部分是由解子和解子的联结构成的。"解子是所有单一的内在策略和外在策略的通称。"[①]问子和解子概念的提出，为我们对悖论性思想实验的问题研究提供了一个新颖的视角。在协调论中，伽利略的悖论性思想实验产生的结论的相互矛盾的两个方面为一对相反解子。所谓的"相反解子指构成逻辑上的反对关系或矛盾关系的概念或判断"[②]。具有反对关系的概念或判断和具有矛盾关系的概念或判断二者之间是不同的。具有反对关系的概念或判断在逻辑上不能同真，但可以同假，比如，在自由落体运动中，"重物比轻物下落的速度快"和"重物比轻物下落的速度慢"，就具有反对关系。具有矛盾关系的概念或判断在逻辑上不能同真，也不能同假，比如，"所有乌鸦都是黑的"和"有乌鸦不是黑的"，就具有矛盾关系。

因为具有反对关系的概念或判断在逻辑上不能同真，但可以同假，所以第三种理论的提出便具有了合法性。因此，协调论认为，从逻辑的观点看，"要消化或减少理论中具有反对关系的相反解子，在相反对的两种解子之外提出第三

---

① 马雷.2008.冲突与协调——科学合理性新论.北京：商务印书馆：82.
② 马雷.2008.冲突与协调——科学合理性新论.北京：商务印书馆：216.

种解子是一种可行的策略"[①]。这与诺顿的论证进路是相同的。所不同的是，诺顿想通过提出⑧a这一错误的增生理论作为预设的前提条件之一，并在此基础上加以论证。而协调论则通过相反解子的提出，直接指向相反对的两种解子之外的第三种理论。这与伽利略在《关于两门新科学的对话》中结论的得出方式是一致的。

事实上，无论是诺顿的逻辑推理，还是布朗的柏拉图式的感知，在从⑧到⑨的这一环节中，他们都忽略了伽利略的一个基于意象性经验知识的论证：自由落体运动中的大石头和小石头的关系与静止状态下二者的关系是不同的。在静止状态下，小石头加在大石头上，明显会增加大石头的重量，也就是说，让二者结合到一起，结合体的重量必然大于大石头。但在自由落体运动状态下，小石头会不会增加大石头的重量呢？伽利略在这里借用了一个来源于日常生活经验中的意象的运作来进行说明，他让人们想象一个人打算用一根长矛去刺另一个人，而被刺的那个人正在以一个等于甚至大于长矛运动的速度远离刺人者，结果当然是刺人者无法刺中他。最后的结论当然是，"在自由地和自然地下落过程中，小石头不会对大石头施压，结果不会像静止时那样增加后者的重量"[②]。因此，伽利略以科学意象运作的方式告诉人们，从亚里士多德的理论中之所以可以推导出悖论，根源在于推导出大石头的下落速度比大、小两块石头结合体的下落速度既快又慢的前提条件就是错误的，因为在自由落体运动过程中，小石头对大石头的重量不产生任何影响，所以也就不可能因为小石头的影响而导致大石头变快或者变慢了，也就是大石头仍将以原来的速度运动。那么，物体运动与重量变化无关。诺顿的⑧a假设完全是多余的。

进而，因为在自由落体运动状态下，小石头不会造成大石头重量的增加，所以其结合体下落的速度就既不会快于大石头，也不会慢于大石头。那么，这对相反解子之外的第三种理论的提出至此已水到渠成：倘若二者同一比重，大的和小的物体是以相同的速度运动的[②]。以协调论的观点，在理论的概念协调力的比较评价中，相反解子的出现及其出现的次数具有特别重要的意义。马雷主张，理论的概念过硬性协调力的增长要求尽量减少相反解子出现的次数，因此，

---

① 马雷.2008.冲突与协调——科学合理性新论.北京：商务印书馆：218.
② 伽利略.2006.关于两门新科学的对话.武际可译.北京：北京大学出版社：59.

伽利略正是运用科学意象巧妙地提出了第三种解子"在自由地和自然地下落过程中，小石头既不对大石头施压，令其下落速度变快，也不拉扯大石头，阻碍大石头下落，令其下落速度变慢"，有效地消解了形成悖论的那对相反解子，为他的最终正确结论的得出找到了合法的依据，而无须借助诺顿的⑧ a 错误的前提假设，更无须布朗的神秘的柏拉图式的感知作用，只需以旧有的经验作为支撑即可。

第三节　逻辑推理的局限性

逻辑推理在思想实验中的重要作用是显而易见的，但这是否就如诺顿所主张的那样，逻辑推理可以完全取代思想实验呢？事实上，这也正是布朗和诺顿之间长期争论的焦点之一。

一、诺顿对思想实验中逻辑推理的诉求

对于自己的主张，诺顿的论证策略是：如果思想实验能够如逻辑重构论题主张的那样被加以证明的话，即仅使用逻辑的方法就可得出相同的结果，那么我们可能就要怀疑我们是否需要用其他的，诸如布朗的柏拉图式的神秘的感知方法来解释思想实验了。在诺顿对思想实验进行的逻辑重构中，牛顿的旋转水桶思想实验也是其中著名的一例。

实验之初，当水桶处于静止状态时，水面是平的。当旋转开始时，水桶沿着顺时针方向旋转。以桶壁为参考系，水相对于桶壁以逆时针方向旋转，此时水面呈现下凹状态。当桶继续旋转时，水在桶壁的带动下也旋转起来，于是水相对于桶壁逐渐趋于静止，此时水面仍然呈现下凹状态。牛顿认为，出现这一现象的原因是水相对于绝对参考系仍然在旋转，所以水面仍然呈现下凹状态。进而得出结论：存在绝对空间。在布朗看来，在旋转水桶实验中，我们要思考这桶水之外的物质世界的存在方式。它们存在三个不同的但又连续的状态：①桶和水之间无相对运动。水面是平的。②桶和水之间存在相对运动。水面是

下凹的。③桶和水之间无相对运动。水面是下凹的①。

这就是现象，它产生于思想实验之中，且其需要解释。牛顿给出的解释是：在状态③中，桶和水相对于绝对空间在旋转。人们通过可观察的由于旋转而产生的水面下凹现象，直接感知了绝对空间的存在。

但诺顿指出，牛顿理论中的绝对就是"真的和数学的"，而相对就是运用感官可感知的，即我们可以真实地观察到的那些。牛顿设计旋转水桶这一思想实验的目的就是"将绝对从空间、时间和运动的相对性中剥离出来"②。因此，水面下凹是可用来将水的绝对旋转从它与水桶的相对旋转中剥离出来的可观察的结果。在诺顿看来，这显然只是一个论据，他将其用一个固定的逻辑推理格式表达为：①假设：牛顿对旋转水桶思想实验中现象的描述。②从①可知：水面下凹与水和桶之间的相对旋转无关。③从①可知：水面下凹与水的绝对旋转有关。④因此：水面下凹是辨别绝对与相对旋转的可观察的理想结果②。

诺顿通过对思想实验的逻辑重构表明，思想实验与论据相似，仅用重构论题所需的方法即可建构它，并得到相同的结论。他认为，对于思想实验或许还存在着其他更强或更弱的解读，但不管如何，重构的论据都可拥有与它相对应的解释力度。

二、逻辑推理的认识论问题

诺顿还指出，牛顿的旋转水桶实验的结论并不是如牛顿所希望的那样具有决定性。马赫和爱因斯坦的理论证明水面下凹并不表明其与绝对空间有关。相反，一切都表明这一现象与宇宙中的其他大块物质有关。这说明绝对空间是一个不可靠的假设，牛顿绝对空间的成功要依靠对假设③的信任度。今天看来，现有的科学成果显示，牛顿的绝对空间、布朗的数学客体和上帝一样，只可能存在于人类所生存的时空之外，至少在霍金的奇点之外，或许才会有它们的踪迹。这种不可靠性恰恰是诺顿所需要的，他认为，思想实验的非判决性特征与论据的非判决性特征是相对应的。也就是说，这一特征表明对思想实验的逻辑

① Brown J. 1991. The Laboratory of the Mind. London：Routledge：40.
② Norton J. 1996. Are thought experiments just what you thought? Canadian Journal of Philosophy，26（3）：333-366.

重构是合法的。

诺顿一直坚持认为存在一个无可争辩的重构论题，从思想实验事例中经验前提开始的逻辑推理，与数学直觉或思想实验产生同样的结果，但同时并不伴随认识论的问题。对此，布朗坚持认为，人们完全不知道从物质事件的现象到达事件的结论过程中所产生的信念来自何方。也就是说，布朗认为从现象到信念形成之间的这一跳跃，诺顿的逻辑推理无法完成。而这在库恩看来，这一跳跃就是一种格式塔转换。他认为，这类转变在科学训练中普遍存在。例如，一个学生在看一张云室照片时，他所看到的只是一些混乱而间断的线条，而物理学家看到的却是他所熟悉的亚核事件的记录。当然，库恩的格式塔转换实验是为他的科学革命前后范式的转变服务的，革命之前科学家世界中的鸭子，到了革命之后就变成了兔子，但"把它当作一个用以说明科学家世界的转变的基本原型"①，是颇具启发意义的。诺顿显然没有意识到这一点。

事实上，除了布朗之外，库珀也认为诺顿的思想实验论据观不应该被接受。库珀指出，诺顿将思想实验进行逻辑重构论据所做的努力，并不能充分地证明他的主张。"逻辑论证和思想实验在事实上是相同的想法是不充分的，因为它们得到结论所经过的程序在二者中可能是完全不同的。"②事实上，单纯构思一个思想实验与建构一个逻辑论证，仅仅从给人们造成的直观感觉上就很不一样。思想实验常常是有趣且易懂的，而逻辑论证通常不是这样。当我们在思维中运作一个思想实验时，一幅幅想象的图像化情景就在我们的脑海中展现。此时，我们不会考虑思想实验的前提、逻辑推理的模式，甚至最终可能的结论。

当然，库珀也承认，在有些情况下，思想实验也需要运用各种推理。但他指出有时候这些推理不能被认为是论据，因为它们不能被简化为前提——结论式的论据。随后，库珀以休谟的失去的蓝色的阴影为例，对他的主张进行了说明。休谟要我们考虑，一个人是否可以想象到失去的蓝色的阴影，就像不曾看到它一样。我们应该如何操作这一思想实验呢？库珀认为，我们可以作如下操作：我们考虑一个像颜色一样的图表，并且想象出一个裂口，然后我们试着去想象失去的阴影。这个思想实验要求我们想象我们就像看到蓝色，而这些并不

---

① 托马斯·库恩. 2003. 科学革命的结构. 金吾伦, 胡新和译. 北京：北京大学出版社：101.

② Cooper R. 2005. Thought experiments. Metaphilosophy, 36（3）：328-347.

能被简化为逻辑推理前提的形式。进而库珀推而广之指出，其他的包括可感受特性的思想实验，都同样不能被简化为论据。例如，思想实验要求空间推理，在其中，我们看到一个方形的钉子不能穿过同样直径的圆孔。据此，库珀的态度非常明确："不管思想实验究竟是什么，它们都不能被单纯地看作是论据。"[①]因此，诺顿的论据观必须被谨慎对待。

的确，只要是面对有人的感觉介入的思想实验，诺顿的论据观就必将陷入困境。比如，在爱因斯坦的电梯实验中，我们必须要能够想象得出人在自由落体运动状态下对失重的体验，才能深刻理解这个思想实验的结论。而单纯地依靠逻辑推理，这是无法做到的。事实上，诺顿的论据观的缺陷主要在于他只注重对理论的概念协调力的考察，而忽视了理论的背景协调力和经验协调力的作用。在电梯实验中，爱因斯坦的成功之处就在于他明确要求人们要有对失重状态的想象和体验，这会让人们有一种身临其境的感觉，从而增加了人们对实验的心理认同感，使这一思想实验处于背景协调状态，也间接影响了该思想实验的经验协调力。相比较而言，爱因斯坦的电梯思想实验的综合协调力必定大大高于诺顿对其进行重构之后的论据。

---

① Cooper R. 2005. Thought experiments. Metaphilosophy, 36（3）: 328-347.

第四章

思想实验的本质特征——条件理想化

在常规科学中，自然条件、优越化的实验条件早已为人们所熟知。但事实上，在科学探索活动中的许多时候，相对于实验现象呈现的需要而言，物质实验中实验条件的优越化是远远不够的。在许多情况下，将实验条件作理想化的处理，才是实验现象得以呈现的唯一可能途径。理想化是思想实验的本质特征。

第一节　思想实验条件的理想化

由于清楚明白地呈现现象的需要，从自然观察，到实验室中的物质实验，再到思想实验，人们对实验条件的要求逐渐上升，经历了自然条件、优越化的实验条件和理想化条件三个阶段。需要说明的是，此处对自然条件、优越化条件和理想化的实验条件的区分不是以历史时间的先后为依据的。虽然自然观察是不发达的古代科学研究的主要手段，而近代科学家们偏爱物质实验，现代科学以后思想实验又大量涌现，但在古代也有思想实验，今天也有自然条件下的观察实验。

一、实验条件的进化

在科学实验中，实验条件对实验现象的呈现起到至关重要的作用。从对科学史中实验的比较研究来看，由于实验现象得以呈现的程度不同，可将与之相关的实验条件分为自然条件、优越化的实验条件和理想化的实验条件三种情况。

（一）实验现象呈现的自然条件

实验方法萌芽于科学的源头，其最早可以追溯到当时人类对置身于其中的自然界的观察，有对和人类生活在一起的动植物的观察，有为了增强生产生活能力而改进工具的观察，也有对遥远而神秘夜空中的天体的观察……然而，此类仅凭肉眼观察的方法使得古代科学所能达到的水平非常低下，效率不高。

1. 古代科学观察活动的自然条件

人类之初，人们在与自然界打交道的过程中，逐渐摸索到自然界的一些规律。当然，早期人类对自然界的认识毫无疑问是一个被动适应自然的过程。但正是这一对自然的被动的适应过程，在蒙昧状态中孕育了科学的萌芽。在有了一定经验的累积之后，人类终于迈开了艰难的一步：从被动适应到主动把目光投向身边的事物乃至遥远的夜空，对自然界进行观察，展开思考。这便是科学实验的早期形态形成的大背景。

不难想象，在早期的科学活动中，人们无论是对身边事物的观察，还是对深邃夜空的观测，都是在自然条件下进行的。观察所使用的工具就是人体的各种器官——眼睛、手、鼻子等；观察的对象也直接来源于自然界——与人类共处的动物、植物、山川、河流，以及天上的太阳、月亮、星星等自然事物。这种状态一直持续到近代科学革命。

2. 事物现象的呈现与条件的关系

在早期的科学活动中，对事物现象的观察都是在自然条件下进行的。这种观察活动必然会受到很大的限制，而且观察到的现象甚至很可能与事物的内在本质相差很远。就天文观测活动来说，我们今天知道，仅凭肉眼所能够观测到的星星其实只占宇宙中星体总量很小的一部分，且对天空的观测受天气、地球和天体之间的距离、时间等因素的影响很大。

事实上，事物现象的呈现与事物本身的状态及其所处的环境存在着密切的关系，优越的实验条件可使事件更好、更快、更有规律地呈现出来。我们知道，星体的种类有很多：常见的恒星、行星、卫星，以及肉眼难以观测到的超新星、黑洞、暗物质、暗能量等。对太阳的观测，早上和中午就明显不同，太阳黑子、太阳耀斑的爆发期与平时也不一样；对月球的观测，每个月的月初与十五也完全不同，当日食、月食发生之时产生的现象更是特别；另外还有季节的变化、地理位置的变换、天气的不同等都直接对观测的进行产生影响，而让人们看到不同的现象。人们在长期观测中，逐渐注意到这一问题：条件在事物现象的呈现中发挥着至关重要的作用。

（二）实验条件的优越化

近代科学以后，由于实验传统的兴起，这一状况得以改善，这主要应该归功于世界各国实验室的大量建立。在实验室中，人们运用精良的仪器和设备，看到了许多仅凭肉眼所无法观察到的现象。这是一个实验条件优越化的过程。当然，实验条件的优越化是相对于自然条件而言的。

1. 条件优越化的过程

实验条件的改变对实验现象的呈现以及最终实验结论的获得至关重要。为了更好地观察事物的存在状态而不断改变实验条件的过程就是笔者所称的条件优越化的过程。为了使事物的现象能够清楚明白地显现出来，人们在实践中逐渐认识到实验条件的重要性。即使在一个简单的对动植物的生长习性的观察中也是如此。比如，在一个探究鼠妇生活习性的实验中，我们必须要具备适当的环境和实验器材：若干鼠妇、两个或两个以上的培养皿、潮湿和干燥的泥土。除了以上必需的实验对象和相关实验材料以外，为了使现象更清楚明白地呈现出来，我们还应该具备阴凉的和阳光充足的两类不同环境，以期在比较中更好地凸显不同环境中呈现出的现象的差别。在复杂的大型科学实验中就更是如此。

实验条件的重要性不仅体现在对条件的选择上，还体现在人们有意识地对条件的改变上。近代科学革命以后，各个国家大量建设实验室的原动力恐怕就来源于此，因为实验室能够提供使事物现象呈现的优越的条件。当然，这也是近现代科学实验中的观察区别于古代自然条件下的科学观察活动的最重要的特征。

对科学稍有些常识的人都知道，实验室中实验条件的优越化所取得的成功是巨大的。它不仅可以使事物隐藏着的现象呈现出来，而且还可以从不同的层面、不同的角度观测事物的现象。实验条件可操控性的直接影响是实验的可重复性。这对于实验而言，具有重要的意义，因为它可以让更多的人参与其中，从而产生心理认同感。所以，可重复性是实验作为背景协调力的一个重要源泉。更为重要的是，优越化的实验条件能够令许多在自然条件中根本无法直接观测到的现象清楚地呈现出来，最起码有可供验证的间接现象的显现。比如，卢瑟福（E. Rutherford）在他的 α 粒子散射实验中，用准直的 α 射线轰击金箔。他发现绝大多数 α 粒子基本都沿直线穿过金箔，偏转很小，但也发现有少数 α 粒子发生了较大的偏转，大约有 1/8000 的 α 粒子偏转的角度大于 90°，有的发生了偏转 150° 的大角散射，甚至还有的被直接反弹了回来。这一现象表明汤姆逊的葡萄干面包原子模型是存在问题的。卢瑟福据此现象认为，原子中的正电荷集中在原子中心形成原子核，而电子绕着原子核在核外运动。这一模型可有效说明部分 α 粒子的大角散射现象。当然，理论的进步离不开科学家们的智慧，但近现代科学中的许多实验现象的呈现必须依靠优越化的实验条件。

近代科学以来，人们在实验条件的优越化方面所做的努力主要沿着对越来越小的微观粒子世界和越来越久远的宇观大尺度两个方向的探索前行。牛顿经典力学的成功导致的最大后果就是机械论的盛行，它曾一度使人们认为当时科学对于世界的描述已基本大功告成，只需在细节和精度上再加以完善即可。在牛顿经典力学的指引下，人类在对宇宙大尺度的探索中的实验条件的优越化的过程，主要是望远镜的发明和使用，向人们展示了一个纷繁复杂的宇宙图景；而在微观领域的探索中所创造的实验条件则要丰富得多，起初主要借助显微镜的使用来对微观世界进行观察，后来则借助各种精密仪器和设备：从云室到气泡室，再到粒子对撞机，令一些粒子现象得到间接的呈现。

把机械模型作为对世界的终极说明是存在问题的。事实上，即使是在当时，牛顿本人也敏锐地觉察到了一些"新概念"，面对这些新的东西，"机械模型是不中用的"[①]。的确如此，在 20 世纪初，爱因斯坦的相对论颠覆了牛顿经典力学

---

① W. C. 丹皮尔 . 2001. 科学史及其与哲学和宗教的关系 . 李珩译 . 桂林：广西师范大学出版社：1.

的统治地位，不久人们又发现它也无法为微观世界中的粒子的古怪行为提供说明。相应地，物质实验的作用开始受到质疑。但直到目前为止，实验室中的科学家们探索世界的手段，仍然沿着微观、宇观的老路向前进。为了使现象能得到更好的呈现，即在微观领域从分子—原子—原子核、电子—质子、中子—夸克等一直向着越来越微小的方向追寻，在宇观领域从太阳系—银河系—河外星系等向着越来越遥远的方向发展，科学家们所做的努力就是将实验室的规模一再扩大，实验仪器的精确度一再提高或改进，但有一个不争的事实就是，不管人们怎么努力，物质实验条件的优越化总不能无限地进行下去。

所以，对事物现象的有效观测，必须借助优越化的实验条件。即便如此，许多现象也只是间接地呈现，甚至有些现象根本就无法显现。

2. 物质实验中实验条件优越化的不足

从前文的分析中得知，在物质实验中，人们在实验条件上朝优越化的方向所做的努力正变得越来越困难，尤其是在现代科学的两大主要领域——量子力学和宇宙学中，其困难的程度更为明显。在宇宙学前沿的探索中，索尔·珀尔马特（Saul Perlmutter）、布莱恩·施密特（Brian P. Schmidt）和亚当·里斯（Adam G. Riess）等科学家对 Ia 型超新星的观测虽然取得了重大的成果，但仔细研究后我们会发现，他们所做的工作，并不能如近代科学中科学家们在实验室中所进行的研究那么直观，所取得的成果也难以像普通实验那样易于重复验证。换句话说，难以得出很确定的答案。1929 年，哈勃（E. P. Hubble）首先发现星体间的距离在不断变大，这一惊人的现象意味着宇宙在膨胀。据此，伽莫夫提出宇宙大爆炸理论，他认为，我们的宇宙诞生于约 140 亿年前的一次大爆炸。在大爆炸之前，宇宙是个体积极小、密度极高的点，而大爆炸之后，宇宙一直处于不断膨胀之中。多年来，天体物理学家们一直认为宇宙是在以一个恒定的，也可能是递减的速度膨胀，直到珀尔马特、施密特和里斯等人对超新星观测的新发现表明它是在加速膨胀。

在珀尔马特、施密特和里斯等人的研究中，他们发现超新星的踪迹是相当困难的。他们搜寻超新星的主要做法是把天空中两个同一区域在不同时刻拍摄到的两张照片叠放在一起，然后用后一张减去前一张，在比较中从二者的差异上搜寻变亮的候选目标。之所以将变亮处称为候选目标，是因为用这样的方法找到的目标并不都是超新星，它们有可能是一些别的天体现象，比如，星系中心的活动星系核，或者一些流动的小行星等，都可能成为这个区域中发现的亮点。在科学研究活动的细节中，我们可以明显地感觉到，对于超新星的研究结论不能如伽利略在比萨斜塔抛下两个铁球那样直观，令人信服。更何况，两个研究小组目前取得的成果仅仅是分别基于 42 颗超新星数据和 16 颗超新星数据得出的，这意味着进一步的更加广泛而深入的研究是必需的。但事实上，他们能够得到这么多数据，已经足够令全世界为之叹服了。不过，这从另一个侧面反映出，在宇宙学研究中，实验观测的条件要想进一步优越化，其困难程度毫无疑问非常大。

宇观世界的科学研究是如此，如果把目光转向微观世界，比如量子力学的进一步推动，我们不难发现，情况也大致相同。欧洲正在进行中的全球最大的强子对撞机实验，为了验证标准模型而对粒子世界所提供的说明的正确性所做的工作，都是如此。很明显，有许多实验条件，人们无论怎么努力，最终都难以在现实世界中实现。

（三）实验条件的理想化

实验条件的理想化是指实验条件的非现实存在的状态。它只能在人的思维中，以科学意象的方式而概念化地存在。理想化方法是科学发展中必不可少的手段之一。

伽利略对理想化方法的运用，以及其运用这一方法所取得的发现是"人类思想史上最伟大的成就之一，而且标志着物理学的真正开端"[①]。其中大家所熟知的惯性运动实验可为代表。2000 年前，亚里士多德仅在自然条件下进行观察，就得出结论："任何运动着的事物应该都是在被一个推动者推动着运动。"[②]基于日常生活中的许多现象直观来看，似乎的确就是这样。但理想化方法的运用却为这一现象做出了完全不同的说明。假想有人用手推动着一物体向前运动。然后突然停止对该物体的推动，将会呈现出什么样的现象？经验告诉我们，物体将会继续向前运动一段距离后停下来。2000 多年来，人们头脑中呈现的该物体的具体形象大多为小车、石头、木块之类的物体，运动的环境为日常生活中的

---

① 艾·爱因斯坦，利·英费尔德.2010.物理学的进化.周肇威译.长沙：湖南教育出版社：4.
② 亚里士多德.2009.物理学.张竹明译.北京：商务印书馆：233.

路面。这类物体在外在推动者所施加的推动力停止后，只会继续向前运动一小段距离，且这一小段距离几乎完全被人们忽视了。但它却引起了伽利略的注意，而且伽利略把那个运动着的物体转化为一个小球，运动的载体为一光滑平面，这就产生了一种完全不同的效果。根据亚里士多德的理论，任何事物的运动都源于推动者的推动，那么，当推动停止后，在光滑平面上运动着的小球就应当立即停止，但伽利略的小球却会向前继续运动很长的一段距离。这么长的距离和小车、石头、木块之类的物体在推动力停止后继续向前运动的一小段距离产生的差距是巨大的，因此人们无法再像往常一样将其忽略不计了。就此点而言，伽利略真不愧为一个提高理论背景协调力的大师，因为他能够通过改变场景，让人们很容易接受他的主张。不过，即使伽利略的小球可向前继续运动很长的一段距离，它同样也是存在问题的，因为无论怎么努力，小球最终还是会归于静止。但毫无疑问的是，试图让小球在推动停止后运动更长距离的努力是有效的。因为一个显著的现象就是，小球的表面和平面越是光滑，小球在推动停止后运动的距离就会越长。这表明，在推动停止后小球所做的运动与之前的推动无关，而是与小球和平面之间产生的摩擦力有关。那么，我们可以进一步想象小球是在一个绝对光滑的无摩擦力的平面上向前运动，且平面要无限长。结果显然是小球将永远向前做匀速直线运动。

这是一个思想实验，其中的实验条件"无摩擦的光滑平面"是理想化的。爱因斯坦指出，它在"实际上是永远无法做到的，因为不可能把所有的外界影响都消除掉"[1]。正因为我们不能使物体完全不受外界的影响，我们只能作这样推测："假使……结果将会怎样？"[2]库珀对思想实验所持的"WHAT IF"的主张与此相似。只不过库珀太过形式化了，而爱因斯坦的"假使……"之后的部分就是思想实验中的理想化条件所在。这更符合思想实验的本来面目。

在思想实验中，实验条件的理想化是现象呈现的充分必要条件，因此，理想化是思想实验的本质特征。

人类对物质世界的探索是无止境的。许多条件即使在最先进的实验室中也无法具备，如"以光速奔跑的人""站在宇宙的边缘""可以发射像月亮一样大的石块的大炮"等。这些理想化的条件只有在思想实验中才能得到充分的应用。

---

① 艾·爱因斯坦，利·英费尔德.2010.物理学的进化.周肇威译.长沙：湖南教育出版社：5.
② 艾·爱因斯坦，利·英费尔德.2010.物理学的进化.周肇威译.长沙：湖南教育出版社：15.

同时，实验条件的理想化也正是思想实验的最大特征。这将在文章的稍后部分加以详细论述。

二、思想实验——一种理想化的探索世界的手段

从思想实验与物质实验的实验条件的对比中我们可以看出，物质实验无疑是一种条件优越化的探索世界的手段，但物质实验无论怎么往优越的方向努力总要受到物质条件的约束。相对而言，由于理想化的条件设置，思想实验有着诸多优点。

（一）思想实验优越性在科学中的显现

思想实验较之于物质实验所拥有的这些优点，在伽利略和爱因斯坦等思想实验大师的手中，发挥了显著的作用。不过，思想实验所具有的优越性不仅在伽利略和爱因斯坦等这些擅长运用思想实验的科学家们手中显示出了威力，许多科学家都要自觉不自觉地使用思想实验，事实上就连牛顿也无法超越。据丹皮尔的《科学史及其与哲学和宗教的关系》记载，牛顿在科学研究中的表现非常谨慎，他"从来不发表不能用观测或实验证明的学说"[1]。丹皮尔的论述表明了牛顿在科学研究中以经验为准绳的态度。但事实上，丹皮尔似乎忽略了牛顿学说有过重要影响的两个思想实验：旋转水桶实验和大炮实验。

在经典力学中，牛顿首次提出了绝对空间和绝对时间概念。他认为，绝对空间是一个均匀连续、独立存在、静止而无限的三维欧几里得几何空间，而绝对时间在绝对空间中的各处都是同步均匀、定向流逝、独立存在的一维直线。绝对空间和绝对时间构建的四维绝对时空形成了一个相对于宇宙万物的绝对静止参考系。以相对于绝对时空做匀速直线运动的参考系为相对参考系。将有重质点 m 在绝对时空中的逐点迁移称为质点的绝对运动，在相对时空中的逐点迁移称为相对运动。牛顿指出，当没有外部作用时，静止的 m 永远静止，做匀速直线运动的 m 永远做匀速直线运动，牛顿称 m 的这种运动为惯性运动。那么，相对于做惯性运动的 m，无论是绝对时空，还是相对时空，都是一个惯性参考系。

[1]　W.C.丹皮尔.2001.科学史及其与哲学和宗教的关系.李珩译.桂林：广西师范大学出版社：170.

可是，在进一步的研究中，牛顿发现他的惯性参考系存在问题。因为在任何一个参考系中，当惯性定律成立时，这个参考系一定是一个相对惯性参考系，而绝对静止参考系却难以直观地获得。为了将绝对空间有效地呈现在人们的面前，在物质实验无法胜任的情况下，牛顿将他从不使用不能用观测或实验证明的理论的信条暂时抛到脑后，设计了著名的旋转水桶思想实验。绝对时空奠定了牛顿理论体系的基础。

同样的情形在万有引力的发现过程中也有体现。为了说明地球和月球、太阳和宇宙中其他天体之间的关系，牛顿设想，在一座高山顶上，架上一门大炮，炮身水平放置。已有的经验表明，抛射出去的物体总会沿着抛物线轨道运行一段距离后落到地球表面，当然大炮发射出去的炮弹也一定会沿着一条抛物线，飞越过一段距离之后再落在地面上。大炮的威力越大，炮弹飞行的速度就越大，它飞行的距离也就越长。倘若大炮的威力不断增大，那么炮弹飞行的速度也就一直不断增大，因为地球表面是弯曲的球面，炮弹就有可能落到与地球表面平行的轨道上，一直绕着地球转动。事实上，这并不仅仅是想象，因为月球就是这样一颗"炮弹"。月球之所以能够一直绕着地球旋转，是因为月球由于惯性的作用一直向前做直线运动，同时它还受到地球引力的作用。可以作进一步想象，如果地球的引力过大，月球就将会从它的轨道上落下来，掉到地球上。同样还存在着另一种相反的可能，即"发射"月球的那门大炮的威力足够大，使得月球可以摆脱地球的引力，径直冲入宇宙中，像散落在宇宙空间中的那些流星一样，找不到它固有的轨道。

在今天，各种各样的火箭、卫星、空间探测器、载人飞船等的发射，在某种意义上都属于牛顿大炮的现实版本。事实上，现实中的这些火箭与航天器的成功发射，必须以对地球引力有精确认识为基础方可实现。航天技术方面的科学家们必须要认识到，随着事物与地球之间距离的增大，地球引力随之减小，而且要精确知道：当物体在距离地球 160 千米的高度，地球引力减少 1%；当物体在距离地球 2700 千米的高度，地球引力减少一半。不仅如此，航天科学家们还必须精确测得事物运行的三个宇宙速度：①第一宇宙速度：7.9 千米 / 秒。当事物以此速度运动时，将在一定轨道上紧贴地面围绕地球做圆周运动，如卫星、空间站。②第二宇宙速度：11.2 千米 / 秒。此为脱离速度，是指物体完全摆脱地球引力束缚，飞离地球所需要的最小初始速度。比如，好奇号火星探测器，就必须具备这一速度，方可摆脱地球的引力，飞往火星。③第三宇宙速度：16.7千米／秒。又称逃逸速度，是指在地球上发射的物体摆脱太阳引力束缚，飞出太阳系所需要的最小初始速度。事实上，除此之外，还有第四宇宙速度、第五宇宙速度和第六宇宙速度。而在牛顿所生活的那个年代，由于科技水平的限制，不可能实现对地球引力的上述精确认识，因而也就不存在可以发射月球的大炮，因此，牛顿无法以物质实验的方式操作他的大炮实验，思想实验再一次在牛顿力学体系中扮演了重要的角色。

（二）思想实验对物质实验条件的超越

当物质实验无法进行的时候，科学家们往往要求助于思想实验，主要是物质实验总会受到诸多因素的制约，尤其是在现代科学活动中，物质实验对条件的要求越来越高，给实验活动的开展造成了巨大的困难。越来越高昂的活动经费，实验现象呈现所需要的越来越高的精确度，实验过程中越来越不可控的风险等，让欧洲大型强子对撞机在历经了近30年的建设后才正式开始运作。即便如此，该实验也已两度因为故障而停止运行。事实上，物质实验如此高的要求甚至还使美国的超导超级对撞机（superconducting super collider，SSC）项目在投入了数十亿美元，进行了10年左右的建设后，以放弃而告终。

而思想实验在实验的构思上，完全可以和物质实验一样复杂，甚至常常比物质实验还要复杂得多。在光子盒思想实验中，爱因斯坦设想在一个密封的盒子里面有一辐射源，另有一时钟和一弹簧秤。实验中，当辐射现象发生时，里面的时钟控制着盒子快门的开启，同时弹簧秤测量了盒子的重量。这样就可以将辐射发生后盒子的重量和发生前进行对比。结论是：粒子的时间和能量可同时获得，测不准原理面临失效。这个实验看似简单，但实验开展所要求的精确度却非常高，事实上，要想实际操作此实验，所需要的高精确度的物质条件在目前人类可预见的将来，是无法具备的。最起码现在的科学水平无法提供，比如，符合要求的时钟和弹簧秤。但在思想实验中，根本无须像强子对撞机实验那样复杂的仪器、精良的设备、高昂的科研经费和庞大的科研团队，便可达到目的。这在麦克斯韦妖实验中也是一样，麦克斯韦妖的形象一经提出，人们就开始追寻可替代小妖进行分子追踪的仪器，虽然目前实验已取得一定的进展，但距离完全符合要求的科学仪器依然很遥远。这也是思想实验和物质实验之间区别的体现之一。

三、理想化的渊源

（一）约定论的主张

彭加勒的约定论主张，科学中的公理和原理"既非先验综合判断，亦非实验事实"[①]。在《科学与假设》一书中，彭加勒对此进行了细致的论证。他的论证是从他所熟悉的几何学着手的。他指出，所有几何学都是以几个公理为起点展开的，大多数几何学专著中都明确陈述了三个公理：①通过两点只能作一条直线；②直线是一点到另一点的最短的路径；③通过一给定点只能引一条直线与已知直线平行[②]。

可是，进一步的考察却表明，情况并非如此。在罗巴契夫斯基几何学中，罗巴契夫斯基抛弃了公理③，而假定："通过一给定点能够引两条与已知直线平行的直线。"[③]同时，他仍保留了欧几里得几何中的所有其他公理。从这一假设出发，他构建了一个完全可以自洽的几何学，且其"完美无缺的逻辑绝不亚于欧几里得几何学的逻辑"[③]。在这一几何学体系中，三角形的三个角之和总是小于两个直角之和。在黎曼几何学中，黎曼抛弃了公理①，构造了一个三维的球面几何。在这个几何学体系中，有时通过两点只能引一条直线，但也有时候通过两点能引无数条直线。而且在事实上，黎曼几何还与我们所生活的地球的实际相吻合。

于是，在三个相异的几何学体系中，便呈现出了三种完全不同的情况。比如，三角形的三个内角之和是：①在欧几里得几何学中等于两直角；②在罗巴契夫斯基几何学中小于两直角；③在黎曼几何学中大于两直角[④]。

以上结论表明，几何学公理不是康德（I. Kant）的先验综合判断。因为他不

[①]　昂利·彭加勒 . 2008. 科学与假设 . 李醒民译 . 北京：商务印书馆：46.
[②]　昂利·彭加勒 . 2008. 科学与假设 . 李醒民译 . 北京：商务印书馆：35.
[③]　昂利·彭加勒 . 2008. 科学与假设 . 李醒民译 . 北京：商务印书馆：36.
[④]　昂利·彭加勒 . 2008. 科学与假设 . 李醒民译 . 北京：商务印书馆：38.

能拥有"如此强大的力量强加于我们，以致我们既不能设想相反的命题，也不能在其上建设理论大厦"①。罗巴契夫斯基几何学和黎曼几何学的成功就是胜于雄辩的事实。

几何学公理也不是实验事实。为了说明这一点，彭加勒构想了一个思想实验。

> 设想一个唯一的没有厚度（高度）的生物栖息的世界；并假定这些无限扁平的动物都在同一平面内而不能离开。此外，还要承认这个世界距其他世界足够远，以致摆脱了那些世界的影响。当我们正在做这些假设时，我们不妨再赋予这些生物以理性，并相信它们能够创造几何学。在此情况下，它们将肯定认为空间只有两维。

> 不过，现在假定，这些想象的动物虽没有厚度，但它们的体型却是球形的而不是平面形的，它们都在同一球上，没有能力走出去。它们将构造什么样的几何学呢？首先，很清楚，它们将认为空间只有两维；其次，对它们来说，表现直线作用的将是球面上一点到另一点的最短路径，即大圆弧；一句话，它们的几何学将是球面几何。

> 它们所谓的空间将是它们必须停留于其上的这个球面，在这个球面上，发生着它们能够了解的一切现象。因此，它们的空间将是无界的，因为在一个球面上人们总是能够一直向前而永远也不会停下来，不过它们的空间将是有限的；人们从来也不能找到它的终点，但却可以绕它转圈子②。

在这个思想实验中，我们可以想象那些无厚度的生物会根据它们自己的独特的经验构建出属于自己世界的几何学，但这并不等于说我们能够据此认为几何学公理是经验真理，因为我们无法针对物质的客体做关于理想直线或圆的实验。它们只存在于思想实验之中，而非经验事实。经过细致的几何学分析，彭加勒就几何学的公理发表了他的声明："它们是约定。"③

随后，彭加勒发现，同样的情形也存在于物理学中。"物理学尽管比较直接

---

① 昂利·彭加勒.2008.科学与假设.李醒民译.北京：商务印书馆：45.

② 昂利·彭加勒.2008.科学与假设.李醒民译.北京：商务印书馆：37.

③ 昂利·彭加勒.2008.科学与假设.李醒民译.北京：商务印书馆：46.

地以实验为基础，但是它的一些基本原理也具有几何学公理那样的约定特征。"①
因为物理学原理是适用于整个宇宙的公设，被认为是严格真实的，所以经过分析，科学中的所有原理最终都可被划归为约定。彭加勒坚信，"约定的和普遍的原理是实验的和特殊的原理的自然而直接的概括"②。彭加勒就这样将他的约定论从几何学拓展到物理学，又延伸到科学的全部。所有关于自然界认识的源头都可追溯到一个或几个约定的公理或原理。

约定论的主张对布朗的柏拉图式的思想实验的说明无疑是一个沉重的打击，因为它表明：思想实验既不是经验的，也不是先验的。彭加勒的约定论直接宣告了布朗的柏拉图式的思想实验的说明——对神秘的先验实体的感知——的破产。

（二）爱因斯坦对约定论的进一步延伸和运用

彭加勒主张理论是约定的，且这些约定不会被直观经验所驳倒，因而在科学活动中是有效的。这在事实上肯定了一种行之有效的科学研究方法——理想化，具有重要的方法论意义。

彭加勒的约定论主张引起了爱因斯坦的共鸣。爱因斯坦明确表示，他赞同彭加勒的约定主义观点，也认为公理是人的思想的自由创造。他还指出，"从永恒的观点来看，彭加勒是正确的"③。在爱因斯坦看来，基本概念和基本原理构成了科学的框架，起着公理基础的作用，它们不能从经验中抽取出来，而必须自由地发明出来。爱因斯坦认为，"物理学的概念是人类智力的自由创造，它不是（虽然表面上看来很像是的）单独地由外在世界所决定的"④。这种自由创造的第一步是让我们先在头脑中随意地从以往的感觉经验中抽象出"某些重复发生的复合"，而形成一个有形物体的概念。他指出，"这个概念不等同于涉及到的感觉印象的总和"⑤。也就是说，自由创造，包括约定，不是杂乱无章的，

① 李醒民.1985.彭加勒哲学思想评述.自然辩证法研究，（3）：44.
② 昂利·彭加勒.2008.科学与假设.李醒民译.北京：商务印书馆：113.
③ 许良英，李宝恒，赵中立，等编译.2010.爱因斯坦文集（第一卷）.北京：商务印书馆：140.
④ 艾·爱因斯坦，利·英费尔德.2010.物理学的进化.周肇威译.长沙：湖南教育出版社：22.
⑤ 爱因斯坦.2008.爱因斯坦晚年文集.方在庆，韩文博，何维国译.北京：北京大学出版社：49.

而是有章可循的。从协调论视角看，自由创造的内在根据是对协调力的追求。在协调论中，逻辑、经验、约定等都是追求理论协调力的手段，而不是基础。协调论没有对包括自由创造在内的一切科学活动设置基础，科学合理性的唯一判据是协调力。

从爱因斯坦的主张中，我们可得出三点结论：①物理学概念是人类智力自由创造的产物，但并非完全来自凭空想象，而是基于经验的；②物理学概念与科学活动中通过直接观测而产生的经验部分地相连，但不完全一致，只能从单个物理事件中看到部分"影子"；③爱因斯坦的观点非先验的，也非绝对经验的，而是介于二者之间的。这与彭加勒的主张相似。

事实上，爱因斯坦此处的物理学概念就是基于经验的，并在人们心底里潜在地形成一个约定的科学意象。这里，道出了科学意象的本源。当然，建立一个物理学的概念，形成一个科学意象，并非科学活动的主要目标所在。形成物理学概念之后，以科学意象为对象，"运用思维手段（概念的运用创立并运用概念间确定的函数关系，以及把感觉经验同这些概念对应起来），我们的全部感觉经验就能被整理有序"[①]。爱因斯坦的观点反映出，约定论主张为理想化方法在科学活动中的大量有效运用找到了合法的依据。当然，对这种合法性的一个更加有力的证明就是，爱因斯坦的主张和他的科学实践活动是高度一致的。他一生中的大部分科学成就都是运用理想化的方法，通过思想实验实现的。

第二节　从"理想情况"到理想化

波普尔有关思想实验的分类标准，特别是他对所谓的狡辩式的思想实验中的"理想情况"所持的态度，难以令人赞同。

---

① 爱因斯坦. 2008. 爱因斯坦晚年文集. 方在庆，韩文博，何维国译. 北京：北京大学出版社：50.

一、对波普尔思想实验分类的剖析

1. 波普尔的思想实验分类标准

站在实验者的角度看，每一个思想实验者都会有自己的目标和诉求，即要通过思想实验，或表达自己对某个问题的看法，或展示某种新奇的现象从而引导人们的思维，或指出竞争理论中存在某种被忽视的情况。从实验者的用途出发，对思想实验进行区分，就是波普尔思想实验的分类标准。在这一标准下，用来对科学中的一些错误现象做出批评的那些思想实验就是批判式的思想实验；通过设置一些现象，进而引发人们更为广泛或深入思考的那些思想实验便是波普尔的启发式的思想实验；当然，那些被用来反驳竞争理论的批评性的思想实验，就是波普尔所谓的狡辩式的思想实验。

不过，波普尔对思想实验加以区分，并不是其最终的目的。他对思想实验进行分类的初衷，是想说明思想实验使用的合法性，即他主张：以批判和启发为目的设计思想实验，是合法的使用，而在对来自竞争理论的批判进行反驳批判时运用思想实验，则常常是非法的。毫无疑问，波普尔对思想实验讨论的焦点是狡辩式的思想实验。那么，究竟是什么样的原因使得波普尔对他所谓的狡辩式的思想实验产生如此排斥的态度呢？

事实上，波普尔以实验用途为依据对思想实验进行分类，表明其着眼点在思想实验对理论产生作用之前，即真正的思想实验过程还没有发生。此时，实验者的意图与实验真正的效果之间存在着一种不确定的关系。实验者所想得到的思想实验的用途与思想实验真正的最终效果往往是不一致的。这一情形在波普尔的第三类思想实验——狡辩式的思想实验中表现得较为明显。这类思想实验在本质上是一种对"批判"进行批判的思想实验。卡诺循环（Carnot cycle）实验由于其在热力学发展史中的重要作用闻名于世。卡诺循环的反对者声称，热机不需要经过由高温向低温的传导，便能进行机械做功。为了指出这一论调的错误，卡诺从热力学理论出发，设定了两条等温线，构成卡诺循环：第一阶段，温度为 T_1 的等温膨胀过程，系统从高温热源 T_1 中吸收热量 Q_1；第二阶段，绝热膨胀过程，系统温度从 T_1 降到 T_2；第三阶段，温度为 T_2 的等温压缩过程，系统把热量 Q_2 释放给低温热源 T_2；第四阶段，绝热压缩过程，系统温度从 T_2

升高到 T_1。由此得出结论：在相同高温热源 T_1 与相同低温热源 T_2 之间工作的一切可逆卡诺热机，不论用什么工作物质，效率均为一恒定值。

事实上，卡诺循环实验最终结论的取得与卡诺的初衷是不一致的。反对者之所以认为热机做功过程无须热的传导，是因为他们认为单一供热即可导致机械做功。而卡诺的初衷就是要证明单一供热不足以产生机械动力，只有在热从高温传向低温的过程中，才可能产生机械动力。而他的这一认识又是基于当时流行的"热质说"理论的：热从高温物体向低温物体的传导是热质降落的过程。热质降落形成机械动力。虽然这一思想实验后来为热力学的发展做出了重要贡献，但很显然，该思想实验的最终结论与卡诺的初衷存在出入。

2. 事前评价与事后评价

站在实验者的角度去预设思想实验将会实现什么样的目的，或达到什么样的效果，往往会与实际情况有一定的距离，因为此时的评价发生在实验之前，属于典型的事前评价。而在思想实验过程中，以及实验之后，常常会有一些在设计实验时没有想到的情况发生，这就必然会导致实际情况与预设的实验用途之间存在距离，有时二者甚至会截然相反。

显然，波普尔从思想实验用途的视角，对思想实验所做的分类是存在问题的，无法得到广泛认同。为了克服波普尔的用途与结论之间的不确定性，布朗重新思考了思想实验的分类标准。布朗认为，思想实验和物质实验一样，发挥的作用有多种：有时候它们验证科学推测；有时候它们阐释理论或模拟自然现象；有时候它们揭示或制造新的现象。粗略地看，布朗对于思想实验的认识和波普尔相似。但事实上布朗并非如此简单地就以此作为思想实验的分类标准，而是以思想实验与理论的关系，或思想实验对理论的作用为标准，将思想实验分为破坏性的思想实验和建构性的思想实验。而建构性的思想实验又可分为直接建构、推测性建构和调解式建构三种类型[①]。

相比较而言，布朗的分类方法对于思想实验与结论之间不确定性的克服颇有成效。他的分类标准在于，无论是破坏性的思想实验，还是建构性的思想实验，都是在讨论思想实验对理论产生了什么样的影响。如果按照思想实验对理论产生的影响，根据协调论，我们也可以把思想实验分为新奇性思想实验、明

---

① Brown J. 1991. The Laboratory of the Mind. London：Routledge：33.

晰性思想实验、统一性思想实验，等等。当然，在思考此类问题时，实验已然发生，影响已经存在。因此，此属于事后评价。也正因为如此，这种影响是确定的。毫无疑问，无论是哪一类思想实验都可为理论提供支持或反对的证据，而不像波普尔的批判、启发或反驳的效果那样仍在预期之中，具有不确定性。事前评价导致的结果，即使是波普尔最为推崇的批判式的思想实验也不一定能真正发挥他想要的那种批判作用。

二、思想实验中"理想情况"运用的问题

在波普尔的三类思想实验中，最具争议的是第三类——狡辩式的思想实验。争议的焦点是思想实验中"理想情况"的运用。

1. 波普尔的"想象选择"和"理想情况"的运用

在思想实验中理想情况的运用，波普尔认为主要是通过"想象选择"实现的。波普尔主张，利用"想象选择"，人们不但可以在同样性质的事物中选出有利于自己的情况，而且还可以从其他类型的聚合物中选择自己想要的情况。波普尔的"想象选择"主张在思想实验中运用的目的是打破以往物理事件中对单个对象研究的局限，比如，在测不准原理之争中，对立的双方都以单个粒子为研究对象，设计出思想实验以支持己方的主张，驳斥对方的观点。而波普尔则将单个粒子的行为扩展为粒子束的行为，然后通过"想象选择"，表征一个实际存在着的单个对象。这样，波普尔便可对单个对象做出任意精密的描述。其结果是，只要控方的论证方法不能排除一切可能性，那么"终有一天可设计出一种思想实验，（利用已知的物理效应和定律）证明这些测量毕竟是可能的"[①]。波普尔潜在地意识到，思想实验中包含一切可能。

波普尔通过"想象选择"的运用，打破了一般的物质实验常常受到实验条件制约的状况，使得思想实验能够自由地运行。事实上，在某种程度上，波普尔已经想到，"我的实验在某种程度上形成一种康普顿－西蒙（Compton-Simon）和博特－盖革（Bothe-Geiger）实验的理想化"[①]。不过，遗憾的是，他对于理想化的重要作用的认识并没有深入下去。

---

① 卡尔·波普尔.2008.科学发现的逻辑.查汝强，邱仁宗，万木春译.北京：中国美术学院出版社：217.

从总体上看，波普尔对理想化的态度充满了矛盾。一方面，他特别强调，在捍卫理论而对控方进行反击时，不能引入任何理想情况；另一方面，对于理想情况的运用，他又作了一个补充，即如果引入理想情况或特别假设，那么只有当我们坚持"理想情况必须是对控方的让步，或至少为控方接受时，把思想实验用作论据才是合法的"[①]。一旦违反了这一要求，用来反击对方的任何理想情况都不允许在思想实验中出现。这一规定表明，波普尔对于所谓的狡辩式思想实验的反对并不彻底，暴露出他内心深处对于理想情况的运用是否合法的不确定性。

值得注意的是，思想实验和物质实验同属于实验的范畴，必然会具有一些相似的特征。布朗就曾表明，任何一个思想实验者都力图在实验中建立起一个实验性的现象。正如实验一样，这个实验性的现象就在某一理论中起着相当关键的证明作用。他指出，"几乎在所有的思想实验中，策略似乎都在于使得想象的现象发挥作用"[②]。当然，思想实验中的现象是在人们的思维中，在符合常规的逻辑推理的前提下，逐渐发生变化。但从一般逻辑推理的基本特征出发，波普尔对思想实验的理想化的前提条件充满了警惕，因为理想情况是无法验证的，所以理想化的前提将可能导致不确定的结论，甚至会使结果走向反面。正是出于这一考虑，在对控方的批判进行反击时，波普尔反对引入任何理想情况或其他特别假设作为前提条件。或许是由于逻辑实证主义观念根深蒂固的影响，针对理想化无法在现实中直接验证的特性，波普尔自然地担忧起思想实验的合法性问题。

2. 从"理想情况"到与现实相悖

与波普尔对"理想情况"运用的自相矛盾的态度相比较而言，大多数科学哲学家都把以"理想情况或其他特别假设"为前提条件看作是思想实验的本质特征。在这一方面，诺顿可为代表。他主张，思想实验必须同时满足两个特征：①设置一些假想的或与现实相悖的情况（作为事件的条件）；②引发一些与结论的一般性无关的细节（或特征）[③]。诺顿的特征①便是波普尔的所谓的"理想情况或其他特别假设"的运用。他认为此条件的设置给予了思想实验思维性特征。例如，在麦克斯韦妖思想实验中，妖的存在以及妖所拥有的能够识别并追寻每

---

① 卡尔·波普尔. 2008. 科学发现的逻辑. 查汝强, 邱仁宗, 万木春译. 北京：中国美术学院出版社：426.

② Brown J. 1991. The Laboratory of the Mind. London：Routledge：45.

③ Norton J. 1991. Thought Experiments in Einstein's Work. Savage：Rowman & Littlefield：129-148.

一个冷热不同分子的踪迹的能力，就是理想的条件假设，这为该思想实验的顺利进行提供了必要的前提条件。"如果不具备这一特征，就不是思想实验"。[1]

不过，诺顿将这一"理想情况或其他特别假设"认定为"与现实相悖的条件"，这与波普尔对理想化方法的警惕相比较，似乎又走向了另一个极端。对于这一点，欧文认为，"思想实验定义中的这种较为强烈的与现实相悖的要求可能是无理的"[2]。粗略看来，两种表述之间似乎并无大的差别，但稍作思考后，我们不难发现，"理想情况"与"与现实相悖的条件"之间有交叉，但不完全相同。一方面，"理想情况"不一定就是"与现实相悖的条件"。仍以麦克斯韦妖思想实验为例，妖的存在及其特殊功能无疑属于一种"理想情况"，但这种情况并不一定必然是"与现实相悖的条件"，合理的表述应该是"现实中不存在的条件"。另一方面，"与现实相悖的条件"也不一定是"理想情况"。对于"重的物体比轻的物体下落的速度快"这一论断，我们很容易在现实世界里找到反例，符合"与现实相悖"的标签，但却非"理想情况"。这表明诺顿认识到了思想实验的理想化条件的必要性，值得肯定。但随后他对理想化条件的理解走入歧途，则需要谨慎对待。对此，欧文指出：①许多思想实验是真实实验的前身，其中原来的思想实验的前提条件是即时的；②许多思想实验的前提条件要么已知是正确的，要么我们对它仍处于无知的状态。在后一种情况中，此类前提条件可能在实际上转化为与现实相悖的，但在未来某一时刻，当我们一旦了解了它时，它就转化为现实的了[2]。

以上论述表明，波普尔的"想象选择"为"理想情况"的运用奠定了基础，但随后又出于对理想化的担忧而倒退到极端排斥"理想情况"的运用。诺顿比波普尔前进了一步，认识到了理想化的重要作用，但却又放大了"理想情况"与现实不相符的一面，而走入了思想实验与现实相悖的条件设置误区，对思想实验"必须具备与现实相悖的要求应该遭到抛弃"[2]。

3. 理想化的价值

虽然波普尔没有就如何在"想象选择"中形成理想情况做出详细的说明，

---

① 　Norton J. 1991. Thought Experiments in Einstein's Work. Savage：Rowman & Littlefield：129-148.

② 　Irvine A. 1991. Thought experiments in scientific reasoning//Horowitz T，Massey G. Thought Experiments in Science and Philosophy. Lanham：Rowman & Littlefield：149-165.

但不可否认的是，波普尔的"想象选择"具有重要的意义，因为"想象选择"可为实验现象的变化提供广阔的空间。马赫曾指出，持续地改变思维中的意象能使人们对一切可能的情况得出概观。牛顿通过苹果下落直接得出万有引力定律，让许多初学者感到唐突，不可思议。但想象一块石头下落的情境，并且把石头在思维中不断放大，当石头大到和月亮一样大的时候，情况便发生了意想不到的变化，它将会和月亮一起围绕地球转，而不落向地面。事实上，石头还可以继续变大，当它大到和太阳一样大时，我们的感觉就会是地球围绕石头转，而不是石头围绕地球转。如果石头继续变大的话，人们可能会想到，地球将由于石头的巨大引力而向着石头运动。在这一思想实验中，人们通过"想象选择"的作用，使我们的研究对象——石头发生了持续的改变，让我们明白了一个道理：不是地球单向地吸引石头，也不是石头单向地吸引地球，而是双方相互吸引。牛顿万有引力定律的得出就水到渠成了。因此，"思想实验的基本方法就像物质实验一样，都是变化的方法"①。变化的过程必然依靠波普尔的"想象选择"方可实现。

事实上，沿着马赫的道路继续深入下去，我们可以发现，思想实验除了拥有和物质实验中相似的实验现象的变化之外，还有着物质实验所无法具备的理想化特征。欧文指出，"思想实验还有为了能够得到结论而视作假想的理想化条件的优势（无摩擦的平面、完美的弹性物体、绝对零度条件，等等）"②。理想化条件将有助于对变量与参考系之间的非偶然变化做出认识和区分，因为理想化使得人们在更为一般的条件下，在或多或少的程度上更接近在真实世界中的运用。虽然理想化的状态不是我们要追求的最终状态，但我们可通过渐进的方式，逐渐从理想化状态过渡到更为复杂的真实世界的条件中。

三、波普尔的思想实验主张的实质及其问题

波普尔对他所谓的狡辩式的思想实验的拒斥，源于他对思想实验认识的片面性，即他将思想实验视同逻辑推理，而忽视思想实验的本质特征。

---

① Mach E. 1976. On thought experiments//Mach E. Knowledge and Error. Dordrecht：Reidel：449-457.

② Irvine A. 1991. Thought experiments in scientific reasoning//Horowitz T，Massey G. Thought Experiments in Science and Philosophy. Lanham：Rowman & Littlefield：149-165.

1. 波普尔对狡辩式的思想实验拒斥的实质

在对狡辩式的思想实验进行批判的始终，波普尔都只关注思想实验的逻辑特征，把思想实验等同于一个逻辑推理过程。诚然，思想实验的过程必须符合基本的逻辑推理规律，这是对思想实验的合理要求。诺顿甚至主张，物理学中的所有思想实验都可重构为论据[①]。并且，他还分步骤地将自己的主张付诸了实际行动，对一些典型的思想实验进行了逻辑重构。

波普尔和诺顿的论证方法相似，他们都是通过对一个情节细致且丰富的思想实验进行提炼，把其中的细节剔除掉，仅留下思想实验的几个关键步骤。在有关量子力学的根基——测不准原理的争论中，波普尔与爱因斯坦的主张一致，认为基本粒子的位置和动量是能够同时得知的。在面对来自对方的批判性的思想实验[②]时，波普尔设计了一个新的思想实验作为回应。他用一束原子代替了原思想实验中的单个放射性原子，并增加了一块有一个微型小孔的屏幕。通过对小孔位置的设定，让原子束从中穿过。这样，就可以把原来思想实验中对单个原子位置的测量，改良为关于原子位置的统计学选择[③]。在这一思想实验中，波普尔完全忽略了粒子尺度与宏观尺度的区别、基本粒子的独特运行路径、测量可能产生的涂污效应等实验条件中的细节问题，而仅仅勾勒出实验的逻辑进路，随即得出结论。这一做法的实质是将思想实验等同于逻辑推理。而逻辑推理必然会关注推理的前提条件。因为只有在前提正确，推理过程无误的情况下，结论才会正确。

2. 波普尔思想实验观的问题

波普尔有关思想实验的主张，特别是他对所谓的狡辩式的思想实验的批判至少在以下两个方面存在严重问题。

问题一：将思想实验等同于逻辑推理。

前文曾述及，波普尔在对思想实验进行论述时，将其等同于逻辑推理，加以运用。这违背了思想实验的本质特征。思想实验与物质实验一样，同属于科

[①] Norton J. 1991. Thought Experiments in Einstein's Work. Savage：Rowman & Littlefield：129-148.

[②] 在论及这一双孔实验时，波普尔指出："其意在驳倒我的论断——我们能够强制性地（arbitrarily）在完全同一时刻（非预测性的）既测量某粒子的位置又测量它的动量，而且这与量子论是相容的。"因此，波普尔承认，这是一个批判性的思想实验。

[③] 卡尔·波普尔.2008.科学发现的逻辑.查汝强，邱仁宗，万木春译.北京：中国美术学院出版社：217.

学实验的范畴，必须具备实验性的特征。在实验过程中，思想实验的对象在经历了一系列现象的连续转换后，展现出实验结果。虽然，思想实验与物质实验在实验现象转换的具体细节上有所区别，"物质实验是通过增加你的感官感觉的机会为你提供依据"[①]，而思想实验则是"通过扩大你的非直接感官来源——比如回忆，一种知识向另一种知识的转化，认知任务的内在的重新整合，以及认知障碍和难题的消化"[①]，不过，二者在细节上的区别并不造成它们本质上的不同。事实上，物质实验是通过直接感官起作用的，而思想实验是通过间接感官起作用的，也可以说是感官曾经发生过作用，所以二者在本质上是一致的。

感官的作用是思想实验的实验性特征的重要体现，它能令思想实验产生纯逻辑推理所无法比拟的力量。在科学史上，伽利略推翻亚里士多德的自由落体运动理论的实验有两个版本。版本①：伽利略从比萨斜塔上抛下一大一小两个铁球，结果是两个铁球同时落地。版本②：假定亚里士多德的理论是正确的，那么一大一小两个铁球同时下落，结果是大球比小球下落的速度快。以此为前提，将两个铁球相连。日常经验告诉我们，两个下落速度不等的物体在做自由落体运动时，速度慢的物体会拉扯速度快的物体使其变慢，那么，两球结合体由于有小球的拉扯作用而导致其下落速度慢于单个大球；但从重量来看，两球结合体比大球重，所以两球结合体的下落速度则快于单个大球[②]。这样，出现了两球结合体下落速度既快又慢于大球的悖论现象。这表明亚里士多德的理论存在问题。仅从结果上看，两个版本最终都推翻了亚里士多德的理论，达到了同样的目的。但在实际的科学史上，版本①广为流传，而人们对版本②却知之甚少。事实上，目前学术界已达成共识，版本①中所描述的情形在历史上并未真正发生，是后人杜撰的。版本②在伽利略的著作《关于两门新科学的对话》中有明确的记载，是真实的。两相比较，反差很大。之所以出现这样的结果，就是因为版本①中有人的感官感觉的直接参与，具有更强的震撼力，更能撞击人们的心灵，也就必然更能获得人们的认同。感官效应是一个成功的思想实验所必须具备的实验性特征，是逻辑推理所无法替代的，而这正是波普尔的思想实验观中缺失的要素。

问题二：对理想化在思想实验中的禁用。

---

① Sorensen R. 1992. Thought Experiments. New York：Oxford University Press：165.
② 伽利略. 2006. 关于两门新科学的对话. 武际可译. 北京：北京大学出版社：57-59.

　　波普尔将思想实验等同于逻辑推理，丧失了思想实验的实验性特征，而他对"理想情况"的禁用，则是以丧失思想实验的思维性特征为代价的。实验性特征是思想实验与物质实验所共有的特征，而思维性特征则是思想实验区别于物质实验的本质特征之一，是思想实验所特有的。在思想实验中，人们往往以一个理想化的状态为起点，不需要任何实验设备，最多配上一张纸、一支笔，然后静静地坐着，默默地思考……整个实验过程完全在思维中展开。

　　正是这一思维性特征保证了思想实验拥有理想化条件的优势。理想化条件的设置有助于我们合理地忽略现实中各种特别的变量（如自由落体运动中的空气阻力），而这在物质实验中是难以克服的问题。此外，前文所述的马赫的那块随意变大的石头，为人们提供了一组直观的图像化的类经验变量，这也只有在思维中才能实现。因此，思想实验的思维性和理想化特征具有内在一致性。二者相互依存，不可或缺。正如诺顿所言，我们一旦接受了波普尔的主张，禁止理想化的运用，那么思想实验就将不成其为思想实验。

　　事实上，除了上述两个问题之外，波普尔自身还存在着对他所反对的思想实验的狡辩式使用（如双孔实验）。况且，即使是在波普尔的那个时代，量子力学理论也已经取得了巨大的成功，但他却选择忽视量子力学理论的成功因素，因为他原本是站在反对量子力学理论的立场上看问题的。

四、对理想化的接受

1. 从接受的角度看

　　波普尔有关思想实验认识的难题是，从一个理想化的状态出发，我们将面临实验结果的正确性如何验证的问题。当然，所有注重思想实验逻辑性的人都会同意，"只有当我们的假设是正确的，论证是有效的情况下，思想实验的结果才是可靠的"[①]。随之而来的担忧是：思想实验的结果"将没有一个真正的验证方式加以检验"[②]。

　　事实上，从科学史的实际看，波普尔的担心是多余的。因为，对于理想化

---

① Norton J. 1996. Are thought experiments just what you thought? Canadian Journal of Philosophy, 26（3）: 333-366.

② Irvine A. 1991. Thought experiments in scientific reasoning//Horowitz T, Massey G. Thought Experiments in Science and Philosophy. Lanham: Rowman & Littlefield: 149-165.

所造成的实验结果无法直接验证的问题，在科学史上的许多时候，被间接验证所解决。以伽利略的匀速直线运动实验为例。一个小球在光滑的平面上做匀速直线运动。虽然，在现实中不存在绝对光滑的无摩擦的平面，因而完全意义上的匀速直线运动实验也无法实施，但我们可以在一组从粗糙逐渐变得光滑的平面上做这一实验。我们能够看到的是，小球在越光滑的平面上运行得越远。这样，把现实和理想化相结合，人们就会一致得出结论：在光滑平面上，小球做匀速直线运动。从接受的角度看，人们对于间接验证是认可的。

2. 狡辩式思想实验观有关"理想情况"的出路

出于对思想实验误用的担心，波普尔对他所谓的狡辩式的思想实验中"理想情况"的运用进行了严格限制。但从前文的论述中，我们可以得知，他的狡辩式的思想实验观有着明显的缺陷，因为他对"理想情况"运用的限制违背了思想实验的本质特征。

事实上，构成一个实验所需要的基本要素为思想实验与物质实验所共有，两种实验都有重要的存在价值，都是当代科学前沿进展中常用的科学方法。其主要区别就在于物质实验的条件在现实世界中可以具备，而思想实验是"原则上应当能够实现这个实验，但在技术上可能是极端复杂的"①，甚至是现实世界中"永远也无法做到的，因为不可能把所有的外界影响都消除掉"②，因此，思想实验的条件大多是理想化的。可以说，承认一个思想实验其实就是一个条件理想化的实验，实验条件的理想化是思想实验的本质特征，是波普尔摆脱困境的唯一出路。因此，思想实验无法摆脱条件理想化的运用，只要理想化的条件能够对世界的探索或科学问题的解决有所启发、有所帮助，思想实验都是合法的。一切试图对条件理想化的运用加以限制的做法都必然是徒劳的。

第三节　理想化在思想实验中的运用及其问题

关于理想化方法在思想实验中的运用，人们早有关注。比如，人们普遍认

---

① W. 海森伯 . 1981. 物理学和哲学 . 范岱年译 . 北京：商务印书馆：7.
② 艾·爱因斯坦，利·英费尔德 . 2010. 物理学的进化 . 周肇威译 . 长沙：湖南教育出版社：5.

识到科学中的许多概念是理想化的，这些概念有质点、刚体、理想气体、点光源、点电荷等。正是由于理想化方法的运用，思想实验才具有了许多无可比拟的优越性，但与此同时，科学中的理想化方法也存在着一些难以解决的问题。

一、理想化在思想实验中的运用

1. 思想实验对象的理想化

在日常生活中，我们要想了解一只猫，必须从多方面对猫进行观察：猫的种类，是波斯猫，还是金吉拉猫，或者是喜马拉雅猫？猫的皮毛的颜色，是白色，还是黑色，或者是咖啡色？猫的饮食，它喜欢吃什么？还有猫的大小、胖瘦、高矮……细心的人甚至还会注意到猫眼睛的瞳孔在一天中不同的时间段内会发生周期性的变化：白天中午时，瞳孔缩小，呈上下竖直的一条线；夜晚时，瞳孔充分放大呈圆形，和我们的眼睛一样；其他时刻呈不同程度的椭圆形。可是在薛定谔猫的思想实验中，猫的上述特征，我们完全不予考虑。我们所需关注的内容只有一点——猫处于什么状态，是死的，还是活的？所以薛定谔猫只是一个理想化的概念，是爱因斯坦所谓的"以往若干次具体经验感知的复合体"，在这些间接经验基础之上的"复合体"便形成了一个科学意象。作为思想实验对象的科学意象，可以充分彰显实验对象的部分性质，而忽略其他的与实验目的无关的性质，达到思想实验的理想化状态。

事实上，薛定谔猫的理想化特征在思想实验中广泛存在。这一特征具有约定的性质，可使所有对象得到最大程度的简单化，便于实验的顺利展开。考察伽利略的惯性运动实验中的小球，我们不必理会它是铁的还是铜的，只需要它的表面绝对光滑即可。在天文学研究中，理想化的方法就更为普遍了，科学家们往往把在我们看起来非常庞大的天体，比如我们脚下的地球，看成一个质点，而忽略它的大小和形状。这种理想化的现象之所以能够普遍存在，是因为这在实际上简化了研究对象的复杂程度，有助于问题的有效解决。同样，原子模型、奇点、刚体、绝对黑体等都是理想化的产物。

有一点需要说明的是，实验对象的理想化并非思想实验所必需的。明确惯性运动中伽利略的小球是铁质的，直径为 5 厘米，重量为 200 克等这些具体情况，并无什么不妥，只要这个小球的表面依然是绝对光滑的。因此，思想实验对象的理想化仅仅起到使实验中问题简单化的作用，而非思想实验的本质特征。

2. 思想实验过程的理想化

在物质实验中，实验往往需要经过多次重复，最后取多次结果的平均值。随手翻开一本大学物理实验教材，每一次实验都有明确的要求。密立根油滴实验进行了 100 多次，因为要考虑实验过程中种种可能对实验结果产生影响的因素，如油滴的大小、空气的阻力、风向的扰动、空气的湿度等。密立根为了得到有效的实验数据，还特意考虑了各种因素而排除了一些他认为不好的数据，选择了他认为是正确的数据作为有效数据，然后根据这些数据得出结果。但思想实验只需一次即可。1927 年在著名的索尔维会议上，爱因斯坦简单描述的光子盒实验，就可立刻令玻尔大惊失色。

在这里，思想实验和物质实验相似，它的巨大威力往往体现在实验过程中。在实验所建构的理想模型中，理想化的对象动了起来，产生了一系列的现象。热力学史上一个最伟大的发现就是创立了热力循环的理想模型——卡诺循环。为了实现能量的连续转换，工作物质必须进行周而复始的热力循环，那么如何才能实现热力循环的最高效率呢？理想化状态下的卡诺循环正好回答了这个问题。根据卡诺定理，卡诺循环的热效率是所有工作于同温热源和同温冷源之间的一切热机中效率最高的。很显然，组成卡诺循环的每一个过程都是可逆的，都是理想化的，因而不可能存在于现实世界中。但卡诺循环的重要意义就在于它向人们展示了一个由于冷热源温差而引起的热力循环效率的不可逆损失的理想化过程。在这一理想化的过程中，它忽略了每一个热力过程的不可逆损失，以及由系统与外界的势差和耗散效应引起的损失。

当然，对麦克斯韦妖思想实验进行考察后，我们会发现情况是一样的。沿着思想实验过程的理想化向前追寻，我们还可以发现，实验过程的理想化也依赖于实验条件的理想化。没有实验条件的理想化，实验过程的理想化将无法实现。因此，思想实验过程的理想化也只是实验条件理想化的派生。

3. 思想实验结果的理想化

在物质实验中，实验结果是实验对象经过一系列连续的变化之后，最终呈现出的可观测状态。实验结果的有效呈现是科学家们所追求的目标，因为它是人们对实验对象进行分析和研究的依据，也是在实验的讨论环节中，导向实验结论的有力证据。而在思想实验中，实验结果呈现出理想化的状态，无法直接用物质的手段进行观测，并形成精确的经验数据，只能用描述性的语言将思维中的思想实验状态呈现出来。让我们想象一下，"小球无限向前做匀速直线运动""小妖指挥运动速度快慢不同的分子向对应的容器中运动""猫的既死又活的叠加态""人站在宇宙的边缘投出去的矛又折了回来""光速不变""两个球同时落地"等，均是如此。

当然，思想实验结果的理想化不是凭空产生的，也不是直接来源于布朗的柏拉图式的神秘感知，而是在理想化的实验条件下，人们依据以往现实世界中多次经验的综合，在心底里已经形成了一种约定的基础上，设想科学意象在进行了一系列的变化后呈现出的图像化状态，其实质是对物质实验在排除干扰之后所呈现出的状况的极端表现。

4. 思想实验条件的理想化

在物质实验中，实验的条件包括实验室的环境、各种实验材料、实验室的设备、科学仪器等。正是这些条件的具备，才使实验室中的现象能够明白地显现，这是实验条件优越化过程所必需的。条件的优越化是相对于自然界中的条件而言的。也正是条件的优越化才使实验室中的观察有别于自然界中的观察。设备、仪器、环境的不断改进就是不断优越化的过程，也是实验室中的现象能够越来越清楚明白地呈现的内在动因。

思想实验中的实验条件与物质实验中的条件看起来是一样的，但是它简化了许多，因为与为结论做出定性无关的许多细节被忽略了。不过，关键的问题并不在此，而在于实验条件的理想化。当然，实验条件之所以理想化，有些是因为现实条件不允许其在实验室中具备，即物质条件无法达到，大多数思想实验都是如此。但也有些思想实验不是因为条件无法达到而成为思想实验，而是无须进行实际物质实验的操作，只在思维中运作即可达到目的，这主要依靠逻辑推理的作用。自由落体运动实验就是如此。这主要是因为思想实验中条件的理想化比物质实验中条件的优越化相对于现象的呈现更有优势，更易于呈现，更方便。条件理想化的优点使许多在物质实验中可操作的实验变成了思想实验。

或者说理想化的方法得到了科学家们的巧妙运用，使得许多实验无须进行实际操作，只以思想实验的方式就可达到目的。

一般认为，实验中的实验对象是明确的，可在思想实验中并非如此，对实验对象和实验条件作一区别很有必要。比如，在麦克斯韦妖实验中，实验的对象是小妖，还是气体？在密立根油滴实验中，实验的对象是油滴，还是电子？笔者认为，所谓实验的对象就是实验过程中实验现象的呈现者。那么，在油滴实验中，实验对象就是油滴。因为它是现象的呈现者。而在麦克斯韦妖中，实验的对象是气体中运动速度快慢不同的分子的去向，两个容器中气体冷热变化的呈现者都是气体。而小妖只是实验的条件之一，而且是最关键的条件。当然除了小妖之外，还有盛放气体的容器等也是实验的条件。实验中小妖只能是一个条件，或者说是一种仪器的代表。也正是如此，才体现出了条件理想化在思想实验中的关键作用。只要具备了这一理想化的条件，其他的一切问题就都迎刃而解了。

实验条件的理想化是思想实验能够成功运行的关键。没有实验条件的理想化，实验过程和实验结果的理想化都不可能存在。因此，思想实验条件的理想化是思想实验的最大特征，是思想实验得以开展的充分必要条件。没有实验条件的理想化，思想实验就不成其为可能。

二、思想实验之美

实验之美，就在于实验能将在科学探索中对自然现象的揭示起到阻碍、遮掩作用的自然界中的干扰因素排除出去，令有关世界的真相更好地显现出来。近代以后，实验室在世界各地纷纷兴建，就是由于实验室能够为科学家们排除自然界的干扰提供较之于自然界的优越条件，科学家们凭借着优越化的实验条件实施了许多精美的实验，最为著名的有密立根的油滴实验、托马斯·杨（Thomas Young）的光干涉实验、卢瑟福的 α 粒子散射实验等。也正因为如此，人们才得以一睹隐藏在诸多表象背后的事实真相。不过，物质实验的优越化条件会受限于当前的科学水平而难以实现，比如，欧洲大型强子对撞机实验投入了 500 多亿美元，有数万台计算机联网，动员了来自全球的 5000 多位科学家参与，耗费了大量的人力、物力、财力，才搜寻到希格斯粒子的踪迹。毫无疑问，如果科学家们想在微观世界中有更多的作为，那么粒子物理学继续前行的道路就必然要为科学家们提供更多更强大的优越化的物质条件。而思想实验通过理想化条件的设置，可令真相完美地呈现，能给人以强烈的"美的冲击"。思想实验较之于物质实验的更为优越之处，以及思想实验的简洁之美，可清楚明白地呈现出来。

麦克斯韦妖实验通过理想化的条件设置，避免了现实中客观存在的许多物质操作难题，如灵敏的妖、无摩擦的滑动门、理想的房间等如何存在与操作的问题，简明扼要地说明了存在令"热寂说"反向演化的可能。

麦克斯韦妖实验提出之后，科学家们就开始思考这一思想实验的合法性，并立刻着手探索如何在实验室中实践该实验。然而，麦克斯韦妖实验在实验室中进行验证的一个难题就在于如何令小妖工作，而同时又不消耗能量。因为小妖一旦由于做功而消耗了一定的能量，其结果就违背了麦克斯韦的初衷。虽然，后来德国物理学家劳厄（M. von Laue）曾经指出，该过程并不一定违背热力学第二定律，因为在该实验中，识别运动快慢不同的分子所消耗的能量可通过信息媒介转换而来。也就是说，在不直接和实验装置——装满冷热不同的气体的两个房间相接触的情况下，人们可以使用信息作为媒介，以达到避免能量消耗的目的。他认为，这是一种新的机制，并将之称为"信息－热机制"。不过，到目前为止，科学家们依然不能在毫无争议的情况下令麦克斯韦妖以物质实验的形式在实验室中被演示出来。

思想实验由于条件的理想化而发挥作用，若无思想实验的理想化条件的设置，一切隐藏在事物表象之后的本质属性都依赖于实验室中物质实验的揭示，人们有关世界真相的认识，则可能要艰难得多，甚至可能有许多情形永远无法为人类所知。而借助理想化，思想实验就能自由地展示世界的不同面目。在牛顿的大炮思想实验中，牛顿能够令大炮的威力不断增强，炮弹运动的距离越来越远，最后炮弹运行的轨迹与地球表面平行，这样，炮弹就可以和月亮一样围绕地球转动，而不落向地面。牛顿时代的物质条件显然无法制造出如此威力的大炮。也正因为理想化的运用，少年爱因斯坦才能奔跑在一束光线的前面，得以一窥光波的真容，为相对论的提出打下基础，也才能心安理得地在他的做自由落体运动的电梯里做实验，将狭义相对论推广为广义相对论。思想实验将人类对世界的观察推向极致，也将实验之美近乎完美地展示于世人面前。

三、理想化的问题及消解

1. 理想化的问题

理想化在为思想实验带来成功的同时，也产生了一些难以解决的问题。其中，较为突出的问题就是客观性的丧失和确证难题。

问题之一：客观性的丧失。建立在彭加勒的约定论基础之上的理想化，为思想实验的正常运行带来的成功，是以客观性的削弱和经验根基的丧失为代价的。彭加勒借助于"扁平人"思想实验让人们看到了一种不一样的几何学。这种几何学完全可以具有和非欧几何一样的严密性，但这种几何学只存在于假设的状态中，只能在思维中自洽，而无法得到经验现象的对照，因而难以产生大的影响，也难以产生广泛的共鸣。因此，客观性的削弱和经验根基的丧失将导致思想实验经验协调力的下降，并使思想实验陷入背景冲突的状态。这是思想实验最大的弱点所在。

问题之二：确证难题。确证难题主要来自逻辑的根本观点：从一个给定的前提出发，若这个前提没有问题，经过演绎的推理，必然会得出正确的结论。然而，思想实验中实验条件的理想化，使得它无法以经验数据为基础从一个客观公正的前提出发，那么，思想实验得出的结论是正确的吗，是可信的吗？这是长期困扰人们的问题。

霍金的金鱼缸思想实验也就这一问题进行了深入的思考。在金鱼缸思想实验中，霍金探讨了一个在哲学上具有终极意义的问题：何为真实？问题是以思想实验的方式呈现出来的。在这个思想实验中，霍金假定有一个鱼缸，里面的金鱼有着和人类一样的观察和思维能力，它们透过弧形的鱼缸玻璃观察外面的世界，记录并归纳观察到的现象，在此基础上建立起一些金鱼物理学定律。这些定律能够为金鱼们所观察到的外部世界提供说明，且能够正确预言后来发现的外部世界中的一些新现象。总之，金鱼物理学定律完全符合人类对物理学定律的要求。但毫无疑问，金鱼物理学定律和人类物理学定律定会有很大的不同，因为金鱼看到的世界在我们眼中是变了形的。就此，霍金发出了疑问："我们怎么知道我们拥有未被歪曲的实在图像？金鱼看到的图像与我们不同，然而我们能肯定它们的图像比我们的更不真实吗？"①

　　的确，人类无法证明自身是否也如金鱼一样生活在一个更大的"鱼缸"之中。因此，我们通常把对外部世界的描述定义为"真实"或"客观事实"的做法是存在问题的。该问题源于思想实验折射出的人们无法确证的难题。霍金经过深入的思考之后，在此问题上走向了依赖模型的实在论。他认为，理论只是人们对世界的一种解释，不可能与世界的本原完全符合，但也不可能脱离世界的实际而凭空产生。

2. 问题的消解

　　上述问题的最终消解还得回到现实中来，主要包括两个步骤：物质实验的验证和寻找理想与实际之间的距离。

　　所谓理想化的状态即被波普尔称为真理的东西。波普尔认为，在科学活动中，人们只能无限逼近真理，而永远也无法到达真理。对于科学实验中的理想化状态，人们也只能以此为目标，但却永远无法真正具备理想化的条件。不过，人们虽然无法真正达到这一状态，但可以通过逐步将条件优越化而离真理状态越来越近，得到人们的心理认同。伽利略就是擅长运用物质方法作为辅助手段展现思想实验的大师。不过，这只完成了第一步。接下来人们还要在实践的摸索中，认清理想与实际之间的差距，这样科学才能真正发挥巨大的力量。在热力学领域中，卡诺循环只是完成了理想化的一步，但在其后的实践中，人们通过无数次的物质实验，找到了热功当量的比率，逐渐摸索出了提供热做功的途径，以及改进的方法，推动社会取得了长足的进步。也就是说，要想无限逼近理想化的状态，必须先知道理想化与现实之间的距离，以及存在这种距离的症结所在，这样科学才能有针对性地尽可能缩小实际与理想化状态之间的距离。这是科学进步的动力之所在。爱因斯坦的相对论也是在得到物质实验——在实地观测中产生与理论相符合的经验数据之后，才被人们所广泛接受的。

四、理想化对思想实验协调力的影响

　　数学与实验在物理学中的作用都是无可替代的。但由于二者在科学中发挥

---

① 史蒂芬·霍金，列纳德·蒙洛迪诺.2011.大设计.吴忠超译.长沙：湖南科学技术出版社：31.

的作用是巨大的，且常常是独立起作用的，因而形成了前文所述及的相互分离的数学传统和实验传统。库恩认为，在现代物理学中，这种分离已进入到物理学的内部，且有越来越强化的趋势，因为"理论物理与实验物理已成为如此不同的专业，几乎没有一个人能希望同时精通两者"[①]。库恩的探索是有益的，但他没有就二者的具体作用作深入的分析，这给我们留下了进一步研究的空间。

1. 数学与实验分离对物质实验协调力的影响

正如前文指出的那样，此处的"实验"仅仅指物质实验。无论是在科学界，还是在哲学界，目前可达成共识的是，物质实验是经验性的存在。它通过将实验条件优越化，把经验科学的作用发挥到了极致。所以，物质实验总体上处于经验协调的状态，具有很高的经验协调力。但物质实验对数学方法往往采取轻视甚至是排斥的态度，比如，物质实验传统的创始人培根根本就不相信数学，因为他认为，"没有一个如此复杂、抽象而数学性的体系会有助于理解和控制自然"[②]。彭加勒的态度要稍好些。他指出，虽然实验物理学是真理的唯一源泉，但数学物理学还是存在着的，且做出了无可怀疑的贡献。不过，与实验的至高无上的地位相比较而言，数学只是实验的"一个似乎无用的，也许甚至有些危险的助手"[③]。培根与彭加勒的观点代表了近代科学以后绝大多数科学家对实验的看法。事实上，数学方法在科学中的运用涉及概念精确性、概念和谐性、经验精确性等协调力指标，即数学方法的有效运用，可增强理论的相关协调力，但近代科学家对数学的普遍轻视的态度，极大地弱化了数学在近代科学中作用的发挥。也正是这种普遍的倾向，使得物质实验的概念协调力较低，常常处于概念冲突的状态。

2. 数学与实验分离对思想实验协调力的影响

思想实验通过理想化方法的运用，成功地解决了物质实验所无法解决的概念问题。但思想实验在思维传统上，恰恰与物质实验相反。思想实验主要继承了数学物理学的传统，在思维方法上主要运用数学和逻辑学的方法，强调思维的严密性。正因为如此，就如前文所指出的，虽然物质实验的经验协调力很高，

---

① 托马斯·库恩.2004.必要的张力.范岱年，纪树立译.北京：北京大学出版社：57.
② 托马斯·库恩.2004.必要的张力.范岱年，纪树立译.北京：北京大学出版社：43.
③ 昂利·彭加勒.2008.科学与假设.李醒民译.北京：商务印书馆：117.

但它却是以概念协调力下降为代价的。思想实验也有相似的问题，它由于对数学思维传统的强调，而具有很高的概念协调力，但与此同时却面临着经验冲突的状态。这主要是思想实验在约定论思想的支配下，对理想化方法的强化运用而导致的必然结果。约定论在为理想化取得合法性地位的同时，也令其丧失了客观性，丧失了经验基础。

3. 理想化的适用范围是有限的

有一点必须引起我们的注意，思想实验和物质实验对两大传统的继承和运用，并非如天平的两端那样完全对等，因为思想实验不等同于数学。虽然和数学一样，但它依然属于概念活动的范畴，较之于纯数学推理而言，思想实验中的概念活动却是以经验为基础的形象化的科学意象在运动。这是思想实验的独特之处所在。形象化虽然不等于物质实验中的客观性经验，但却可部分弥补思想实验中经验性的不足，同时还可令思想实验处于心理协调的状态，获得背景协调力。因此，思想实验不但具有很高的概念协调力，而且以经验为基础的形象化的科学意象，使其同时处于背景协调的状态，还兼有部分经验协调力。

以上论述表明，理想化的运用可令思想实验的综合协调力得到很大提升，特别是在物质实验由于条件的限制而难以实现的情况下，思想实验的有效运用更容易获得成功。思想实验和物质实验的对比可从光的波粒二象性理论的发展中得到启示。在波粒二象性理论的发展中，德布罗意的贡献是巨大的。他通过数学推理，表明波粒二象性在数学上可以自洽，为它找到了理论上的合法性。但众所周知，在德布罗意的波粒二象性理论提出之初，人们普遍以怀疑的眼光看待这一新理论。但爱因斯坦的光子概念是在追光思想实验中提出的，思想实验使得光子具有了形象性，使得这一理论不仅保留了原有的概念协调力，又缓解了经验冲突和背景冲突，得到了更为广泛的支持。

下篇 应用篇

第五章
思想实验与微观世界的探索

当今科学前沿，特别是对微观粒子世界的探寻，已经进入到一个"看不见"的世界之中。在对"看不见"的世界的研究中，传统的物质实验在科学理论进步的过程中仅仅能够起到验证的作用，而在理论构建与探索中，思想实验逐渐占据主导地位。

第一节　思想实验与粒子物理学的发展

一、面包思想实验：微观世界探索的先驱

在人类早期，有关物质是无限可分的思想较为盛行。《庄子·天下篇》就有"一尺之棰，日取其半，万世不竭"的观点。庄子认为，一根一尺长的木棒，今天取其一半，明天取剩下的一半的一半，后天再取一半的一半的一半，每天如此，但总有一半留下，永远也取不尽。木棒如此，其他一切事物皆等同此理。庄子借此为人们塑造了一个无限可分的世界。

不过，有关物质是否是无限可分的论断在古代是充满争议的。事实上，由

于受到人类自身感觉器官的限制，人们无法直接观测到微观世界的真实情形，但德谟克利特却借助一个思想实验，提出了世界存在最小单元——原子的思想。据说，有一天，德谟克利特走在大街上，突然他闻到了一股面包的香味。他环顾四周，并未看到面包。当他继续向前走，转过一个弯之后，发现有一家面包店。他灵机一动，面包会不会是由无数个看不见的微小粒子所组成的，正是有些微小的粒子从面包中跑了出来，飘浮在空气中，才会让人闻到它的味道。面包如此，万事万物都是这样。德谟克利特继续设想，假如有一把极其锋利又极其微小的刀，我们就可以拿着这把刀去切割一个面包，一分为二，二分为四，四分为八……直到最后面包变成一个个微小的不可再分的粒子。他称之为原子。

德谟克利特的面包思想实验之后的 2000 多年间，人们一直在追寻原子的下落。曾几度有人宣称发现了世界最基本构件——原子，但后来都被人们证明有误。直到今天，物理学家们依然在苦苦地追寻着德谟克利特的原子。

二、当代科学前沿粒子研究的难题

19 世纪末，第一个真正的基本粒子——电子，被汤姆逊所捕获。在随后的二三十年间，科学家们陆陆续续地发现了质子、中子、介子等一大堆微观粒子。这一过程基本贯穿了整个 20 世纪，形成了 20 世纪现代物理学的一大特色。刚开始的时候，每发现一个新粒子，科学家们都会为之感到兴奋，但随着发现的粒子越来越多，科学家们逐渐陷入困境：这些乱哄哄的粒子是以何种方式存在的呢？物理学标准模型理论是目前回答这一问题的最为成功的理论。该理论认为，构成世界的基本粒子共有 62 种，包括 18 种夸克、6 种轻子，以及 14 种规范玻色子。此外，每一种物质粒子都对应着一种反粒子（其中，规范玻色子本身就是自己的反粒子）。

物理学标准模型理论为基本粒子的存在方式，以及不同种类粒子之间的相互关系提供了一个令人满意的说明。可是，对标准模型理论框架下的粒子行为进行研究，依然是一项相当困难的任务，其主要原因是"在十分小和十分大的尺度内的实验经验不再提供我们直观的图像"[①]。这就意味着，宏观世界的经验无法同样适用于微观世界和宇观世界，我们不能再凭借日常生活中的思维把微观

---

① W. 海森伯. 1981. 物理学和哲学. 范岱年译. 北京：商务印书馆：197.

和宇观看成是我们身边事物的扩大或缩小版，"因为'分割'或'组成'等词已在很大程度上失去了它们的意义"①。不过，基本粒子的古怪之处远不止于此，夸克的行为更让人困惑。标准模型理论中的夸克大致有 6 类，每一类又有 3 种色，总共有 18 种色，而且夸克还是构成世界的主要"砖块"，但夸克从不单独露面，它们都是以夸克对或夸克群组成重子和介子的面目现身，科学家们从来没有见到过自由的、孤立的夸克，而且人们相信"色以及夸克和胶子永远只是黑箱的一部分，只是个抽象体，它永远无法触发盖革计数器，永远不会在气泡室留下踪迹，也永远不会触动电子探测器的导线"②。

三、希格斯玻色子的追寻

希格斯玻色子的发明与发现，是当代科学前沿的一个典型事件，吉姆·巴戈特（Jim Baggott）的著作《希格斯——"上帝粒子"的发明与发现》（*Higgs: The Invention & Discovery of the 'God Particle'*）对此有过专门论述。对此展开研究，可为当代科学前沿的研究现状的呈现提供一个窗口。

1. 希格斯玻色子的发明

为了解决海森堡的质子－中子相互作用理论中质子之间的相互作用及作用强度的问题，杨振宁和米尔斯引进了一个新的场。在杨－米尔斯场论中，杨振宁和米尔斯将简单的 SU（1）对称群扩展为 SU（2）对称群，其中含有两个携带电荷的场粒子和一个中性的场粒子。杨－米尔斯场论是一个优美的理论，但该理论面临着一个严重的反常，即其中的场粒子是无质量的。这无法解决原子核内部的强相互作用力问题。

事实上，随着科学家们收获了越来越多的基本粒子，粒子的质量之源越来越成为困扰人们的一个严重问题。即使后来盖尔曼（M. Gell-Mann）发现了 SU（3）群，可以提供一个能把当时所有已知粒子的范围和种类都囊括于其中的群结构，粒子的质量问题依然无法解决。对此，南部阳一郎（Yoichiro Nambu）给出的结

---

① W. 海森伯 . 1981. 物理学和哲学 . 范岱年译 . 北京：商务印书馆：197.
② 利昂·莱德曼，迪克·泰雷西 . 2003. 上帝粒子——假如宇宙是答案，究竟什么是问题？米绪军，古宏伟，赵建辉，等译 . 上海：上海科技教育出版社：345.

论是：打破对称性，你就会因此获得粒子的质量[①]。不过，不久之后戈德斯通（J. Goldstone）就指出，对称性破缺的后果之一是又必然会产生出一个无质量的粒子。他还"本能地感觉到这些粒子的产生是一个适用于所有对称性的一般性结果，并于1961年将这一看法上升到了原理的高度"[②]，即戈德斯通定理。事实上，后来南部阳一郎和约纳－拉西尼奥（G. Jona-Lasinio）在他们合作的一篇论文中也发现了同样的问题。

打破对称性本来是为了解决粒子的质量之源提出的解决方案，但这却是以产生更多的新的无质量粒子为代价的。虽然南部阳一郎和约纳－拉西尼奥也试图化解这一问题，他们声称，这些无质量粒子实际上可以获得很小的质量，因此可被视为 π 介子，但是由于无法给出令人信服的论证，这样的解释显得有些苍白无力。人们依然认为，南部阳一郎的方案"解决了一个问题，却又出现了另一个问题。要想取得任何进展，必须找到某种避开或突破戈德斯通定理的途径"[②]。

在这一背景下，希格斯机制应运而生。希格斯（P. W. Higgs）发现，在 SU（3）群中，有两个非零真空期望值，可以被选作八个维度中的两维：$Y=0$，$I_3=0$[③]。这意味着，我们所说的真空并非绝对真空，而有一个含有非零值的场遍——人们所谓的希格斯场布其中。这颇有以太要重新回归的味道。大量的标量玻色子拥有这些量子数，余下的其他六维对应的是矢量玻色子。在希格斯场的作用下，各种玻色子发生相互作用。希格斯指出，"可以预期的是，为了打破 Y 的保护，进一步的机制（可能与弱相互作用相关）将被采用，这些规范场之一将获得质量，仅留下光子作为唯一的无质量的矢量粒子"[③]。希格斯为除了光子之外的其他所有粒子找到了一条获得质量的可能路径。该理论的"一个基本特性是对标量玻色子和矢量玻色子的不完全多重态的预测"[③]。希格斯相信，"这一特性也将在对称性破缺标量场的有关理论中出现"[③]。

---

① 吉姆·巴戈特.2013.希格斯——"上帝粒子"的发明与发现.邢志忠译.上海：上海科技教育出版社：61.

② 吉姆·巴戈特.2013.希格斯——"上帝粒子"的发明与发现.邢志忠译.上海：上海科技教育出版社：62.

③ Higgs P W. 1964. Broken symmetries and the masses of gauge bosons. Physical Review Letters，13（16）：508-509.

虽然希格斯没有对这一机制做出更加细致的阐述，但在希格斯场的作用下，存在一个可与其他各种无质量的玻色子发生相互作用而产生目前世界上各种有质量粒子的玻色子——希格斯玻色子，已成为必然。标准模型理论就是这一机制演化的结果。毫无疑问，希格斯玻色子是否存在对标准模型理论的意义非同一般。但事实上，希格斯玻色子的发现早于标准模型理论。

2. 围捕希格斯玻色子

2013 年是"粒子物理学的一个分水岭。旨在发现希格斯玻色子的长达数十年的探索基本完成"[1]。随着 10 月 8 日诺贝尔物理学奖的揭晓，比利时物理学家弗朗索瓦·昂格勒（Francois Englert）和英国物理学家希格斯因为提出了这一"基本粒子是如何获得质量的理论"[2]而获得该奖项。希格斯玻色子（Higgs boson）又称上帝粒子（God particle），是粒子物理学中标准模型预言的一种自旋为零的玻色子。1964 年，罗伯特·布劳特（Robert Brout）和弗朗索瓦·昂格勒共同提出了一种后来被称为希格斯机制的理论。同年，希格斯也在《物理评论快报》（*Physical Review Letters*）发表文章，独立提出了该理论，并预言了希格斯玻色子存在的可能性。该粒子的存在可以对其他基本粒子为何会有质量提供说明。

20 世纪 70 年代，一个能够自洽地为微观世界的所有实验现象提供解释的标准模型理论基本成型。这是迄今为止最为成功的理论。不过，有一个问题令人深感困惑，由该理论演绎出来的结果与我们的真实世界不相符合的是：其中的所有粒子都没有质量。为了挽救标准模型理论，希格斯将一个有四个物理极化分量的基本场（后来人们以该理论的提出者希格斯的名字将它命名为希格斯场）引入标准模型。在希格斯场中，夸克和轻子由于与场发生相互作用而获得质量，但同时希格斯场必然产生一个自旋为零的玻色子。这就是希格斯玻色子，有时也被称为标量（没有方向）玻色子。

希格斯机制一提出，便受到了戴森（F. Dyson）、温伯格（S. Weinberg）和萨拉姆（A. Salam）的关注，"温伯格甚至还估算了希格斯玻色子和电子之间的

---

① Lockyer N. 2013. Particle physics：Together to the next frontier. Nature，504（7480）：367-368.
② The Nobel Prize in Physics. 2013. http：//www.nobelprize.org/nobel_prizes/physics/［2013-10-8］.

耦合强度。希格斯粒子朝向成为一个'真实的'粒子迈出了至关重要的一步"①。不过，在当时，大多数物理学家并不看好这一理论，"没有人很在意他们的论文。少数的确注意到他们的工作的人，都倾向于持批评的态度"②。事实上，希格斯玻色子的秉性如此奇特，以至于有些物理学家认为这一粒子根本就不可能存在。霍金便是持这种态度的科学家之一，他甚至还为此和别人打赌，最终输了 100 美元。事实上，关于希格斯玻色子是否存在的争论，一直持续到 2012 年该粒子在欧洲的大型强子对撞机上被发现为止。

虽然存在诸多质疑的声音，但希格斯机制提出之后，标准模型理论的解释力便得到空前提高。希格斯机制提出之前科学家们所发现的众多的亚原子粒子都有了一个合理的说明；更让人感到欣喜的是，从希格斯机制提出直至今天的半个世纪里，世界各地的粒子加速器又产生了数以万亿计的实验数据，无一例是与标准模型理论所提供的说明相冲突的。此外，标准模型理论还成功预言了很多未知粒子的存在，以及这些粒子的性质特征。例如，早在发现顶夸克之前的许多年，物理学家们就根据标准模型理论，预言了它的基本性质，并且还知道了在对撞机上找到顶夸克的具体范围。希格斯机制的引入，使得标准模型理论成为科学家们公认的人类有史以来的"最佳理论"。

特别是在 1983 年，欧洲核子研究中心（CERN）的物理学家们在对撞机上观测到了 Z 粒子和 W 粒子事件，这两个粒子的性质与理论预期的结果完全符合，增强了人们对引入希格斯机制的标准模型理论正确性的信心。而"如果该理论是正确的，那么与一个无孔不入的能量场（即希格斯场）的相互作用就是造成弱作用力的传递者③被赋予了质量的原因。倘若希格斯场存在，那么希格斯玻色子也一定存在"④。

因此，从 20 世纪 80 年代开始，人们开始确信希格斯玻色子一定可以在下一代对撞机上被观测到。此后，围绕希格斯玻色子的搜寻便成为粒子物理学家们的主要任务之一。事实上，在 20 世纪 90 年代初，寻找希格斯玻色子的最强

---

① 吉姆·巴戈特 .2013.希格斯——"上帝粒子"的发明与发现 .邢志忠译 .上海：上海科技教育出版社：76.
② 吉姆·巴戈特 .2013.希格斯——"上帝粒子"的发明与发现 .邢志忠译 .上海：上海科技教育出版社：77.
③ Z 粒子和 W 粒子即为弱作用力的传递者。
④ 吉姆·巴戈特 .2013.希格斯——"上帝粒子"的发明与发现 .邢志忠译 .上海：上海科技教育出版社：126.

有力的团队是美国的超导超级对撞机项目团队。不过，这一任务的执行过程却充满了曲折。主要问题是对于希格斯玻色子之类的基本粒子的研究，我们无法用传统的实验手段（如显微镜）进行观测。根据量子力学理论，"实际上所有粒子都是波，粒子的能量越高，则其对应的波的波长越短。所以，我们能对这个问题给出的最好的回答，取决于我们装置中的粒子能量有多高，因为这决定了我们能够看到的尺度有多小"[①]。也就是说，我们必须使用一些波长短得多的东西。而这意味着，"研究的对象越小，所需的能量就越高——就像德谟克利特切割原子的那把'刀'，自然是磨得越锋利越好"[②]。粒子物理学对微观世界的研究，从原子、原子核，到中子、质子，以及夸克，向着越来越微小的方向一路切割下来，所需的能量也从研究原子层面的 0.1 电子伏，到研究夸克层面时所需的100 亿～ 1000 亿电子伏，能量级上升了千亿倍。而要令希格斯玻色子现身，对撞机的能量需达到 10 万亿电子伏，比夸克效应产生时所需的能量又高出百倍以上。所需能量的增加，就意味着投入的研究经费的增加。因此，超导超级对撞机项目所需经费从一开始（1986 年）时预算的 40 亿美元，一路飙升：60 亿美元、80 亿美元……到 1993 年经过几年建设之后已经上涨到 110 亿美元。最终结果是，该项目由于不断上涨的经费而遭到美国政府的反对，于 1993 年遭到国会的否决。超导超级对撞机项目在耗资 20 亿美元之后夭折了。

超导超级对撞机项目被取消后，欧洲的大型强子对撞机实验成为发现希格斯玻色子的最为有力的候选者。该项目于 1984 年提出构想，1994 年立项，其主体由欧洲核子研究中心的大型电子正子加速器升级改造而成，目标是运作一个质子－质子对撞机实验。虽然大型强子对撞机建成后，所能产生的能量还不到超导超级对撞机项目预期的一半，但也可达到 14 万亿电子伏，完全覆盖了令希格斯玻色子现身所需的能量范围。经过 20 多年的建设之后，这一目前世界上最大的机器于 2008 年正式启动。经过来自世界各国的数千名科学家的共同努力，2012 年夏天，科学家们终于正式在大型强子对撞机上捕捉到了希格斯玻色子的踪迹。

---

① 史蒂芬·霍金.2009.时间简史.许明贤，吴忠超译.长沙：湖南科学技术出版社：87.
② 利昂·莱德曼，迪克·泰雷西.2003.上帝粒子——假如宇宙是答案，究竟什么是问题？米绪军，古宏伟，赵建辉，等译.上海：上海科技教育出版社：208.

值得一提的是，搜寻希格斯玻色子的过程始终充满了各种各样的争议。除了对希格斯玻色子是否存在的质疑之外，人们还普遍担心搜寻过程可能产生意外。因为令希格斯玻色子现身所需的能量是如此之大，从理论上来说，甚至可以产生一个小型的黑洞。显然，由此引发的各种各样的担心并不是多余的。然而，希格斯玻色子是标准模型中最后被发现的一种基本粒子，它存在与否，直接关系着物理学标准模型的成败。因此，科学家们又必须找到它。

希格斯玻色子的独特身份不仅源于它被称为万事万物质量之源的奇特性质，事实上，更为奇特的是它的存在方式。因为既然它作为万事万物的质量之源无处不在，那么随之而来的问题就是：为什么我们难以发现它的踪迹？对希格斯玻色子的搜寻，之所以耗费了如此巨大的人力、物力、财力及时间，是因为它极易于和其他基本粒子相结合而在现实中难以独立存在。据宇宙大爆炸理论预测，希格斯玻色子的自由状态仅在宇宙大爆炸之后的极其短暂的几秒内存在过。之后，便与其他基本粒子相互结合，处于目前的状态。

第二节　标准模型理论的经验新奇性

希格斯玻色子的发现具有重要意义，受到了人们的广泛关注。该粒子的发现凸显了标准模型理论的经验新奇性，将大幅提升该理论的解释力。

一、理论进步中经验问题的作用

人们在与自然长期接触的过程中，不断解决问题，积累经验，形成理论。随后，理论又反过来对经验问题产生重要影响。

1. 劳丹的解题理论

面对世界是如何存在的问题，人类给出的答案已几经变革。近代以前，人们大多是基于表象认知进行思辨后做出的回答，如亚里士多德。当然，此时的答案多是模糊且不准确的。近代以后，在牛顿经典力学的主导下，世界曾一度变得非常清晰——如机械般运转着，但实际上，依然存在着"两朵乌云"。20世纪初，诞生了相对论和量子力学，人们对世界的认识取得巨大进步，但有关世界的问题却又再次变得复杂起来。爱因斯坦的后半生一直致力于追求一个大统一理论，以期对世界做出一个明确的说明，但其中困难重重，今天的标准模型理论就是沿着爱因斯坦努力的方向，一路走来形成的结果。

基于科学史的以上事实，劳丹主张，"科学本质上是一种解题活动"[①]。无论是牛顿经典力学对世界所做的描绘，还是相对论与量子力学对世界的刻画，以及当下标准模型对世界的说明，都存在或多或少的问题。理论就是在不断解决问题的过程中获得进步的，也可以说，正是这些问题的存在，推动着科学不断进步，因为"对任何理论所作的首要而严格的检验，应视其能否为重要问题提供可以接受的解答，换言之，视其能否为重要问题提供满意的解答"[②]。劳丹指出，科学理论要解决的问题包括经验问题和概念问题两种。他花费了大量精力讨论其中人们较为熟悉的经验问题。那么，什么是经验问题呢？劳丹认为，"自然界中使我们感到惊奇或需要说明的任何事物都可以构成一个经验问题"[③]。比如，苹果为什么会下落、为什么飞机能在空中飞行、花儿为什么这样红等，都属于经验问题。当然，前文所述及的亚里士多德、牛顿、爱因斯坦等人有关世界的理论，包括标准模型理论，所要解决的问题大多为经验问题。

为了更好地说明他的主张，劳丹将科学问题分为三类：未解决问题、已解决问题和反常问题[④]。其中，已解决问题对理论地位的确立有利，因此已解决的问题越多越好；反常问题的存在则对理论不利，因为它为反对某个理论提供证据；而未解决问题的存在则为科学未来的发展提供了新的探索方向。鉴于此，劳丹表明："科学的中心目的是尽可能多地解决经验问题，极可能少地产生概念问题和反常。"[⑤]那么，当有两个相互竞争的理论 T_1 和 T_2 时，我们便可以通过比对 T_1 和 T_2 的未解决问题、已解决问题和反常问题，来判断理论的优劣。在地心说和日心说之争中，托勒密的地心体系所需要说明的问题很多，当时"已经知道的天体的周期运动是很多的，因此需要用到近八十个圆周来解释它们的运

① 拉瑞·劳丹 . 1999. 进步及其问题 . 刘新民译 . 北京：华夏出版社：13.
② 拉瑞·劳丹 . 1999. 进步及其问题 . 刘新民译 . 北京：华夏出版社：15.
③ 拉瑞·劳丹 . 1999. 进步及其问题 . 刘新民译 . 北京：华夏出版社：17.
④ 拉瑞·劳丹 . 1999. 进步及其问题 . 刘新民译 . 北京：华夏出版社：19.
⑤ 拉瑞·劳丹 . 1999. 进步及其问题 . 刘新民译 . 北京：华夏出版社：111.

动"①。这"八十个圆周"解决了日、月、五大行星,以及恒星的运行轨道问题,但托勒密的地心体系也面临着一个很严重的反常问题——它为月球提供的那个轨道使"月亮离地球的距离可以相差到 1/2,从而使月亮的视面积产生 1/4 的变化"①。而哥白尼的日心说仅仅用四十八个圆周就可以解释天层表观运动,同时通过本轮的设置,还说明了"月亮所呈现的视差没有很大变化,并且只与本轮有关"②,成功地解决了托勒密的地心说所无法克服的反常问题。通过比对,日心说不仅能解决地心说能够解决的所有问题,还能够解决地心说所不能解决的反常问题。二者优劣立现。

2. 理论的经验新奇性

在劳丹的解题理论中,相对于已解决问题和反常问题而言,未解决问题的地位就没那么重要了。虽然劳丹也认识到,"把未解决问题转变为已解决问题的确是进步理论确立其科学地位的途径之一"③,但他同时又强调,"一项理论如不能解决某些未解决问题,一般并不能对此理论造成多大损害"④。原因是我们既无法断定一个经验事件是否为真,又不清楚该用什么理论来解决这一事件。

对于劳丹对未解决问题的这种态度,马雷明确表示了不满。在马雷看来,未解决问题的重要性并不低于已解决问题,因为在已解决问题中,待解释或说明的现象是已知的,要想在已知现象与理论之间建立某种联系并不困难;而在未解决问题中,预测的现象是未知的,这就要求从理论中推导出事件,并要在未来使其得到经验验证,这对理论的要求很高,所以"预测现象比解释或说明现象要困难得多"⑤。为了解决劳丹的解题理论的这一缺陷,马雷提出了理论在未解决问题中发挥预测作用的经验新奇性评价指标。他指出,因为理论是普遍性经验陈述或普遍性经验陈述的组合,所以就有了推测未知事物或事件的能力。不同理论的预测力差别很大,有的理论只能对未知做一般性的预测,而有的理论则可以做新奇的预测。比如,能量的转化和守恒定律会预测水壶中的水在沸

① 尼古拉·哥白尼.1999.天体运行论.叶式辉译.西安:陕西人民出版社:44.
② 斯蒂芬·F.梅森.1980.自然科学史.周煦良,全增嘏,傅季重,等译.上海:上海译文出版社:257.
③ 拉瑞·劳丹.1999.进步及其问题.刘新民译.北京:华夏出版社:20.
④ 拉瑞·劳丹.1999.进步及其问题.刘新民译.北京:华夏出版社:24.
⑤ 马雷.2008.冲突与协调——科学合理性新论.北京:商务印书馆:106.

腾时水蒸气对壶盖做功将壶盖顶起，表明能量转化产生了机械能。马雷认为，这一预测不具有新奇性。一个具有新奇性的理论必然能够做出新奇的预测。所谓"新奇性由预见与已有知识的距离来衡量，距离越大越新奇"①，而距离大"就是预测到的现象基于我们的备用知识是我们从不知道、无法理解或不能接受的"①。比如，爱因斯坦的广义相对论预言光线弯曲就是理论新奇性的典型体现。

很显然，劳丹的解题模式并不重视理论的预测力，也没有看到问题有一般性问题和新奇性问题之别，只看到未解决问题是理论进步的可能方向之一，而忽视了理论对未解决问题具有新奇性预测的功能。因此，他只强调了解题的数量，而"没有从解题的质量上看问题或理论的价值"②。这显然会导致对相互竞争的理论进行比较时的混乱，因为当两个理论 T_1 和 T_2 在预测未知时，T_1 做出了一个新奇的预测，而 T_2 做出了一个一般的预测，根据劳丹的解题模式，我们无法说明哪一个理论更重要。这与科学客观的经验事实不符。在自由落体运动中，亚里士多德的理论只能预测一块石头比一片树叶下落的速度快，这是一个一般的预测；而伽利略的理论则可预测两个大小不同的石头下落的速度一样快，这是一个新奇的预测。仅从劳丹的解题数量上看，两个理论解题能力相当，但实际上伽利略的能够做出新奇性预测的理论显然更胜一筹。

二、标准模型理论对希格斯玻色子的新奇性预测

基于理论的经验新奇性指标，既注重理论的解题数量，又考虑到理论解题质量的重要性，更加符合科学史的实际。2012 年 7 月 4 日，希格斯玻色子被宣布发现。希格斯玻色子在被发现前后，其在标准模型理论中的作用颇受争议。随着 2013 年度诺贝尔物理学奖的颁布，希格斯玻色子的存在得到了人们的广泛认可。从标准模型理论对希格斯玻色子预测的经验新奇性着手，既可对希格斯玻色子的作用有一个深刻的认识，又可对标准模型理论未来的发展起到指导作用。

1. 标准模型理论努力的方向

目前，已知自然界中物体之间的相互作用力有四种：引力（重力）、电磁

---

① 马雷 . 2008. 冲突与协调——科学合理性新论 . 北京：商务印书馆：104.

② 马雷 . 2008. 冲突与协调——科学合理性新论 . 北京：商务印书馆：106.

力、强相互作用力和弱相互作用力。爱因斯坦在运用相对论解决了重力问题之后，便开始追求一个大统一理论，试图将上述各种力都囊括其中，他在这一方向上花费了他后半生的精力，但最终却失败了。事实上，科学史表明，爱因斯坦追求的总体方向是正确的。后来的科学家们正是沿着爱因斯坦的足迹前行方才取得今天的成就。不过，今天看来，爱因斯坦的失败是由于他的步子跨得太大，因为这其中包含的未解决问题太多。

爱因斯坦的相对论着眼于整个宇宙，视野开阔。与此相对的是，近现代物理学的另一大特色就是发现了一大堆电子、夸克、中微子之类的粒子。一开始的时候，科学家们普遍感到很兴奋，但随着发现的各种各样的粒子越来越多，这一现象就逐渐转变成了令科学家们深感困惑的一个难题。基本粒子会变得更多吗？这些基本粒子之间毫无关联，就是乱哄哄地存在着吗？还是存在着一个可以将这些粒子囊括于其中的机制？

围绕着基本粒子之间关系的问题，出现了几个相互竞争的理论：弦理论、彩色理论、标准模型理论等。其中，标准模型理论是当下物理学领域最为成功的理论。该理论主张，构成世界的基本物质粒子有18种夸克、6种轻子和14种规范玻色子（传递相互作用的规范粒子），再加上每一种物质粒子所对应的反粒子（规范玻色子包括光子、3种弱相互作用粒子和8种胶子，它们本身就是自己的反粒子），标准模型中共包含了至少62种基本粒子。标准模型理论认为，物质不可能再分割为比这些基本粒子更小的单元。看起来基本粒子的阵容还是相当庞大的，但想想我们纷繁复杂的世界，你就会发现标准模型中透出的蕴含于世界中的简单的美。

可问题依然存在。标准模型中如此简洁的基本粒子组合，可与实验事实符合得很好，但其背后却隐藏着一个令人费解的难题。所有这些物质粒子都有一个属性——质量，这是一种抗拒被移来移去的属性。不同的物质粒子的质量各不相同，从质量最轻的电子、中微子到质量最重的顶夸克，跨越了超过11个量级之多。但这些质量来自何方，又为什么如此千差万别呢？

在现代科学中，围绕上述问题，人们从不同的角度进行了研究。事实上，有越来越多的迹象表明，虽然一开始的时候，着眼于粒子世界的许多科学家与爱因斯坦对大统一理论的追求并不相同，但结果却显示，二者的终极方向是一致的。事实上，根据还原论的主张，虽然与其他基本粒子相比较而言，希格斯玻色子有着一些特殊的性质和功能，但作为建构世界的一块"积木"，希格斯玻色子的存在，为还原论提供了重要的支撑，凸显了世界存在的简单性特征。从这一角度看，标准模型理论努力的方向就是用还原论的方法，对世界进行积木式的拆解与搭建。

2. 标准模型理论的经验新奇性预测力

在 20 世纪 70 年代，标准模型理论提出之初，人们对其未来的发展前景看法不一。因为该理论是在解决了一定问题的基础上形成的，但同时有待其解决的问题还有很多，甚至还存在一些影响该理论正确与否的反常问题。

在粒子物理学史中，基本粒子如何组成，以及它们之间的相互作用力是如何传递的问题，一直困扰着科学家们。1974 年，J/ψ 粒子的发现，使得科学家们能够归纳并整理基本粒子的组合方式，并在温伯格的电弱统一理论的基础上形成了标准模型理论，即在标准模型理论产生之初，该理论所拥有的已解决问题只有一个——形成一个统一的框架。

当然，早期的标准模型理论在取得少许成就的同时，也面临着许多未解决问题，比如，理论上存在的顶夸克没有在实验室中被观测到，中微子还有待检测，更为关键的是，"如果该理论是正确的，那么与一个无孔不入的能量场（即希格斯场）的相互作用就是造成弱作用力的传递者被赋予质量的原因。倘若希格斯场存在，那么希格斯玻色子也一定存在"[①]。而发现希格斯玻色子所需的能量级的对撞机在当时是不具备的。此外，该理论模型中引入的参量有 20 个之多，其中有 12 个用于确定夸克和轻子的质量，且这些参量无法从理论本身推导出来。这一理论显然不够简洁，与人们长久以来对大自然所持的简单性信念不太一致，不符合对自然的美的追求，造成人们对该理论的心理冲突。这些问题都有待新生的标准模型理论去一一解决。

标准模型理论形成后的 30 多年间，人们寻找希格斯玻色子的努力一直在持续，虽然屡屡受挫，但还是有几个其他的标准模型粒子被发现，将标准模型理论的部分未解决问题转化为已解决问题。标准模型理论产生后不久，W 粒子和

---

① 吉姆·巴戈特 .2013. 希格斯——"上帝粒子"的发明与发现 . 邢志忠译 . 上海：上海科技教育出版社：126.

Z 粒子被发现，而且这两个粒子的质量都符合理论预期，为标准模型的正确性提供了有力的支持，大大提升了该理论的经验协调力。1995 年，费米国家加速器实验室（Fermi National Accelerator Laboratory）宣布发现了顶夸克。2000 年，同样是费米国家加速器实验室，观测到了中微子的踪迹，这是标准模型中除希格斯玻色子之外的最后一种被发现的粒子。

特别是希格斯玻色子——标准模型理论中最后被发现的这个基本粒子，将理论中粒子家族构成的所有主要的未解决问题都转化为已解决问题，使得这一理论的预测力进一步提高，凸显了该理论的经验新奇性协调力。

不过，与科学家们在实验室中对粒子家族的成功追寻不相称的是，标准模型理论还面临着严重的反常问题，即它与引力不能兼容，"没有人知道如何将这种早就被发现了的力添加到模型中去"[1]。直到今天，该问题依然严重威胁着标准模型理论的合法存在。

虽然反常问题依然存在，但理论的协调力却已有很大提高。在希格斯玻色子被发现之前，该理论有可能被证伪。随着希格斯玻色子的出现，该理论被证伪的可能性已大为减小。反常问题的消除有可能在将来通过对理论的修补和调整而实现。

三、希格斯玻色子的发现对于标准模型理论的协调论说明

对希格斯玻色子进行搜寻的过程，就是标准模型理论在经验、概念和背景三个方面的协调力不断提升的过程。

1. 标准模型理论的经验协调力

目前，标准模型理论对 W 粒子、Z 粒子、顶夸克、中微子，以及希格斯玻色子的预测均已得到实验验证。在协调论中，经验新奇性中的"新奇"是指理论所做的预测已经得到了观测型经验问子[2]的验证。需要强调的是，经验新奇

---

① 利昂·莱德曼，迪克·泰雷西. 2003. 上帝粒子——假如宇宙是答案，究竟什么是问题? 米绪军，古宏伟，赵建辉，等译. 上海：上海科技教育出版社：351.

② 协调论主张：任何理论都由两部分构成，即问题部分和对问题的解答部分。问题部分由问子和提问方式构成。问子是那些我们感到好奇、渴望理解并对之提问的东西。解答部分由解子或解子的联结构成。解子是所有单一的内在策略和外在策略的通称。问子与解子分为经验问子与经验解子、概念问子与概念解子、背景问子与背景解子三大类。

性协调力要求理论在现象呈现之前就做出预测,这与科学史上的在许多著名发现之后做出相对应的解释不同。比如,1895 年,伦琴缘于一次偶然的机会发现了 X 射线,但当时的科学家们,包括伦琴本人在内,都不知道这种看不见的神秘射线究竟是什么。后来人们给出的解释是:X 射线是一种波长很短的电磁波。今天我们知道,X 射线的波长介于紫外线和 γ 之间,为($20 \sim 0.06$)$\times 10^{-8}$ 厘米。虽然今天我们能够对 X 射线予以精确的理论解释和说明,但此类理论却并不具有经验新奇性协调力,因为"经验新奇性不是对新奇现象(即观测型经验问子)的解释,而是预言的新奇现象(理论型经验问子)得到观测型经验问子的验证"[①]。事实上,今天我们对 X 射线的认识和说明,只是所谓的"事后诸葛亮"现象。而标准模型理论是在希格斯玻色子被发现之前所做的预测,一旦该预测被经验事实所验证,该理论的经验协调力就将立刻大幅提升。这与爱因斯坦的相对论对水星近日点的进动、引力场光波的红移,以及引力场光线的偏转三大预言,在得到经验数据的验证之后为人们所广泛接受是同样的道理——皆是其经验新奇性协调力显现的结果。

"一个理论如果能作出与事实相符的新奇预测(当然越多越好),那么它必定能增强理论的经验新奇性协调力。"[②]在标准模型理论的发展过程中,随着一系列基本粒子的发现,以及经验数据的不断累积,标准模型所面对的经验问题的解子和问子数之比也在不断发生着相应的变化。从总体上看,标准模型理论的经验新奇性协调力的增强,推动着该理论的综合协调力的整体提升。

2. 标准模型理论的概念协调力和背景协调力

一个具有强大生命力的理论从来都不是一成不变的。标准模型理论也是如此。这一理论在诞生之后,在科学实践中不断改变自身,努力实现与经验事实相符合。确切地说,就是标准模型理论预测的粒子、力、质量等数据与实际的科学实验中得到的具体数据有所出入。在数据准确无误的前提下,科学家们要么对理论进行调整,以期与实验数据相一致,从而推动理论不断发展;要么选择放弃,重新构建理论,取而代之。

与对理论的调整或修补相伴随的是标准模型的概念协调力的提升。在标准

---

① 马雷. 2008. 冲突与协调——科学合理性新论. 北京:商务印书馆:106-107.

② 马雷. 2008. 冲突与协调——科学合理性新论. 北京:商务印书馆:107.

模型中，夸克的发现与发展可让我们对理论的概念协调力的提升有一个明确的认识。1964年，盖尔曼提出夸克时，它仅仅是一种逻辑构造。最初的夸克分为三种：上夸克、下夸克和奇异夸克。相对应还有三种反夸克。当时，人们对夸克的认识是模糊的。事实上，直到今天，夸克奇特的性质——它从不单独出现，使得夸克是不是作为一种实体而存在（即夸克的根本属性），依然困扰着许多人。虽然夸克的产生将以前发现的上百种粒子简化为三种粒子组合，这是一个巨大的进步，但标准模型理论的问题依然存在，比如，夸克是如何组合到一起的，就是一个随之而来的新问题。在20世纪70年代粲夸克被发现后，该理论开始做出多次正确的预测，且可为实验所验证。夸克理论有了进一步的发展，但问题依然没有得到解决，而且人们又发现了夸克的另一个怪异的特性——渐近自由。为了使标准模型理论的解题能力得到进一步的提升，盖尔曼提出了"色"的概念，虽然今天我们知道"色以及夸克和胶子永远只是黑箱的一部分，只是个抽象体，它永远无法触发盖革计数器，永远不会在气泡室留下踪迹，也永远不会触动电子探测器的导线"[1]，但标准模型对粒子家族的说明却已逐渐趋于完善。今天，标准模型理论所包含的——18种夸克、6种轻子、14种规范玻色子，其中的18种夸克就是由6种夸克（每种夸克都有3种色）演化而来——为至今已发现的所有基本粒子都找到了合适的说明。

事实上，标准模型对希格斯玻色子的探寻也存在与夸克理论同样的问题。在具体的科学实践中，标准模型理论对希格斯玻色子质量方面的预测也在不断调整。这是标准模型理论自我完善的过程，也是理论的概念协调力逐步提升的过程。

在希格斯玻色子被发现前后，标准模型理论的发展，除了理论的经验协调力和概念协调力得到提升之外，其背景协调力也在发生变化。1964年，"希格斯机制并没有马上赢得人们的信任"[2]。那一年，希格斯将他的论文投到《物理评论快报》，却遭到了拒绝。此时，这一新理论面临着严重的心理冲突。1967年，虽然这一领域又经过温伯格、基布尔（T. Kibble）、萨拉姆等人的研究，但"没有

---

① 利昂·莱德曼，迪克·泰雷西．2003.上帝粒子——假如宇宙是答案，究竟什么是问题？米绪军，古宏伟，赵建辉，等译．上海：上海科技教育出版社：345.

② 吉姆·巴戈特．2013.希格斯——"上帝粒子"的发明与发现.邢志忠译.上海：上海科技教育出版社：71.

人在意他们的论文……没有几个人能够弄懂"①。就在 2000 年，霍金还和美国物理学家凯恩打了一个赌，认为希格斯玻色子不可能存在。事实上，希格斯玻色子对标准模型理论造成的心理冲突一直持续到该粒子被发现时为止。这一不协调——该理论的冲突状态，还是导致超导超级对撞机项目最终破产的重要因素之一。当然，在 2012 年希格斯玻色子被宣布发现之后，"这个新玻色子的质量处于 125 ～ 126 千兆电子伏之间，并且恰好以人们预期希格斯玻色子应具有的方式与其他标准模型粒子发生相互作用"②，人们逐渐转向支持该粒子的存在，"尽管诺贝尔奖颁发给希格斯之后仍然存在杂音，但粒子物理学界基本感觉满意"③。标准模型理论在背景方面从冲突转向了协调，其背景协调力也得到了提升。

值得一提的是，尽管希格斯玻色子的发现导致标准模型理论在经验、概念和背景三个方面的综合协调力都得到提升，但这并不具有绝对的判决力，即标准模型理论并非一个绝对正确无误的终极理论。因为该模型并不能解释我们的世界中的一些基本问题。一个突出的问题是，今天我们已逐步实现电磁力、强相互作用力和弱相互作用力的统一，但引力问题仍未得到解决。此外，从暗物质、暗能量，到中微子的微小的质量，以及它们如何相互作用，我们知道还有更多的问题存在，这些需要标准模型理论的协调力继续提升，方可做出回答。在世界面前，人们将永远走在探索的征途中。

第三节　世界的简单性与复杂性

2012 年，伴随着希格斯玻色子的发现，标准模型理论对世界的说明获得了巨大的成功。伴随着这一当代物理学的大事件，有关科学能否为世界提供一个终极说明的哲学争论再次展开。

---

① 吉姆·巴戈特 .2013.希格斯——"上帝粒子"的发明与发现 .邢志忠译 .上海：上海科技教育出版社：77.
② 吉姆·巴戈特 .2013.希格斯——"上帝粒子"的发明与发现 .邢志忠译 .上海：上海科技教育出版社：178.
③ Lockyer N. 2013. Particle physics：Together to the next frontier. Nature，504（7480）：367-368.

一、世界的未来：洛克耶的自信与奎恩的困惑

从 2013 年底到 2014 年初，在相隔仅仅一个月的时间里，《自然》（*Nature*）杂志分别发表了尼吉尔·洛克耶（Nigel Lockyer）的《粒子物理学：共同走向下一个前沿》（*Particle Physics：Together to the Next Frontier*）和特里·奎恩（Terry Quinn）的《不要停止对万有引力常数 *G* 的测量的追求》（*Don't Stop the Quest to Measure Big G*）两篇文章。

在《粒子物理学：共同走向下一个前沿》中，洛克耶指出，希格斯玻色子是粒子物理学标准模型拼图中的最后一块，因此这一发现对于标准模型理论而言具有关键性的意义。但他也清醒地认识到，该模型并不能解释宇宙的一些基本问题：从中微子的微小的质量到暗物质和暗能量，还有更多问题的存在。不过，这些却不是洛克耶要表达的主要思想。因为他明确表示：

> 旨在发现希格斯玻色子的长达数十年的探索基本完成。尽管诺贝尔奖颁发给希格斯的预测之后仍然存在杂音，但粒子物理学界感觉满意。该是暂停下来，进行反思并考虑下一步怎么走的时候了 ①。

随后，洛克耶对世界各国如何进行国际合作，对宇宙是如何运转的下一步的探索，制订了一个野心勃勃的计划。显然，洛克耶对世界的未来图景充满了信心。

与此同时，奎恩对世界的认识则充满了困惑。物理常数有助于解释和预测宇宙的运动和行为。但到目前为止，牛顿万有引力定律中的耦合常数 *G* 仍未得到精确测定。奎恩指出，在过去的十多年间进行的七个独立的实验，得出了大约有 0.05% 的误差分布的结果。作为物理学的一个基本常数，这是非常不精确的。在这一问题上，奎恩的困惑是：

> 假设不存在一个能够解释为什么在不同的地方对 *G* 的测量值会有所不同（不太可能出现这一现象）的隐藏在背后的物理学，那么为什么又会出现这样一个结果的传播呢？问题就出在系统误差——这是在每一个基本常数的绝对测定中都会出现的幽灵。无论人们试图在多大程度上考虑测量中误差会出现的可能性，原则上都不可能证明其不存

---

① Lockyer N. 2013. Particle physics：Together to the next frontier. Nature，504（7480）：367-368.

在。要让人相信的唯一途径就是使用若干不同的方法来测量同一个常
数。这不仅在对大自然的基本常数的测量中是真理，对其他任何事物
的测量莫不如此[①]。

虽然，奎恩在他的文章中，呼吁人们不要停止对万有引力常数 G 的测量的
追求，也表达了自己对测量的信心，但对于如何摆脱其中的困惑，奎恩显然也
无法给出答案。事实上，洛克耶的自信和奎恩的困惑，代表了世界体系简单性
和复杂性不同主张的两个极端。那么，世界到底是如何存在的呢？世界的基本
特征是复杂性还是简单性呢？

二、追求世界体系简单性的传统

科学进入现代以后，无序、不确定性、偶然性、随机性、概率等复杂性特
征越来越多地出现在对世界体系的描述与说明中，这与经典科学对世界简单性
的信念是背道而驰的。

事实上，向科学史的源头追溯，人类对于世界的看法各异。美索不达米亚
人认为天和地就是两个扁盘，而埃及人将宇宙想象为一只长方形盒子，和他们
差不多时候的古代中国则流传着盖天说。事实上，在古代，天文观测已然兴起，
但古人"对于例如宇宙空间特性等问题的看法始终是同他们的科学分开的"[②]。因
此，这一时期的宇宙观大多是基于对世界简单性的追求而做出假说，以之为世
界提供说明。此后，人们追求世界简单性的传统便一直延续下来，直到今天。

与极早期人类的宇宙观相比较而言，从亚里士多德时代开始，人们对宇宙
所展开的思考逐渐趋于理性，且各种主张大多以经验为基础，而非完全是主观
想象的结果。亚里士多德并不否认自然界中存在复杂性，因为那时他已经意识
到，"自然界里不是一切事物皆运动；也不是一切事物皆静止；也不是有些事物
永远运动，其余事物永远静止；而是有这样一些事物：它们在这个时候在运动
着，另外的时候不在运动"[③]。但不知是什么原因的驱使，他总是力图将自然界中
纷繁复杂的现象归结为一个简单性的原因。为了给永恒地运动着的复杂世界一

①　Quinn T. 2014. Don't stop the quest to measure Big G. Nature，505（7484）：455-456.
②　斯蒂芬·F. 梅森. 1980. 自然科学史. 周煦良，全增嘏，傅季重，等译. 上海：上海译文出版社：10.
③　亚里士多德. 2009. 物理学. 张竹明译. 北京：商务印书馆：246.

个简单性的说明，亚里士多德设想"有一个或多个永恒的不动的第一推动者"①在统率着整个宇宙。在"第一推动者"的帮助下，亚里士多德构建起一个以地球为中心的宇宙系统，并影响了世界 2000 年左右的历史。

从亚里士多德到现在，人类的宇宙观已几经变革，但对于世界简单性追求的传统却一直延续了下来。其中，哥白尼从几何学的推论中发现，"圆球正是用这样的动作表示它具有最简单物体的形状，既无起点，也没有终点，各点之间无所区分，而球体本身正是旋转造成的"②。因此，虽然哥白尼对世界所持的主张和传统的地心说完全相反，但从圆的这一特性出发，他仍然延续了亚里士多德对世界的简单性说明的传统，只不过他认为"太阳位于宇宙的中心"③罢了。

近代以后，对世界体系简单性的探索主要表现为对描述世界的统一理论的追寻。在经典力学体系中，牛顿曾明确表示，"希望其他的自然现象也同样能由力学原理推导出来，有许多理由使我猜测它们都与某些力有关"④。随后，他将自然之力推演到包括微观领域和宇观体系在内的整个世界，认为整个世界的运行都遵循着力学原理，进而寻求为世界提供统一的说明。根据牛顿的理论，拉普拉斯（P.-S. Laplace）写成并发表了《宇宙体系论》。由于牛顿经典力学体系的巨大成功，拉普拉斯坚信用物理学的原理给世界以简单性的终极解释只是时间问题。值得注意的是，在他的著作中，他用力学理论消解了上帝的作用。据说，此举还招来了拿破仑（Napoléon Bonnaparte）的揶揄："拉普拉斯先生，有人告诉我，你写了这部讨论宇宙体系的大著作，但从不提他的创造者。"面对拿破仑的提问，拉普拉斯自信地回答道："我用不着那样的假设。"⑤

爱因斯坦也几乎花费了整个后半生的精力去寻求一个大统一理论，他一直"期望着建立一个新的物理学理论基础，它所使用的基本概念是大大不同于迄今所考查的场论的概念"⑥，并以之统一相对论、量子力学和牛顿的经典力学理论，因为他无法认同量子力学对世界所做的概率说明，"不相信我们应当永远满足于

① 亚里士多德 . 2009. 物理学 . 张竹明译 . 北京：商务印书馆：242.
② 尼古拉·哥白尼 . 1999. 天体运行论 . 叶式辉译 . 西安：陕西人民出版社：16.
③ 尼古拉·哥白尼 . 1999. 天体运行论 . 叶式辉译 . 西安：陕西人民出版社：29.
④ 牛顿 . 2006. 自然哲学之数学原理 . 王克迪译 . 北京：北京大学出版社：2.
⑤ W. C. 丹皮尔 . 2001. 科学史及其与哲学和宗教的关系 . 李珩译 . 桂林：广西师范大学出版社：177.
⑥ 许良英，李宝恒，赵中立，等编译 . 2010. 爱因斯坦文集（第一卷）. 北京：商务印书馆：501.

对自然界的如此马虎、如此肤浅的描述"①。随着当代科学探索的逐步推进，霍金也坚信，"当我们往越来越高的能量去的时候，越来越精密的理论序列确实应当有某一极限，所以必须有宇宙的终极理论"②。他还声称，"M 理论是宇宙完备理论的仅有的候选者"③。

事实上，用一个终极理论来为世界做出简单性的说明，是科学界的普遍追求。对当代科学家们来说，"爱因斯坦昨天的奋斗也是我们今天的奋斗"④，绝大多数科学家有一个共同的梦想："如果我们能在有生之年发现终极理论，那是多么奇异的事情啊！"⑤而且科学家们都拥有相同的信念："存在一个终极理论，我们也有能力发现它。"⑤近年来，标准模型得到广泛的认可，特别是 2012 年希格斯玻色子的发现，再次令人们对世界体系的简单性充满了信心。

不过，在笔者看来，无论是爱因斯坦对大统一理论的追寻，还是霍金对宇宙终极理论的思考，甚至是目前得到广泛认可的标准模型理论，在简单性上与牛顿的力学理论体系都无本质区别，最大的不同就在于为世界提供的解释力上有所差异而已。实质上，这些理论都仅仅是对世界体系简单性追求中的一步。沿着还原论的道路向前追溯，一个简单明确的世界即将呈现在人们的面前。在希格斯玻色子这一关键性证据的推动下，大统一理论的世界图景似乎已初步显现出清晰的轮廓。

三、世界体系简单性的问题

和科学界的一贯追求不相适应的是，当代科学前沿的进展中有越来越多的现象表明，对世界体系简单性的追求是存在问题的。

1. 科学的蒙蔽

近代以后，人们为了使事物的某些特征得到更好的呈现，往往选择借助实验室中优越化的条件设置，去排除与实验目的无关的其他可能情况，使问题得到更好的解释。19 世纪时，在法国科学家巴斯德和普歇之间展开过一场有关

---

① 许良英，李宝恒，赵中立，等编译 . 2010. 爱因斯坦文集（第一卷）. 北京：商务印书馆：473.
② 史蒂芬·霍金 . 2009. 时间简史 . 许明贤，吴忠超译 . 长沙：湖南科学技术出版社：225.
③ 史蒂芬·霍金，列纳德·蒙洛迪诺 . 2011. 大设计 . 吴忠超译 . 长沙：湖南科学技术出版社：154.
④ S. 温伯格 . 2011. 终极理论之梦 . 李泳译 . 长沙：湖南科学技术出版社：14.
⑤ S. 温伯格 . 2011. 终极理论之梦 . 李泳译 . 长沙：湖南科学技术出版社：188.

自然发生说的争论。为了支持生命的自然发生说，普歇进行过一次著名的实验——干草浸液实验。在实验中，他把消过毒的干草浸液器皿放在一个水银槽中，然后加热水银槽中的水银，使其沸腾。这样，穿过水银到达干草浸液器皿中的就是纯净的空气了。普歇发现，干草浸液中的有机物一遇上"纯净的空气"后，就开始生长。由此他得出结论：新的生命是自然发生的。这一实验有力地支持了生命的自然发生说。普歇的实验是严格按照程序进行的，"每一个影响因素都必须通过一系列设计缜密的实验来进行系统排查"[①]。为此，他先将干草消毒，后让空气穿过沸腾的水银，其目的就是要排除他的竞争对手巴斯德所强调的"空气中微生物的存在是关键所在"[②]，而将生命发生的唯一可能的解释直观地呈现出来——生命是自然发生的。事实上，这一案例代表了近代以后科学实验的主要形象：通过优越化的条件设置使实验的某些特征得以更好地呈现。当然，在大多数时候，这一做法是有效的，且产生了一个直接的后果，就是令人们更加坚定了世界在本质上是简单性的信念。

但事实上，科学的这一形象是不客观的。在普歇的干草浸液实验发生12年之后，科学家们发现，干草浸液中存在一种不易被沸腾的水银杀死的胚芽，正是这些胚芽在遇到空气之后发生了生长现象。笔者不是要否认，在现代化的实验室中，人们的确可创造出许多优越化的实验条件和环境，为事物的某些性状的呈现提供便利。但同样无法否认的是，不管是什么样的实验室都无法排除所有可能，创造出绝对理想化的环境。事实上，这也是前文中奎恩困惑的根源。

2. 简单性的存在价值

从科学史的实际来看，简单性只是人们在运用科学方法认识世界过程中的一种手段而已。特别是当科学步入近代，科学探索的目光深入到微观世界中研究粒子现象，以及转向大尺度宇宙空间寻找世界起源的时候，仅仅凭借人类的自然感官已然无法获取研究所需的信息，大量的实验室才应运而生。事实上，简单性只存在于实验室中，最多还存在于人们的思维中。而在真实的世界中，简单性是不存在的。比如，2012年欧洲核子研究中心的科学家们宣称"看见"

① 洛伊斯·N. 玛格纳. 2009. 生命科学史. 3 版. 刘学礼主译. 上海：上海人民出版社：212.
② 洛伊斯·N. 玛格纳. 2009. 生命科学史. 3 版. 刘学礼主译. 上海：上海人民出版社：213.

了希格斯玻色子，并向人们宣告了该粒子的存在。不过，希格斯玻色子的独特属性决定了它一出现就会立即与夸克、轻子等基本粒子发生作用从而消失，根本就无法存在于我们的现实世界中，只能在理论上显示它可能存在于宇宙大爆炸之后的极其短暂的几秒之内。但该粒子的存在对标准模型理论而言却具有非凡的意义，"没有它，标准模型就会在很简单的一致性检验中失败"[1]，而它的出现则使标准模型对世界的预言与人们在实验室中"所见"的现象很好地吻合起来。这便是人们对世界简单性追求的最大价值之所在。

3. 简单性的存在空间

如果非得说世界存在简单性的话，那么，简单性最多以两种面目存在：个体简单性和局域简单性。对于个体简单性，你可以以你身边的某一个人（比如，你的朋友 F）的行动为例进行考察。经过一段时间的观察之后，你会发现 F 的行踪具有某些规律：他在大多数时间里都往返于家—学校、家—单位、家—市场……之间，或许你还会发现他每周会有规律地去图书馆阅读、到体育场锻炼身体、会见亲人等，根据你的观察，你甚至可以做出一张有关 F 的行动图表。但请不要太乐观，因为你一旦将你的视线从 F 这一个体扩大到一个城市中的所有人，甚至是整个人类的话，你最终得出的结论必然是"林子大了，什么鸟都有"，不同的人行动各异，毫无规律可循。除了个体简单性之外，还存在着局域简单性。比如，地月系统、太阳系、银河系……但你一旦将你的视野再放开些，你就会发现天体与天体之间、星系与星系之间存在着巨大的差别。想想人类一直在寻找一个适合生命存在的星球，却一直未能如愿，就知道浩瀚的宇宙中亿万颗天体之间的差距有多大了。

因此，即使存在着个体简单性和局域简单性，我们也不能断定简单性就是世界的本质特征。事实上，运用现代物理学的眼光对个体简单性做细致的考察，你同样会发现问题。比如，你的好友 F 往返于家—校之间，似乎每天都在沿着一条固定的路线做往返运动，但事实上，只要你将他的行动路线稍微精确些，就会发现，F 每天往返的精确路线是不相同的，因为你往往会习惯性地将他每天行动路线上的细微差别忽略不计。同样，在太阳系中，人们往往为金

---

① 利昂·莱德曼，迪克·泰雷西 . 2003. 上帝粒子——假如宇宙是答案，究竟什么是问题？米绪军，古宏伟，赵建辉，等译 . 上海：上海科技教育出版社：382.

星、木星、水星、火星、土星等行星绕日运行所蒙蔽，而产生简单性统治了太阳系的假象，却对流星、各种无序运动的天体、随意飘浮的大气……视而不见。总之，"今天，宇宙的物理学的概念使我们不可能以简单的方式想象宇宙"①。宇宙作为一个复杂的整体而存在，简单性不是世界的全部，需要加以提升，方可更好地反映世界的真实面目。

四、世界体系的复杂性

进入现代以后，人们发现并非如人类一直所期待的那样，"物理科学曾经努力揭示世界的完美无缺的秩序、它绝对的和永恒的决定论、它对宇宙大法则的遵循和它简单的初始构成（原子），而这个物理科学的进一步发展本身最终导致了现实世界的复杂性"②。当代科学前沿的进展越来越多地展现了世界复杂性的面目。

1. 世界复杂性的存在

目前，人们对世界的认识依然是基于三部分理论的：经典力学体系、相对论和量子力学。前文曾述及，牛顿的经典力学体系的成功一度坚定了科学家们对世界体系简单性的信念，并激发人们将力学理论从我们所熟悉的世界扩展到整个宇宙。但当科学的触角延伸至微观粒子世界后，"人们发现了微观物理学的极端复杂性：基本粒子不再是初始的砖块，而是关于可能不可再认识的复杂性的边界"②。海森堡的测不准原理告诉人们对事物的精确描述不再可能。更为严重的是，"微观物理学遇到了第一个悖论，在其中物质的概念本身失去了它的实体性，基本粒子的概念在其身上发现了内在矛盾"①。原本"确定无疑"的世界，在量子力学中却只能以概率的方式存在。和微观领域的情况相似，"宇宙不再是一部完美的机器，而是一个同时进行着解体和组织的过程"②。自量子力学诞生后，人们确信，不断"解体"和"组织"的宇宙基本单元——夸克、玻色子、中微子等都以能量包的方式存在，希格斯玻色子当然也不例外，而非还原论所期待的那种"积木"式的存在。特别是大爆炸学说表明，宇宙起源于一场

① 埃德加·莫兰.2008.复杂性思想导论.陈一壮译.上海：华东师范大学出版社：64.
② 埃德加·莫兰.2008.复杂性思想导论.陈一壮译.上海：华东师范大学出版社：8.

大爆炸，最初的世界处于一片混沌与无序的状态之中。直到现在，世界的许多方面所表现出的，与人类一直以来孜孜追求的简单性恰好相反。复杂性是世界无法抹杀的本质特征之一。

2. 复杂性与无序

偶然性、随机性、无序性等复杂性特征已成为现代科学的常态，逐渐为人们所接受。顺着时间箭头的反方向回溯到宇宙起源——大爆炸之初，世界是与无序共存的。当然，笔者并不想否认有序的存在。因为，在一片无序与混沌之中，有序逐渐显露。在此意义上，无序演化生成了有序。我们所熟悉的地球上的生态系统、太阳系、银河系等有序的运行均来源于无序的状态，"无序和有序既是对立的，又以某种合作以组织宇宙"①。这的确是令人们感到惊奇的事情。不过，请注意，笔者此处说的是"无序演化生成了有序"，而非无序变成了有序。从宇宙整体来看，有序并未能取代无序，无序依然存在，且是宇宙的总体形象。

在麦克斯韦妖或布朗运动中，若把目光集中在单个个体的身上，你会发现每一个分子都有自己的运动轨迹。但若以大环境为背景，你就必须得承认：个体的有序等于无序。所以，无序之中包含了有序。总体无序，其中的个体或部分有序。也可以说，无序是宇宙常态，而有序仅仅是特例，且其存在的条件特殊。比如，霍尔反常效应必须在非常苛刻的条件下才能实现。目前科学的最新研究表明，宇宙正在加速膨胀。这再次颠覆了人们对宇宙简单性的信念，因为这一状态与人们的常规经验不符，膨胀不是匀速，也不是减速。事实再次表明，有序并不能完全取代无序，且没有证据显示存在这一趋势。

五、简单性信念的影响

不知道是一种什么样的神秘力量，使人类对世界体系确立了如此坚定的简单性信念，几千年来人们似乎总是在想方设法地证明自己所生存的空间是决定论的，而不愿意承认自己生存在一个变幻莫测的以复杂性为主要特征的世界之中。不容否认的是，这一信念是支撑科学家们不断前行的动力源泉，而且取得的成就也是显著的。在量子力学诞生之后，人们一直被量子的奇特秉性所困扰，

① 埃德加·莫兰.2008.复杂性思想导论.陈一壮译.上海：华东师范大学出版社：61.

即量子粒子可在同一时间处于两种状态。而由于具有令人难以置信的敏感性，在对它们进行简单观察的过程中，它们的特性就会发生变化。许多人主张，这一怪异的性质就是简单性的固有反例。不过，在简单性信念的指引下，人们经过努力发现，"在对较高质量粒子相互作用的测量中，实验者可以计算出细微的能量波动，这可以让人们对量子困境做出更好的理解"[①]。此外，"在过去的 15 年间，有越来越多的证据表明，量子力学的过程也可以在宏观层面上发生"[①]。量子力学逐渐从复杂的微观世界走进简单的宏观世界。特别是希格斯玻色子作为微观粒子的一部分，具有基本粒子的复杂性特征，但同时又为整个世界提供了质量，为宏观乃至宇观世界的力的现象提供了终极说明。简单性与复杂性之间的道路被打通，二者之间似乎并非绝对对立的。希格斯玻色子的发现，引发了还原论者们的狂欢，他们认为，标准模型理论为世界做出简单性说明的时刻终于来临。当然，希格斯玻色子既有作为世界基本"砖块"的这一简单性特征，为还原论提供了支持，其本身具有的复杂性特征，又为还原论增添了新的障碍。但从总体上看，希格斯玻色子的发现，使得还原论思想占据了上风，但其能否对世界进行彻底的分割与解构，目前仍然无法给出一个明确的答案。不管人们承认与否，在现在乃至将来很长一段时间内，复杂性都会和简单性一样，作为世界的主要面目而存在。人们可能永远也无法将世界转化为绝对简单的存在，简单性与复杂性这一对矛盾的共存及相互转化，将是描绘未来世界图景的必然特征。

第四节　思想实验在微观世界研究中的运用前景

从希格斯玻色子的经验新奇性，到夸克的实在性，我们可以看到，在微观世界的前沿阵地，传统的科学方法已经逐步显现出其固有的局限。而思想实验正越来越多地出现在微观世界的前沿探索中。

[①]　Khrennikov A，Haven E. 2013. Physics goes social：How behaviour obeys quantum logic. New Scientist，219（2924）：26-27.

一、夸克及其实在性

如果说希格斯玻色子因为极易与其他粒子相结合而难以被发现的话，夸克的性质就更为奇特了。

1. 追寻夸克

从根据量子数分类构建的强子图谱来看，强子仍然应该有更精细的结构。但亚核粒子的现象难以观察到。在此背景下，"盖尔曼证明了存在一种他称为数学结构的东西"[①]。他假设，只要存在三个在数学上自洽的逻辑构造，就可以为强子的属性提供合理的说明。这就意味着，在杨－米尔斯场论中，自发对称性破缺消解了无质量粒子的问题。但问题的解决是短暂的，与旧问题的消解相伴随的是，又一个新问题的产生——质子和中子等一定是由三个更加基本的粒子所结合而成的复合体。

不过，当谢尔伯（R. Serber）就这一想法征求盖尔曼的意见时，盖尔曼认为这是一个疯狂的想法，因为这意味着，三个假想的新粒子必须带有分数电荷—— -1/3、1/3 或 2/3，这样才可以符合质子和中子的总电荷。但是，"这样的粒子从没有人见过，而且所有已知粒子的带电量都是电子电荷的整数倍，这一点早已深入到物理学家们的意识之中"[①]。几乎没有人赞同谢尔伯的主张。因此，盖尔曼给这些带分数电荷的粒子起了一个极具调侃意味的名字——夸克，以表达他对这一主张的无奈。在盖尔曼看来，这种粒子的属性是如此奇特，出乎人们的意料，"这样的粒子倘若存在，它们毫无疑问是大自然的一种怪癖"[②]。但在科学家们看来，这并不是什么严重的问题，因为"一个成功理论的检验标准在于它是否能预测"[③]。1964年，科学家们在布鲁克海文国家实验室（Brookhaven National Laboratory）发现一种粒子的特性和盖尔曼假说所预言的完全一致。到20世纪70年代时，夸克理论已经做出了很多正确的理论预测，并在实验中屡次得到证实，以至于盖尔曼也开始倾向于承认夸克是真实存在的了。

① 利昂·莱德曼，迪克·泰雷西 . 2003. 上帝粒子——假如宇宙是答案，究竟什么是问题？米绪军，古宏伟，赵建辉，等译 . 上海：上海科技教育出版社：309.
② 吉姆·巴戈特 . 2013. 希格斯——"上帝粒子"的发明与发现 . 邢志忠译 . 上海：上海科技教育出版社：64.
③ 利昂·莱德曼，迪克·泰雷西 . 2003. 上帝粒子——假如宇宙是答案，究竟什么是问题？米绪军，古宏伟，赵建辉，等译 . 上海：上海科技教育出版社：311.

事实上，到目前为止，夸克理论依然存在疑问，"虽说渐进自由能够解释为什么夸克在强子的内部只有微弱的相互作用，但它无法解释为什么夸克处于禁闭的状态"[①]。当然，为了对此加以说明，人们必须做出更多的设想。从对夸克追寻的历程及其主旨思想来看，"这种思想似乎一点儿也没脱离物理学家习惯的主流方向，不过是留基波和德谟克利特的古老传统——用更小、更简单的基元解释复杂的结构——又向前进了一步"[②]。

2. 夸克实在性的困惑

"值得注意的是人们从未观测到一个'自由'的夸克，而且有足够的理由相信，也许我们永远也不能观测到一个'自由'夸克。"[③]一个残酷的事实是，人们一直没有在实验室中得到一个孤立的夸克，而且人们相信永远也无法做到。这是由于夸克所特有的"幽闭"性质。两个孤立的夸克之间的距离越小，它们就越处于一种自由的状态，即渐进自由。而一旦二者分开的距离越大，二者之间的力就越大，以至于它们无法被分开，永远都只能处于相互结合的状态。当然，或许有人会问：是不是本来就不存在孤立的夸克？然而，自夸克理论提出之后，各种不同的证据的指向是一致的：夸克是存在的。

除了成功的预言之外，从没有人真正见过夸克。因此，当有人认为夸克是存在着的实体的时候，"盖尔曼就告诉他不要试图去寻找夸克，因为夸克只是一个'字面上的东西'"[④]。事实上，盖尔曼当初只是由于数学上的自洽性，才在一定程度上同意了分数电荷的想法，并在此基础上提出了他的夸克假说。在夸克假说中，夸克"不是一个存在的实体，而只是一种权宜的数学构造"[⑤]。

虽然夸克的实在性难题一直困扰着科学家，包括夸克假说的提出者盖尔曼在内的许多科学家都对此保持着一种谨慎且低调的态度，他们强调，"夸克和胶

---

① 吉姆·巴戈特.2013.希格斯——"上帝粒子"的发明与发现.邢志忠译.上海：上海科技教育出版社：114.

② S.温伯格.2011.终极理论之梦.李泳译.长沙：湖南科学技术出版社：145.

③ 斯蒂芬·韦伯.2007.看不见的世界——碰撞的宇宙，膜，弦及其他.胡俊伟译.长沙：湖南科学技术出版社：97.

④ 利昂·莱德曼，迪克·泰雷西.2003.上帝粒子——假如宇宙是答案，究竟什么是问题？米绪军，古宏伟，赵建辉，等译.上海：上海科技教育出版社：313.

⑤ 利昂·莱德曼，迪克·泰雷西.2003.上帝粒子——假如宇宙是答案，究竟什么是问题？米绪军，古宏伟，赵建辉，等译.上海：上海科技教育出版社：310.

子都是'虚构'的（fictitious）"①。但在越来越多的证据的支撑下，夸克已经作为一种实体扎根于人们的头脑之中，今天大多数人都相信，"夸克决不仅仅是一种数学手段，它们是真实的存在"②。面对科学事实，"在我们今天的夸克理论的发展中，实证性原理戏剧性地被丢弃了"③。不过，科学界对夸克的实在性难题采取悬置态度，或许不失为一种好的策略，因为按照协调论，夸克作为理论的一个解子提出，是为了解决问题，而非为了参与到那个已经困扰了人类数千年的实在与反实在之争当中。从实际效果看，夸克解子的提出，也确实达到了其解决问题的目的，为物理学标准模型理论有关基本粒子的性质提供了一个有效的说明，大大地提高了理论的协调力。至于其实在性问题，也就并不那么重要了。

事实上，在粒子物理的标准模型中，除了无处不在的光子之外，其他的基本粒子，诸如反粒子、中微子等，都和希格斯玻色子一样难以观测。所有粒子都有和它相对应的反粒子，二者一旦相遇，就会发生湮灭现象。霍金曾幽默地发出"警告"："也可能存在由反粒子构成的整个反世界和反人。然而，如果你遇到了反自身，注意不要握手！否则，你们两个人都会在一个巨大的闪光中消失殆尽。"④

二、"看不见的足球"

人们对微观粒子世界探寻的前沿早已进入到一个完全看不见的领域之中。由于基本粒子古怪的存在方式，科学家们对基本粒子的研究，必须在有限的间接经验累积的基础之上，依靠思想实验去探寻它们的属性，甚至连物理学标准模型自身的构建也必然是思想实验的产物。为了给这个"看不见的世界"提供一个合理的说明，诺贝尔物理学奖获得者利昂·莱德曼（Leon M. Lederman）精心构建了一个思想实验。

首先，他假定存在一种来自"特维洛"星球的智能物种——特维

---

① 吉姆·巴戈特.2013.希格斯——"上帝粒子"的发明与发现.邢志忠译.上海：上海科技教育出版社：92.
② 吉姆·巴戈特.2013.希格斯——"上帝粒子"的发明与发现.邢志忠译.上海：上海科技教育出版社：90.
③ S.温伯格.2011.终极理论之梦.李泳译.长沙：湖南科学技术出版社：145.
④ 史蒂芬·霍金.2009.时间简史.许明贤，吴忠超译.长沙：湖南科学技术出版社：90.

洛人。他们与地球人基本相似，能做人类可做的任何事，只有一点例外，即特维洛人无法看到黑白对比鲜明的物体。足球当然被包含在其中。因此，当特维洛人和我们一起坐在我们的世界杯足球赛的观众席上时，他们所能够看到的只是一群穿着短裤的人在场地上跑来跑去，在空中毫无目的地踢腿，时而相互撞在一起，人仰马翻。有时守门员会莫名其妙地倒在地上，几乎是同时，观众中就会爆发出一阵欢呼，而其中一方就会加上一分。此时，我们可以想象到那些坐在观众席上的特维洛人脸上的困惑的表情。但这种困惑没有一直持续下去，因为不久后一些特维洛人便开始尝试着去理解他们所看到的现象，试图去弄明白在他们面前究竟发生了什么事。当然，不同的特维洛人所运用的方法是各异的。有的运用数学去计算球员奔跑的速度，以推演比赛的进程；有的关注球员踢腿的姿势，以猜测他们踢出的力度；有的通过列图表，对一些细节进行分类比较，以寻找其中的不同……其中有一个特维洛人注意到一个现象：每当裁判宣布得分之前的那个瞬间，也就是人群开始欢呼沸腾之前的那一刻，球网的后面在一刹那间会短暂地凸起一块。仔细看，那个凸起的形状是半圆形。于是乎，他作出了一个大胆的结论：存在一个看不见的球。⑤

在这一思想实验中，足球的存在仅凭有限的几次球网的短暂凸起表现出来。不过，虽然球网凸起的次数很少，且每次凸起持续的时间都很短，但假设有一个足球存在，特维洛人之前所有的疑惑与问题便都可迎刃而解——两个球队队员的奔跑、对抗、踢腿……也包括球网的凸起，都可得到合理的说明。所以，有一个"看不见的足球"的存在，便作为一个事实，逐渐为大多数特维洛人所认同并接受。

在当代科学前沿中，电子、夸克、希格斯玻色子等与莱德曼的足球一样，成为物理学研究的主要对象，并作为一种可信赖的看不见的实体而存在。

三、对后来科学的启迪

前文曾论及，出于对量子力学不完备性的质疑，爱因斯坦在其后半生中一

---

⑤ 利昂·莱德曼，迪克·泰雷西．2003．上帝粒子——假如宇宙是答案，究竟什么是问题？米绪军，古宏伟，赵建辉，等译．上海：上海科技教育出版社：13．

直无法认同量子力学的基础——测不准原理。为了说明量子力学的不完备性，爱因斯坦提出了纠缠思想实验（即 EPR 佯谬）。

在纠缠思想实验中，爱因斯坦本来是想要基于局域性思想，表明量子力学存在难以解决的问题：在互相相隔很远的两个不同地方的两个粒子，不可能有瞬时的超距作用。因为假设超距作用存在，人们心中便无法消除这样的疑问：当粒子 A 和粒子 B 之间的距离很远时，如十万光年，A 和 B 之间的信息如何建立联系？直观看来，这样的联系是不可能的。除非在二者之间有超距瞬时的信号存在。由此，爱因斯坦得出结论：玻尔等人对量子论的概率解释是站不住脚的。虽然这一思想实验在玻尔随后的反击下，没有达到爱因斯坦的目的，但它却引领着人们在这一领域开展更多的研究，为后来科学的发展提供了天才的思路和启迪。在纠缠思想实验中，两个或多个处于分离状态的粒子由于曾经的相互作用而紧密关联。这在爱因斯坦看来是相当荒谬的。不过，后来的科学家们通过实验验证，证实了这种纠缠现象的存在。惠勒是提出验证光子纠缠态实验的第一人。1948 年他指出，由正负电子对湮灭后所生成的一对光子应该具有两个不同的偏振方向。不久后，吴健雄和萨科诺夫成功地实现了这个实验，证实了惠勒的思想，生成了科学史上第一对互相纠缠的光子。目前，世界上有关纠缠实验的研究已经取得了丰硕的成果，相关研究的最新进展是，2015 年美国麻省理工学院和贝尔格莱德大学的物理学家开发出了一种新技术，使单个光子成功地实现了与 3000 个原子的纠缠。这就是思想实验在当代科学前沿中展现出的力量，即使它与爱因斯坦的初衷有所出入。

爱因斯坦不愧为一位思想实验大师，他对思想实验的运用达到了一个时代的巅峰。不断闪现的思想实验的光芒，将与相对论一起，对后人的科学研究产生源源不断的启迪。

第六章
思想实验与宇观世界的构建

　　科学前沿的"看不见的世界"远非仅仅是天体太过遥远，或者基本粒子太过微小所致。当下科学前沿的一项重要任务就是探寻暗物质与暗能量的下落。目前有关暗物质的踪迹只能通过引力透镜的作用，表明在一些星系团的内部存在着暗物质，此外就很难得出有关暗物质的其他信息了。为此，许多国家的科学家都设计了各种方法试图捕获暗物质，以进一步研究其基本属性。而暗能量则更为神秘，人们对有关暗能量存在的判断，仅仅是有关天体结构的理论要求必须有某种存在——暗能量，当然，近年来新发现的宇宙加速膨胀的事实也为暗能量的存在提供了新的支撑。不过，有关暗能量的其他信息一概不知，甚至连一个有效的探测暗能量的方案都没有。因此，目前有关暗物质与暗能量属性的研究基本属于思想实验的范畴。在可预见的将来很长的一段时间内，思想实验方法必将占据宇观世界构建的主导地位。

第一节　金鱼缸思想实验：世界究竟是什么样的？

　　人类通过思想实验揭示世界真相的传统由来已久。在科学史上，古代以柏拉图和亚里士多德等为代表的哲人们很少动手进行物质实验，他们认识世界的手段主要是思想实验。近代科学以后，物质实验逐渐受到重视，在短短的几百年间，人们几乎将物质实验的功能发挥到了极致。但随着科学对于世界本原的追问逐渐推进到一个更为深远的空间，物质实验由于其固有的不足而受到限制，在宇观世界的探索中，思想实验的重要作用将再次显现。

一、光源隐喻：古代世界影像说

柏拉图在他的《理想国》中构建了一个思想实验：有些人生活在一个地下洞穴里，洞穴与外面的世界之间有一条长长的通道相连。洞穴人从小就生活在这里，他们的腿和脖子被固定住而无法动弹，因此他们只能面对墙壁站立，且只能向前看，而不能四处张望，更不能回头看。在他们身后的高处有一些燃烧的火光，并且火与洞穴人之间有一堵矮墙。那么，当有人在墙的另一侧拿着各种各样的人像、动物模型等人造物举过矮墙，同时说话或发出其他的声音时，洞穴人由于看不到身后的人造物和火光，只能看到人造物投射到他们面前墙壁上的投影，并同时听到各种声音，而会据此判断投影和声音之间存在某种关系，并形成他们有关世界的认识[①]。

在这一思想实验中，柏拉图想告诉人们，只有那些摆脱了枷锁环顾四周的人，才能知晓包括自己、火光、人造物、声音等的本来面目；只有走出洞穴，在阳光的照耀下，洞穴人才能发现世界的真相。不过这样的人只是极少数，真理始终只能被少数人拥有。在更多的时候，各种各样的影像及声音便构成了绝大多数洞穴人所认知的世界的全部。世界影像说是古代哲人认识世界的最高成就之一，其对于世界的本原、人的经验、对世界的认知三者之间关系的思考，直至今天依然极具启发意义。

二、当代科学前沿对世界起源的探索

1. 相对论思想的萌芽

据爱因斯坦回忆，他 16 岁时就在头脑中设想过一个追光实验：如果我以速度 c（真空中的光速）追随一条光线运动，那么我就应当看到，这样一条光线

---

① 柏拉图.2009.理想国.庞燨春译.北京：中国社会科学出版社：204-206.

就好像一个在空间中震荡而停滞不前的电磁场。在经典物理学理论体系中，这是一个悖论现象。因为无论是牛顿的经典力学理论，还是麦克斯韦方程，都不允许这样一个在空间中震荡，却又处于停滞不前状态的电磁场的存在。事实上，悖论现象的产生根源于牛顿的绝对时空观。爱因斯坦指出，只要时间的绝对性或同时性的绝对性这条公理不知不觉地留在潜意识里，那么任何想要令人满意地澄清这个悖论的尝试，都是注定要失败。问题的解决必须抛弃经典物理学的绝对时空观，因为追光实验中的那个追随光线运动的"我"所看到的一切，应当像一个相对于地球是静止的观察者所看到的一样，都按照同样的自然规律进行。这个思想实验中孕育着狭义相对论的萌芽。

2. 思想实验与宇宙前沿

近年来，天文学家们在先进的仪器设备的帮助下，取得了一系列观测成就。2015 年 7 月，冥王星终于迎来了它的第一位访客——新视野号探测器，随之人类得以首次一睹它的真容。这是天文学史上的一件令人振奋的大事。同样是在2015 年 7 月，开普勒太空望远镜发现了一颗迄今为止与地球最为相似的系外行星——开普勒 452b，引发了人类的高度关注。此外，好奇号探测器自 2012 年在火星登陆后，将大量照片发回地球，也为人类认识火星提供了珍贵的资料。不过，在探索浩瀚宇宙的进程中，这些只代表了当前人类直接观测证据的最高水平。而目前人类对宇观世界探索的前沿，早已推进到一个人类探测器无法进行直接观测的空间。特别是在人们发现宇宙在不断加速膨胀之后，这种情况就更为明显了。

1998 年，美国索尔·帕尔玛特领导的超新星宇宙学项目，通过对遥远的超新星进行跟踪观测后发现，这些超新星发出的光的波长比传统的宇宙模型所允许的理论值要大，亦即其平均亮度比预想的要暗，而且越远的超新星其光波就越长。这就意味着，1929 年哈勃发现宇宙在膨胀之后认为宇宙在减速或匀速膨胀的理论存在问题。该项目所得出的数据表明，宇宙一直在加速膨胀。差不多同时，澳大利亚的另一个天文学小组，在通过长期的观测研究后也得到了相同的结论。这两个小组由于此发现而获得了 2011 年诺贝尔物理学奖。

宇宙加速膨胀论告诉我们，越是遥远的天体，其运行的速度就越快，而且还处在不断加速之中。也就是说，这些天体都在以越来越快的速度远离我们而去。从探索的手段上看，传统的光学望远镜早已满足不了人们对遥远的天体探测的需要，红外望远镜、射线望远镜和引力透镜等是目前宇宙观测的主要工具。事实上，这些新时代的望远镜已经逐渐将对宇观世界的研究从人们熟悉的直接观测转变为间接观测。即便如此，仅仅依靠引力透镜等观测到的遥远世界的零散信息显然无法实现人们的认知。必须运用思想实验，方可基于间接经验实现对世界的合理认知。

三、金鱼缸思想实验：相对的世界理论

显然，当下的科学对世界本原的追问已经进步了很多，如今的科学所展示的影像早已今非昔比。不过，直到今天，人们对世界的认识与柏拉图的光源隐喻所揭示的影像说在本质上依然是一致的，霍金的金鱼缸思想实验是宇观科学前沿的世界新影像的代表。

在金鱼缸思想实验中，霍金设想，当金鱼观察世界时，会由于鱼缸的透镜作用，而看到一个扭曲的世界。但霍金认为，如果金鱼拥有和人类一样的智力的话，它就可以从它们变形的参考系中总结出一个科学定律，而且它们也能运用这一定律去预言缸外物体的运动轨迹。霍金认为，或许人类也生活在一个大的宇宙缸中，而且目前人类对世界的所有认识理论，包括相对论，与金鱼定律并无本质区别，都只是有关世界的一个正确的图像。由于金鱼定律和相对论这两个理论模型都与观测相符合，"那么人们不能讲这一个比另一个更真实"[1]。二者无真假之别。

传统的科学观认为，一个好的科学理论必须要能够经受得起实验的反复验证，但在对世界本原的认识上，特别是在沿着加速膨胀的宇宙的时间箭头，往回追溯宇宙起源的宇宙大爆炸学说时，我们将可能"遇到一个也许永远也不会被实验所证实的理论"[2]。此外，当前宇宙学前沿对多重宇宙、宇宙膜、宇宙弦等的探索，皆可能面临相同的情形。因此，在未来认识世界的科学前沿，思想实验依然会发挥重要作用。

---

[1]　史蒂芬·霍金，列纳德·蒙洛迪诺. 2011. 大设计. 吴忠超译. 长沙：湖南科学技术出版社：38.

[2]　利昂·莱德曼，迪克·泰雷西. 2003. 上帝粒子——假如宇宙是答案，究竟什么是问题? 米绪军，古宏伟，赵建辉，等译. 上海：上海科技教育出版社：401.

第二节　看不见的世界：理论、模型与创新

现代以后，有关宇宙的科学探索就一直在逐渐远离普通人的视野——月球、太阳系、银河系……时至当下，科学前沿早已推进到了一个完全看不见的世界之中。在微观世界中，粒子越来越小而无法看得见；在宇观世界中，事件越来越遥远而无法触及。面对这个看不见的世界，科学家是如何进行研究的？科学该如何创新？普通人又该怎样认识这样的世界呢？

一、看不见的世界及其研究方式

1. 科学的研究对象：从看得见到看不见

2012 年希格斯玻色子被发现，这是物理学标准模型理论取得的一个重大胜利，也使得更多的人坚信物理学标准模型是当今世界上最为成功的科学理论。不过，即便如此，物理学标准模型依然面临着许多难以克服的困难，其中最为明显的就是，物理学标准模型仍然无法将引力统一于这一理论框架之中。此外，目前的科学表明，物理学标准模型所说明的物质仅占整个世界的 4% 多一点，而占据世界总质量约 96% 的部分——暗物质和暗能量仍未被发现，这必然对物理学标准模型理论有关世界的解释力提出更高的要求。

事实上，标准模型理论的最为成功之处，就在于其能为基本粒子的存在方式提供一个合理的说明，为近 100 年来乱哄哄的基本粒子群体找到一个稳定的归宿，再加之近年希格斯玻色子的发现令世界万事万物都有了质量之源。不过，上述成就仅能说明世界的部分现象，因为从基本粒子到宇宙中巨大的天体，之所以能够以标准模型理论所描述的方式存在，还必须归功于在万事万物之间存在力的作用。目前，我们所知道的力有四种：引力、电磁力、强相互作用力和弱相互作用力。在将狭义相对论推广到广义相对论之后，爱因斯坦就曾开始着手进行大统一理论的构建，试图将不同的力统一到同一个理论框架内，但直到目前，仍然没有一个理论能够做到这一点。不过，物理学标准模型理论已经成

功地统一了四种力当中的三种，除了引力。

如何将引力统一进来，是当下物理学家们亟待解决的首要难题。论及当今科学前沿问题，在《看不见的世界——碰撞的宇宙，膜，弦及其他》一书中，斯蒂芬·韦伯为我们描绘了一幅未来世界的图景。在未来世界中，消解引力难题的有效方法就是引入额外维度的存在，"只有当我们承认额外维度时，很多探索统一理论的方法才向我们敞开大门"①。额外维度的存在对消解引力难题具有建设性的作用，但同时又衍生出了新的问题。其中，更高的维度、碰撞的世界、宇宙膜、超弦等是克服物理学标准模型的固有问题的可能选项，代表了物理学未来的发展方向。

虽然现代科学前沿早就深入到了一个看不见的世界之中，不过，以往的那些看不见的基本粒子大多会在气泡室或云室里留下点蛛丝马迹，或者可能触动盖革计数器的导线，就连永远也不会单独现身的夸克也会在实验室中得到间接的经验证据。而在韦伯所描绘的这个看不见的世界中，"在试图理解物理学家们提出的有关实在的新物理图景时，我们会遇到一个麻烦（噩梦般的数学困难没有算进去）：绝对不会有实验证据"②。至此，科学研究的对象，从古代科学人们研究身边的事物，到近代科学着重关注微观和宇观世界，再到今天，科学研究的对象逐渐远离人类的日常生活，进入到一个完全看不见的世界。

2. 看不见的世界的研究方式

20 世纪以来，现代科学一直在沿着两个方向前行：基于量子力学形成的标准模型理论为微观粒子世界提供说明；基于相对论的宇宙大爆炸模型探索宇宙演化的规律，乃至回溯到宇宙的源头。在刚刚过去的这一个世纪里，由于能够与大量的经验数据相印证，这两大理论在面对看不见的世界时，都取得了巨大的成功。不过，绝大多数人都相信，虽然这两大理论是目前为止最为成功的理论，但这两个理论并不完备。一个不可回避的问题就是这两大理论之间并不相容，也就是说，这两大理论之间存在矛盾。这就意味着，这两个理论最起码有一个存在问题，而且有很大可能是这两个理论都存在问题，原因是无论在科学

① 斯蒂芬·韦伯.2007.看不见的世界——碰撞的宇宙，膜，弦及其他.胡俊伟译.长沙：湖南科学技术出版社：344.
② 斯蒂芬·韦伯.2007.看不见的世界——碰撞的宇宙，膜，弦及其他.胡俊伟译.长沙：湖南科学技术出版社：10.

史的哪一个阶段,"我们所感受到的只是这个世界的一部分,而真实的世界可能比我们想象的更加有趣也更加美妙"①。

那么,当代科学面对看不见的世界,是如何开展研究的呢?我们所熟知的是,近代以后的科学一直是在实验的指引下取得进步的。从科学问题的产生到科学争论的消解,从科学创新思想的灵感的来源到创新思想的正确性的验证,等等,似乎实验室中一个清楚明白的现象的显现,便可令上述难题迎刃而解,以至于彭加勒认为:实验是真理的唯一源泉。彭加勒之所以赋予实验如此崇高的地位,其理由是:"唯有它能告诉我们一切新东西,唯有它能给我们确定性。"②不过,在面对目前的看不见的世界时,彭加勒的主张似乎只对了一半,因为实验的可重复性令其可通过展示经验现象,来说明某一理论是否与事实相符合。这是实验能够为人们提供的"确定性"。然而要说实验能够告诉我们"一切新东西"的话,其中则可能有大量值得商榷之处了。绝大多数人都不会否认,相对论产生于爱因斯坦的天才的头脑,而非实验。虽然在相对论诞生之前,迈克耳孙-莫雷实验发现了光速不变这一令人困惑的现象,引发了爱因斯坦的思考,但这绝不能说相对论来自迈克耳孙-莫雷实验,只能说在相对论诞生之后,爱丁顿等人的光线弯曲观测实验验证了相对论的正确,给人以确定性。

事实上,彭加勒在做出"实验是真理的唯一源泉"这一论断后,也意识到科学研究的手段除了实验物理学之外,还有数学物理学,而且它还做出了无可怀疑的贡献。不过,他将数学物理学的作用仅仅局限在概括上。他认为,科学是用事实建立起来的,正如房子是用石块建筑起来的一样,但收集一堆事实并不是科学,正如一堆石块不是房子一样。显然,在这里,彭加勒认为实验物理学为人们提供了事实,但这并不是科学的全部,因为"好的实验能使我们预见,也就是说,能使我们概括"③,即科学家在实验物理学呈现了现象之后,要能通过概括做出预见,而这得归功于数学物理学。显然,彭加勒认识到了数学物理学的预见功能,但他的认识的不足之处也很明显,即他没有意识到科学家们在概括基础上的创新。比如,爱因斯坦就创造性地提出了相对论原理,为人们提供

① 斯蒂芬·韦伯.2007.看不见的世界——碰撞的宇宙,膜,弦及其他.胡俊伟译.长沙:湖南科学技术出版社:8.
② 昂利·彭加勒.2008.科学与假设.李醒民译.北京:商务印书馆:117.
③ 昂利·彭加勒.2008.科学与假设.李醒民译.北京:商务印书馆:118.

了新东西。事实上，牛顿的万有引力定律、哥白尼的日心说等，莫不是在数学物理学概括的基础上创新性地提供新知识的结果。

当然，彭加勒更没有意识到的是，在科学研究的方法上，他所谓的一切真理来源的实验主要是物质实验。但以实验室中的物质手段解决问题的做法，在看不见的世界中，在涉及更高的维度、碰撞的世界、宇宙膜、超弦等现代物理学思想时，我们无法在实验室中以物质实验的方法呈现出我们想要的现象，"我们所能依靠的只是思想实验"①。未来科学必须由思想实验和物质实验共同作用，它们一起为人们提供新东西。

二、回到科学史：理论创新与模型演进

1. 宇宙观演进的历程

在描述有关我们所生存于其中的宇宙图像时，霍金在他的名著《时间简史》的开篇之处，为我们介绍了一个乌龟塔理论。

> 一位著名的科学家（据说是伯特兰·罗素）曾经作过一次天文学演讲。他描述了地球如何围绕着太阳公转，而太阳又是如何围绕着称之为我们星系的巨大的恒星集团的中心公转。演讲结束之际，坐在房间后排的一位小个老妇人起立说道："你讲的是一派胡言。实际上，世界是驮在一只巨大乌龟背上的平板。"这位科学家露出高傲的微笑，然后答道："那么这只乌龟是站在什么上面的呢？""你很聪明，年轻人，的确很聪明，"老妇人说，"不过，这是一只驮着一只，一直驮下去的乌龟塔啊！"②

基于我们现有的知识，乍一听这一对话时，人们大多会直观地认为乌龟塔理论荒诞不经，会对老妇人的无知感到不以为然，也可能会如罗素一样露出高傲的，甚或是嘲讽的一笑。可是，霍金却指出："我们凭什么就自认为知道得更好呢？"②

诚然，那位老妇人有关宇宙的图像禁不起现代科学知识的推敲，但我们无

---

① 斯蒂芬·韦伯. 2007. 看不见的世界——碰撞的宇宙，膜，弦及其他. 胡俊伟译. 长沙：湖南科学技术出版社：10.

② 史蒂芬·霍金. 2009. 时间简史. 许明贤，吴忠超译. 长沙：湖南科学技术出版社：2.

法否认，与此差不多的宇宙图像在人类的早期是曾得到大多数人所认可的宇宙观。美索不达米亚人就曾将天和地设想为两个扁盘，"半圆的天穹覆在水上，水则包围着地的扁盘"[①]。在古巴比伦，"宇宙是一个密封的箱子或小室，大地是它的底板。底板中央矗立着冰雪覆盖的区域，幼发拉底河就发源于这些区域中间。大地四周有水环绕，水之外复有天山，以支撑蔚蓝色的天穹"[②]。而在古埃及那里，"宇宙是一个方盒，南北的长度较长，底面略呈凹形，埃及就处在凹形的中心。天是一块平坦的或穹隆形的天花板，四方有四个天柱，即山峰所支撑，星星是用链缆悬挂在天上的灯"[③]。在西方文明的发源地——古希腊，对宇宙的看法也大致相同，泰勒斯设想"大地是一个浮在水上的圆筒或圆盘，而且天上也是水，所以下雨"[④]。事实上，中国古代的宇宙观与这些相隔很远的其他文明大概差不多，"天是个半球，或一个半球形的盖，而地则像一个覆盖着的方边碗，和一个凸形的方盘相似"[⑤]。

由于地理条件的限制，人类的早期文明是在相互隔绝的状态下，各自独立发展起来的。但有趣的是，这些不同的文明根据直观想象，都构建了各自的世界模型，且这些独立发展起来的宇宙模型在本质上表现出了惊人的一致。

当然，人类文明早期的宇宙模型大多是直观的、简陋的。随着人们对世界认识的进一步深入，宇宙模型的构建就变得复杂起来。比如，当亚里士多德意识到地球是一个球体时，他设想地球处于宇宙的中心，围绕着地球的有若干载有恒星、行星等天体的天球层。每一个天球层把它的运动传递给下面的天球层，"最外层的恒星球层是由处在宇宙边缘的原动天或不动的推动者推动的；原动天或不动的推动者统率着一切天球和整个宇宙"[⑥]。事实上，亚里士多德的宇宙模型较为笼统，后来托勒密在掌握了更为丰富的观测资料的基础上，建立了一个严密的地心说模型，他构建了一个由近 80 个圆周作为天体运动轨道的复杂的宇宙模型。相对于托勒密的地心说模型而言，哥白尼的日心说模型与人们的直观经

① 斯蒂芬·F.梅森.1980.自然科学史.周煦良，全增嘏，傅季重，等译.上海：上海译文出版社：10.
② W.C.丹皮尔.2001.科学史及其与哲学和宗教的关系.李珩译.桂林：广西师范大学出版社：3.
③ W.C.丹皮尔.2001.科学史及其与哲学和宗教的关系.李珩译.桂林：广西师范大学出版社：6.
④ 斯蒂芬·F.梅森.1980.自然科学史.周煦良，全增嘏，傅季重，等译.上海：上海译文出版社：16.
⑤ 斯蒂芬·F.梅森.1980.自然科学史.周煦良，全增嘏，傅季重，等译.上海：上海译文出版社：69.
⑥ 斯蒂芬·F.梅森.1980.自然科学史.周煦良，全增嘏，傅季重，等译.上海：上海译文出版社：80.

验不是那么自然地一致。他认识到"太阳位于宇宙的中心"[①]，并成功地将托勒密的模型中 80 个左右的圆周减少到了 48 个，构建了一个更为简洁的宇宙模型。

在牛顿看来，宇宙体系存在一个不动的中心，但这个中心既不是地球，也不是太阳。而且，在牛顿的宇宙体系中，太阳也在运动，"地球、太阳以及所有行星的公共重心，可以看作是宇宙的中心"[②]。不过，牛顿还指出，这一运动中心并不是宇宙的静止中心。事实上，在牛顿的经典力学体系下的宇宙由于一直在运动，而让许多人难以想象。而在当下，基于爱因斯坦的相对论的宇宙大爆炸模型，则向人们呈现了一个不断加速膨胀的宇宙。整个宇宙空间的所有天体都在相互远离，而且在加速远离。若干年以后的人类在仰望天空的时候，除了漆黑一片，其他什么也看不到。

2. 理论创新即模型演进

"物理学是制造模型的活动。"[③] 在很大程度上，这一看法与科学史的实际大体相符。如前文所述，人们对世界的观念经历了从地心说、日心说、牛顿的机械世界，再到现在的加速膨胀的宇宙模型的演变。在不同的时期，人们根据当时的观测经验，构建有关世界的模型，对自己所生存的世界进行描绘。当然，其中也必然有人的智慧参与其中，包含了人的合理想象。在此意义上，科学的进步事实上就是理论模型的演变。而且，随着人们对世界认识的不断加深，有关世界真相的答案的揭露将永远不会停滞不前，科学家们构建的理论模型也必然层出不穷。

从这一认识出发可知，科学理论的创新，就是基于对世界的部分经验感知的模型演进。上述论断需要做出三点说明。

首先，任一理论都是基于对世界的部分经验感知的。虽然任何一个科学家都力图将自己的理论建立在坚实的经验数据基础之上，但我们无法否认的是，古代的地心说模型建立于自然条件下的简陋观测之上，而哥白尼的日心说是在伽利略发明了望远镜，看到月球上的山谷、太阳黑子及其位置变化、木星的四颗卫星等观测数据之后，知道月亮是不完美的，太阳也在自转等事实之后，才

---

① 尼古拉·哥白尼 . 1999. 天体运行论 . 叶式辉译 . 西安: 陕西人民出版社: 29.
② 牛顿 . 2006. 自然哲学之数学原理 . 王克迪译 . 北京: 北京大学出版社: 270.
③ B. K. 里德雷 . 2007. 时间、空间和万物 . 李泳译 . 长沙: 湖南科学技术出版社: 5.

得到了人们的广泛认可。当然，没有哈勃定律的发现，无论如何也不会想到宇宙一直在膨胀的事实，宇宙大爆炸理论也不会问世。显然，上述理论模型的经验基础无法涉及世界的全部。由于受限于各个时期的科学水平，人们无法观测世界的全部。事实上，即使整个世界就摆在我们的眼前，人们也依然无法掌握有关世界的全部经验数据。古德曼（N. Goodman）就曾论证过，如果有人问我们：你难道不能看见你面前的东西吗？他给出的答案为：又能又不能。他的理由是我们能看见我们面前的人、书本、房子等，但我们看不见我们面前的分子、电子和红外线。当然，由此推广到整个世界，也一样适用。我们"只是看见了后面这些综合性实体的一些部分……也只是看见了人、椅子等等的一些部分"[①]。人的经验所及的，与世界本身无法等同。

其次，科学的进步是理论模型的演进过程，而不是简单的模型更迭。两个相互竞争的理论或前后相继的理论之间紧密相关，而不是用一个无关的理论模型取代另一个。众所周知，在科学史上，地心说与日心说曾有过激烈冲突，二者之间似乎是一种根本对立的关系，但我们稍作思考就可以发现，二者关注的焦点是一致的——宇宙的中心是什么，世界的万事万物是围绕什么旋转的。此外，在构建理论模型的时候，除了中心不一样之外，日心说与地心说所运用的方法是一样的，都围绕中心以圆周和本轮体系来解释天体的运动轨迹。显然后者是以地心说为基础，经过改造而成的。事实上，后来的开普勒又是在哥白尼的基础上，用椭圆代替了圆周，作为天体运行的轨道，进一步完善了日心说。

最后，理论模型必须要能够提出观测型经验问子，能为经验观测提供合理的说明，或对未来做出预测。当然，理论模型建构的原动力，可能是由于在某一领域中出现了新的与旧理论不相符合的经验数据，也可能是出于对旧理论长久以来未能解决某些问题的不满。在1929年哈勃发现宇宙中的天体之间都在相互远离的现象之前，人们一直坚信自己生活在一个静态的宇宙之中。而在这一发现之后，宇宙膨胀理论应运而生。随着更多新经验数据的不断发现，与之相适应的宇宙大爆炸模型诞生了。但也不是所有的理论模型的诞生都与新现象的发现有关，比如，哥白尼的日心说的提出，就是由于2000年来地心说烦琐的体系，以及该理论模型的固有缺陷，如月亮的视差问题，而提出的更为简洁的日

[①] 纳尔逊·古德曼. 2008. 构造世界的多种方式. 姬志闯译. 上海：上海译文出版社：75.

心说模型。事实上，当某一理论模型提出的经验问子还没有被观察实验所验证时，即仅仅是理论预测时，我们主要考察该理论的概念协调力的变化，因为相关经验问子所推测的可检验结果本身会衍生出一个或多个新问题。比如哥白尼的日心说提出之后，就立刻产生一系列的问题。比如：如果地球在转动，空气就会落在后面，那么我们为什么没有感觉到一股持久的风？如果地球在转动，那么地球为什么没有因为离心力的作用而土崩瓦解？当经验问子已经被观察实验验证后，我们就可以考察其经验协调力的变化了。比如，在伽利略发明了望远镜，并观察到太阳黑子及其位置变化，以及木星的四颗卫星之后，哥白尼的日心说理论就不仅在概念协调力方面高于地心说，其在经验协调力方面也开始呈上升趋势。

事实上，一个理论模型的提出，往往只能解决部分问题。到目前为止，还没有一个能够解释一切的理论。正如前文所述，标准模型理论在当前是最为成功的理论，但该理论依然存在难以克服的问题，而且暗物质和暗能量也必然是标准模型理论未来必须说明的问题。

三、理论、模型与实在的关系

1. 理论预测实在

20世纪90年代，霍金和彭罗斯（R. Penrose）之间曾经发生过一场激烈的辩论，辩论的主题是60年前爱因斯坦和玻尔之间有关量子力学的实在性的延续。其中，彭罗斯的主张与爱因斯坦的思想一致，他对薛定谔猫的思想实验中所呈现出的猫的死活叠加的量子态表示担忧，原因是这和实际不相符合。对此，霍金深感不以为然，他认为，"因为我不知道实际是什么，所以我不要求理论与之相符。实际不是你能用石蕊试纸检验的品质。我所关心的一切是理论应能预言测量结果"[①]。基于这一主张，量子力学是非常成功的理论，因为它能预言观察的结果是猫处于死活叠加的量子态。彭罗斯主张，无论"实在"会是什么，人们都必须解释它是如何感知世界的，这显然与量子力学的一贯表现相左。

在这场辩论中，霍金有关"实在"的认识较为深刻，因为我们对世界的认

---

① 史蒂芬·霍金，罗杰·彭罗斯.2007.时空本性.杜欣欣，吴忠超译.长沙：湖南科学技术出版社：121.

识，仅仅是对世界产生的一种映像。此类映像有两个问题：其一，不同的人对某一事物产生的映像是不同的。即使是同一个人对某一事物产生的映像也会不断变化。其二，映像显然不能等同于实际本身，二者之间必然会有一定距离。正因为如此，当我们将理论与实际进行比对时，其结果只能是不确定的。

霍金认为，理论的作用在于对实际进行预测。在这一点上，思想实验与物质实验可以发挥的作用是同等的。物质实验只是选取了实验室中某一特定条件下事物所呈现出的状态，以达到对事物的认识，而思想实验也是一样。只不过，思想实验选取的条件是理想化的——一种极端的物质状态，这是实验室中的物质手段所无法达到的一种状态，但不可否认，理想化也是条件的状态之一。人们完全可以通过思想实验形成对世界的认识，进而将其推广到一般状态。这与物质实验在某一特定状态下实现对某一事物的认识之后，又推广至一般状态是一样的。

从某一状态，对某一事物形成某种认识，进而推广到一般状态，可形成对实际的预测。伽利略、牛顿、爱因斯坦都把这一方法熟练地运用到科学研究中，而且这也是当代科学前沿的常态。

2. 理论与实在不完全等同

不过，在现实中，将理论的创新与进步等同于模型演进的主张，必然会招致一直持客观公正的科学观的人的猛烈批评，原因是这将瓦解科学的客观性根基，进而令人们一直视为真理的科学与世界的真实实在并不完全符合。

需要指出的是，上述诸多理论模型，不存在绝对的对与错。即使是乌龟塔模型，也能得到部分人的直观感觉经验的支持。现代科学理论，包括目前最为成功的物理学标准模型理论和相对论为我们提供的有关世界的解释，"对我们而言，这些答案也许有朝一日会变得和地球围绕着太阳公转那么显而易见——或许也会变得和乌龟塔一样荒谬，只有时间（不管其含义如何）才能裁决"[①]。显然，霍金坚持的是一种实用主义的主张，他认为，"物理理论只不过是一种数学模型，询问它是否与实在相对应是毫无意义的。人们所能寻求的是其预言应与观察的一致"[②]。事实上，霍金的这一观点与协调论的主张是一致的。在协调论

---

① 史蒂芬·霍金. 2009. 时间简史. 许明贤，吴忠超译. 长沙：湖南科学技术出版社：2.
② 史蒂芬·霍金，罗杰·彭罗斯. 2007. 时空本性. 杜欣欣，吴忠超译. 长沙：湖南科学技术出版社：2.

中，理论与实在是否一致的问题只有在计算理论的经验协调力时才有意义，具体做法就是把理论值与经验值对比，而那些看不见的所谓"实在"，跟逻辑一样，只不过是一些对理论的概念协调力产生影响的概念解子。

四、余论

"严格说来，科学理论是不可能被证明为正确的。任何理论家的最好希望莫过于他或她的理论所作的预言可付诸检验，并且在观测或实验的误差范围内是精确的。"[①]在对世界本原的认识上，特别是沿着加速膨胀的宇宙的时间箭头，往回追溯宇宙起源的宇宙大爆炸学说，我们将可能"遇到一个也许永远也不会被实验所证实的理论"[②]。当代科学前沿对看不见的世界的探索，皆可能面临相同的情形。虽然理论模型不断演进，但与理论模型相对应的世界不会变，随着科学的不断进步，理论模型与实在越来越接近，但有一点可以肯定的是，模型与世界永远不能等同。

或许我们的心中仍有疑问：既然标准模型理论与相对论告诉我们的不是"事实真相"，那么，这些理论模型为什么还会取得如此巨大的成功呢？韦伯认为，我们"不必对此感到奇怪，在物理学的历史上，这样的事情是屡见不鲜的"[③]。

第三节　理论预测与事实判断

在看不见的世界中，无论是人们已经争论了长达几十年之久的有关夸克是否会永远处于禁闭状态的问题，还是近两年刚被发现的希格斯玻色子的存在方式，都总会引发人们对这些事物的实在性问题的思考，常会令人感到困惑。凡

---

① 约翰·格里宾．2011.大爆炸探秘．卢炬甫译．上海：上海科技教育出版社：75.

② 利昂·莱德曼，迪克·泰雷西．2003.上帝粒子——假如宇宙是答案，究竟什么是问题? 米绪军，古宏伟，赵建辉，等译．上海：上海科技教育出版社：401.

③ 斯蒂芬·韦伯．2007.看不见的世界——碰撞的宇宙，膜，弦及其他．胡俊伟译．长沙：湖南科学技术出版社：160.

此种种问题大多根源于对看不见的世界进行的理论预测和事实判断中存在着的无法跨越的鸿沟。

2016 年 2 月 11 日，美国国家科学基金会（National Science Foundation，NSF）同来自加州理工学院、麻省理工学院，以及激光干涉引力波天文台（laser interferometer gravitational wave observatory，LIGO）的科学家在华盛顿宣布：人类首次直接探测到了引力波的存在（即 GW150914 引力波事件）。这一事件中引力波所携带的能量和信息，为检验宇宙大爆炸理论的正确与否，以及推动当代科学前沿拓展新的领地，打开了一扇新的大门。当然，引力波的发现也引发了人们对看不见的世界的进一步的哲学思考。特别是此次事件的理论预测与事实判断，为我们研究当代科学在探索看不见的世界中必须面对的实在性问题，开辟了一条富有启发意义的研究道路。

一、引力波的发明与发现

引力波是爱因斯坦广义相对论所预言的一种以光速传播的时空波动，是相对论诞生 100 年来，在历经了水星近日点的进动、光线弯曲、引力红移现象的验证之后，再次接受检验，为相对论的正确性提供了有力的支撑。事实上，此次引力波的发明与发现，其重要意义远远超出了对相对论本身的检验。

1. 引力波的发明

1915 年，爱因斯坦发表了场方程，建立了广义相对论。1916 年，他发现自己的方程中有一组解和电磁波的性质类似，以光速传播。据此，爱因斯坦预言存在引力波。

爱因斯坦之所以做出这一预言是根据广义相对论，在宇宙中当两个黑洞或恒星等大质量的致密星体相互绕着对方快速转动，或者发生碰撞、并合等极其剧烈的天体运动时，会导致时空高度扭曲或脉动，即时空曲率。在此类运动过程中，大质量天体的剧烈运动会扰动周围的时空，在事件的周围形成螺旋的曲率波，并且"在宇宙中以光速前进，且不会被任何物体所阻挡"[①]。因此，引力波的本质就是时空曲率的波动，也有人形象地称之为时空"涟漪"。

---

① 艾弗琳·盖茨. 2011. 爱因斯坦的望远镜. 张威，上官敏慧译. 北京：中国人民大学出版社：229.

目前有关引力波的认识，主要是基于相对论和黑洞的研究所做出的相关描述。学界普遍认为，引力波可向我们传递以下信息：①引力波来自黑洞视界的邻近区域，由时空结构的弯曲产生，不会遭受传播途中物质的破坏。②引力波携带着有关黑洞的具体信息。这可令我们对于黑洞的认识，从黑洞概念刚提出时的"无毛定理"，到霍金的黑洞"三根毛"，大大扩展到引力波信号中负载着的确凿的黑洞信息。③携带的信息包括黑洞的质量、旋转速度、运动轨道，以及黑洞的具体方位等。

从理论上讲，引力波产生的途径有很多，因为行星、恒星、黑洞和星系团等大质量天体在宇宙中运动，都会在时空中引起波动。也就是说，只要存在大质量天体在宇宙中运动，那么事件周围的时空都会有所响应，而产生引力波。不过，在大多数情况下产生的引力波都很弱，很难在地球上被检测到。引力波之所以如此微弱，主要是因为引力波的强度和水波，与光波等波动现象一样，会随着传播距离的增加而逐渐衰减。如果引力波在黑洞邻近区域刚产生时的强度约为 1，那么，当它到达地球时，其强度就会减小到 1/30 黑洞周长除以引力波经过的距离[①]。由于事件中的黑洞大多距离地球太过遥远，即引力波所经过的距离值非常大，因此，在地球上观测到的引力波就必然非常微弱。以一个距离地球 10 亿光年，重为 10 个太阳质量的黑洞为例，其产生的引力波为 10^{-14} 米，约为原子核直径的 10 倍。

2. 引力波的发现

广义相对论的场方程的解显示，引力波是如此微弱，甚至连爱因斯坦都认为引力波永远也不可能被检测到。不过，亚里士多德曾断言，"一个人可以早一万年预言一件事……那在过去一个时候被预言得对的，就必然地将在时间已成熟的时候发生"[②]。正因为有着同样的信念，有些实验物理学家相信，宇宙空间中的有些天体事件可以产生足够强的引力波，以至于在地球上可以观测到。最早进行引力波探测实践的是马里兰大学的物理学家韦伯。20 世纪 60 年代，韦伯设计了一种共振棒引力波探测器，并且在 1968 年时，他宣称探测到了引力波。但是，他的实验由于全都无法重复而被人们认为是失败的。从 20 世纪 70 年代

---

① 基普·S. 索恩 . 2011. 黑洞与时间弯曲 . 李泳译 . 长沙：湖南科学技术出版社：336.
② 亚里士多德 . 1959. 范畴篇　解释篇 . 方书春译 . 北京：商务印书馆：65.

开始，有越来越多的物理学家投身到引力波的探测实验中。不过，除了1974年物理学家约瑟夫·泰勒（Joseph H. Taylor）和拉塞尔·赫尔斯（Russell Hulse）发现了一对脉冲双星，间接证明了引力波的存在之外，人们一直未能直接观测到引力波存在的证据。

后来，加州理工学院的物理学家瑞纳·韦斯（Rainer Weiss）等注意到，当引力波穿过某物体时，它"将在某一方向上拉伸空间，同时在垂直的方向上压缩空间"[①]。运用这一原理，韦斯和罗伯特·福瓦德（Robert Forward）等人设计并制造了激光干涉引力波探测器。该探测器由相互垂直的呈L形的两条长臂（L_1和L_2）组成。一束激光从激光器发出，在分光镜上被分为强度相等的两束，它们分别沿着探测器的两臂L_1和L_2到达两个端点，然后被末端的镜面反射回来，当两束光再次在分光镜上相遇时，就会产生干涉图像。"如果两条边的长度完全一致，两束激光将时刻保持同步，干涉图像就不会发生变化。相反，如果长度发生了差异，激光将发生相移，干涉图像也会有所不同。"[②]鉴于此，当引力波经过探测器时，人们就可以通过干涉图像的变化，获得引力波的信号。

不过，引力波的探测对仪器灵敏度的要求非常高，直到20世纪90年代，探测器所需的高灵敏度技术条件才趋于成熟。1991年，麻省理工学院与加州理工学院在美国国家科学基金会的资助下，开始联合建设"激光干涉引力波天文台"。激光干涉引力波天文台的两条相互垂直的干涉臂的臂长均为4千米。激光干涉引力波天文台于1999年初步建成，2002年开始运行。其后，又于2007年和2010年进行了两次升级改造。2015年9月，升级改造后的激光干涉引力波天文台开始试运行。本次宣布观测到的GW150914引力波事件即为试运行阶段的激光干涉引力波天文台于2015年9月14日获取的信号。

在本次事件中，GW150914的引力波频率在0.2秒的时间里发生了从30赫兹到250赫兹的变化，并先后以7毫秒之差在两个探测器上被观测到同样的信号。从探测器观测到的引力波信号推测，这是一个发生在距离地球十几亿光年的一个遥远星系中，两个约为36个和29个太阳质量的黑洞，并合为一个62个太阳质量黑洞的奇异事件。

① 艾弗琳·盖茨.2011.爱因斯坦的望远镜.张威，上官敏慧译.北京：中国人民大学出版社：232.
② 艾弗琳·盖茨.2011.爱因斯坦的望远镜.张威，上官敏慧译.北京：中国人民大学出版社：231.

通过对信号的解读，科学家对 GW150914 引力波事件进行了具体描述。首先，两个黑洞的引力波频率低值为 30 赫兹，这就意味着黑洞的轨道频率约为 15 赫兹。然后进一步推算，两个黑洞分别为 36 个和 29 个太阳质量，每个半径约为 100 千米，二者相距约 1000 千米，每秒绕对方旋转 15 圈。随着二者之间距离的临近，当两个黑洞快要并合的时候，引力波频率达到 100 赫兹左右，轨道频率为 50 赫兹，也就是每秒绕对方旋转 50 圈。最后，二者并合成一体。并合之后的新黑洞的质量约为 62 个太阳质量，半径约为 160 千米，仍处于扭曲状态，并继续震荡。此时，引力波频率达到 250 赫兹左右。

二、从理论预测到事实判断

1. 从发明到发现的主要环节

从引力波发明与发现的具体过程中，我们可知：在引力波的发明阶段，爱因斯坦及其后继者们基于广义相对论，提出了引力波的概念，并对引力波的行为做出了理论预测和详细的描述。理论预测的内容包括：引力波的产生机制、传播机制，以及引力波可能携带的信息。事实上，在理论预测中，"构成世界的原料——物质、能量、波、现象——是在构造世界的过程中和世界一起被构造出来的"[①]。直到目前，我们对引力波的认识，基本上仍然来自广义相对论对引力波所做出的理论预测，而引力波在人们头脑中所形成的图像则大多来自对黑洞旋转而导致的时空曲率的描述。在理论预测中，存在一个大致的推理链：相对论→黑洞存在→引力波存在。

在引力波的发现阶段，科学家们首先根据引力波理论预测所允许的特征，设计实验仪器，寻找符合理论预言的可能信号。韦伯的共振棒引力波探测器的设计，激光干涉引力波天文台的激光干涉引力波探测器的建造及其两次升级，都是科学家们在理解相对论对引力波理论预测的基础上所进行的探索性工作。接下来，决定韦伯与激光干涉引力波天文台成败的关键在于实验中对经验数据的获取。GW150914 引力波事件将引力波的存在确认为事实的理由就是激光干涉引力波天文台接收到了符合理论预测的信号。至此，人们相信，引力波已被

---

① 纳尔逊·古德曼. 2008. 构造世界的多种方式. 姬志闯译. 上海：上海译文出版社：7.

发现。

不过，需要指出的是，在实际科研活动中，观测到引力波的信号，获取相关经验数据，并不等同于人们已经完成了对"引力波存在"的事实判断。因为，有一个不可忽略的环节就是，在经验数据的取得与事实判断的做出之间，科学家们必须将理论预测及其对事件所做的描述与实验观测中所取得的经验数据进行比对。观测到信号之后，激光干涉引力波天文台的研究人员将GW150914引力波事件中的波形、频率、传播速度，与相对论对引力波所做的预言进行了比对，在统计误差所允许的范围内没有发现与相对论预言相冲突之处。通常，一个理论"对于它们所适合的世界而言，一个陈述就是真的，一个描述或再现就是正确的"①。因此，在GW150914事件中，直到实验观测所得到的经验数据与理论预测相符合，人们方才完成了对"引力波存在"的事实判断。

以上论述表明，在科学事件中做出事实判断的依据有两点：第一，实验设计范围必须与预测理论相适应。韦伯所设计的共振棒引力波探测器运用的是共振原理。探测器的主体为一根长2米、直径0.5米、重约1吨的铝棒。当引力波穿过探测器时，会挤压和拉伸铝棒，进而产生共振现象。不过，因为铝棒的共振频率是确定的，所以只有当引力波的频率和铝棒的设计频率一致时，探测器才会接收到信号。根据相对论预测，引力波的频率与事件中黑洞的质量，以及事件与地球之间的距离相关。这就意味着宇宙中的引力波频率是不确定的。以一个确定频率的探测器，去观测不确定的引力波，纯属守株待兔的做法，其失败必然是大概率事件。而在GW150914引力波事件中，激光干涉引力波探测器则有效地实现了实验设计范围与预测理论之间的相互适应。第二，实验所取得的经验数据必须与理论预测所做的描述相符合。本次激光干涉引力波天文台的激光干涉引力波探测器所观测到的最强的引力波应变为 10^{-21}，经过与一个由理论计算产生的波形库中海量的波形进行比对，最终确认这一事件是两个黑洞并合所产生的引力波信号。

在看不见的世界中，事件发明与发现的主要环节包括：从理论预测并对事件加以描述，到实验设计，接收到信号，进而取得经验数据。最后，在理论预测与实验数据进行比对的基础上，完成事实判断。

---

① 纳尔逊·古德曼.2008.构造世界的多种方式.姬志闯译.上海：上海译文出版社：136.

2. 事实判断的本质

不过，值得注意的是，在 GW150914 引力波事件中，在引力波发现前后，人们对于引力波的认识，并无明显的区别——都是两个围绕着对方相互旋转而产生的时空曲率。只不过，在发现前，引力波作为一个理论实体存在于人们的头脑之中，而在发现后，人们就开始相信引力波是一种经验实体，真实地存在于世界之中。而在人们头脑中所产生的有关引力波的形象，在发现前后几乎完全没有变。就此而言，"物理事实只是这些知觉事实的一个高度人为化的样式，同样，知觉事实也只不过是这些物理事实的一个相当扭曲的样式而已"[①]。

事实上，事实判断并非在理论预测和经验数据之间进行一个简单的比对，就可以直接在人的头脑中闪现出判断的结果。由 GW150914 引力波事件可知，存在一个事实判断的链条：信号→引力波存在→黑洞存在。事实判断起始于激光干涉引力波探测器所观测到的信号，理论预测和经验数据之间的比对，只是科学家们是否将这个信号视为引力波存在证据的基本判据之一。确认了引力波存在这一事实之后，科学家们又进一步以此为证据，做出了黑洞存在的事实判断。以此类推，两个分别为 36 个和 29 个太阳质量的黑洞的并合事件得以确认。

也就是说，在 GW150914 引力波事件中，所谓事实判断的完成，只是意味着，从理论预测阶段的人们假设存在黑洞事件和引力波，变成了人们相信引力波是真实存在的，并将引力波作为黑洞存在的证据，在此基础上，从引力波所携带的信息中，推算出黑洞的状态。

三、三个问题及相关分析

（一）三个问题

GW150914 引力波事件是当代科学前沿对看不见的世界进行探索的一个典型事件。从这一事件的理论预测到事实判断，我们可以发现在看不见的世界中，做出事实判断常遇到令人困惑的三个问题。

1. 不可重复的问题

彭加勒认为，"最有趣的事实就是可以多次运用的事实；这些是具有一再复

---

① 纳尔逊·古德曼. 2008. 构造世界的多种方式. 姬志闯译. 上海：上海译文出版社：96.

现的机会的事实"[①]。事实上，自近代科学以后，可重复性就成为科学确定性的一个重要指标。一个实验若不能在其他实验室中，在相同的条件下得到重复，即便不能立刻决定该实验的生与死，恐怕也难以不在人们的心中留下疑问。2011年的中微子超光速事件，就因为其实验现象不能在相同的条件下被其他实验室呈现出来，而很快就遭到抛弃。事实上，前文所述及的韦伯探测引力波的失败，也属于此类。

可是在看不见的世界中，面对诸如 GW150914 引力波这样的事件时，便出现了一番完全不同于近代科学的情形。一方面，从实验条件的演化上看，从古代自然状态下的观测实验，到近代以后实验室中的物质实验，实验条件的优越化令许多在自然条件下无法观测的现象都呈现了出来。同样，在当今对看不见的世界的前沿探索中，观测条件大为优越化。但必须注意的是，得到优越化的仅仅是观测手段，而对于观测对象本身而言，人类却并不能有任何令现象呈现而使其条件优越化的有效手段，比如，人类不可能通过制造出两个黑洞并合事件来研究引力波。另一方面，爱因斯坦的相对论告诉我们，引力波以光速传播。而光速是一切运动速度的极限，也就是说，人类的运动无法超越光速。当然，这也就意味着，人类无法超越引力波传播的速度。因此，像 GW150914 引力波事件这样的天体现象，对于地球上的人来说，每一个事件都是一次性的，过去了就无法再来。

在此类无法复制的事件面前，人类所能够做的只有等待。等待下一个不同频率的引力波信号的到来。

2. 事实判断的模糊性

为了说明看不见的世界的研究现状，诺贝尔奖得主莱德曼曾提出过一个足球思想实验。他假设存在一个叫作特维洛的星球，在上面居住的特维洛人与地球人基本相同，除了他们看不到黑色和白色。那么，当特维洛人在地球上观看一场足球比赛时，他们必然会对球场上的种种现象深感困惑：穿着不同服装的两队人马在球场上追逐、奔跑，有时候还会有猛烈的碰撞，偶尔还会全场沸腾。然后，其中一方加了一分。他们在干什么？经过仔细观察和深入研究，有一个特维洛人发现了一个细节，每当全场沸腾之时，球网都会有一块呈半圆形的

---

① 昂利·彭加勒.2010.科学与方法.李醒民译.北京：商务印书馆：8.

"凸起"。结合两队球员在场上的奔跑、争抢，这个特维洛人做出了一个大胆的假设：存在一个看不见的球[①]。事实上，莱德曼的足球与当下科学前沿，特别是看不见的世界的研究情形大体相同——透过某些间接的经验现象，做出事实判断。事实上，GW150914引力波事件中，科学家们正是以激光干涉引力波探测器观测到的信号为依据，做出引力波存在和黑洞并合事件这样的事实判断。从某种意义上说，引力波、黑洞与莱德曼的足球在本质上是一样的。

不过，如若把莱德曼的足球思想实验略作扩展，我们立刻就会发现经由间接经验对看不见的世界做出事实判断蕴含着巨大的风险。试想一下，假如那群特维洛人观看的是乒乓球比赛，那么他们最终的事实判断也是存在一个看不见的球。同样，如果他们观看的是排球比赛，结果一定相同。也就是说，无论他们的研究对象如何，结论都是相同的。因此，对看不见的世界所做出的事实判断具有模糊性——科学所得出的结论无法完全等同于世界本身，最多只能对世界做出模糊的认识。

更为严重的问题是，设若特维洛人于某个清晨在中国的某个公园散步时，看到一群人在打太极拳，那么，凭借着足球、乒乓球、排球的发现经验，特维洛人会得出一个诸如"他们在玩什么球"的结论。当然，不管他们的结论是什么球，都一定是错的。毫无疑问，此次对引力波的观测，也无法摆脱模糊性，甚至有出错的风险。

3. 跳不动的青蛙——因果链的可错问题

在GW150914引力波事件中，引力波存在的事实已经得到确认，并已为人们所接受。但是，事实判断的因果链（即信号→引力波存在→黑洞存在）真的可信吗？

对于这一问题，德国物理学家穆斯堡尔（R. L. Mössbauer）曾用一个名为"跳不动的青蛙"的思想实验加以论证，我们可从中得到启发。在这个思想实验中，他假设用一个青蛙作为实验对象。如果实验者在青蛙身边突然制造出一个巨大的响声，青蛙会因受到惊吓而跳出很远。不过，当实验者切掉青蛙的一条后腿之后，再用响声去惊吓它，它就跳不远了；设若实验者将它的另一条后腿

① 利昂·莱德曼，迪克·泰雷西. 2003. 上帝粒子——假如宇宙是答案，究竟什么是问题? 米绪军，古宏伟，赵建辉，等译. 上海：上海科技教育出版社：13.

也切掉，再用响声去惊吓它，它就不会再跳动了[①]。在这一思想实验中，大家都认同的是，一只正常的青蛙在听到一个巨大的响声后，必然会跳出很远。也就是说，青蛙听到响声与跳出很远之间存在一种因果联系。那么，人们可以对此做出这样的说明：青蛙不跳是因为它聋了，听不到响声了；而从实验可知，导致青蛙聋了的唯一可能的原因就是实验者切掉了青蛙的后腿。根据事实判断的过程，我们可得到一个因果链：青蛙后腿被切掉→青蛙聋了→青蛙不再跳动。

当然，根据生活的直观经验，我们都知道这一因果链一定在某个环节上存在问题。不过，从实验的程序上看，该实验完全符合现代实验的要求：不但在因果链上与 GW150914 引力波事件的因果链相似，而且还满足实验的可重复性特征——在其他的实验室中进行同样的实验，亦可得到相同的结果。这就意味着，符合现代实验的事实判断的因果链并不一定可靠，特别是在看不见的世界中，人们的直观经验不再起作用的时候，因果链出现错误的概率可能更大。

（二）问题分析

结合 GW150914 引力波事件的实际情况，在看不见的世界的探索中，进行事实判断所存在的三个主要问题在复杂性程度上各不相同，性质亦各异。

问题一最为直观。这一问题主要源于实验传统对经验的依赖。在古代科学中，人们大多凭借直接的感官所感知的经验开展科学研究。而在近代以后，世界各地的实验室大量兴建，科学依赖经验的这一传统得到强化，牛顿曾声称他"从来不发表不能用观测或实验证明的学说"[②]。然而，在面对看不见的世界时，人们对直接经验的依赖，成为当代科学无法克服的一个难题。

问题二实际上早已存在，只不过人们以为在自己日常生活的看得见的世界中，凭借经验感知，可知晓理论预测与事实判断是否相符合。事实上，回溯到看得见的经验世界，事实判断的模糊性一直存在，所谓"横看成岭侧成峰"，意即指此。任何事物，我们都只能知其一二，而无法窥其全部。

在宏观世界中做出事实判断如此，在看不见的微观和宇观世界则更是如此。在微观世界中，科学家对粒子的早期研究，大多是通过气泡室或者云室捕获的间接现象来描述粒子的主要特征。然而目前实验室中通常使用大型粒子对撞机

---

① 江才健 . 2009. "五四"九秩谈启蒙 . 科学文化评论，6（2）：42-47.
② W. C. 丹皮尔 . 2001. 科学史及其与哲学和宗教的关系 . 李珩译 . 桂林：广西师范大学出版社：170.

来搜寻粒子信号，获取的信息更为有限。甚至对基本粒子夸克的研究不得不进行人为的区分，比如，夸克的"色"就是一种带有人为因素的性质，而非真正的颜色。事实上，夸克真正的"色"，人类永远无法得知。而宇观世界中的情况，大致相同。在此次GW150914引力波事件中，科学家们对相互结合的两个黑洞的基本情况的描述，完全来自激光干涉引力波天文台的激光干涉引力波探测器所捕获的信号，而其他信息，一概无从得知。事件的部分概况与真实世界的本身，显然不能等同。这是事实判断模糊性的根源所在。

问题三表明理论预测本身也可能存在问题，那么，以此为判据，做出的事实判断必然也不可靠，也是可错的。在宏观世界里，人们可以凭借经验的直接感知得出事实判断的因果链。针对"跳不动的青蛙"这一思想实验，人们仅凭借日常生活经验就可以立刻指出其因果链存在问题，而且可以肯定错误来自人对因果链的解读，在响声的惊吓下，青蛙不再跳动，原因可能有多种。青蛙的听觉器官出了问题，只是可能之一，负责跳动的腿被切除，也是青蛙不再跳动的可能原因。基于常识，我们就可以做出判断：青蛙不再跳动，不是因为其听觉受到损害，而是因为腿被切除了。不过，在科学史上，在对日常生活经验难以进入的科学研究中，从理论预测阶段就出现错误的判断有很多。19世纪时，在普歇和巴斯德有关生命是否是自然发生的那场争论中，普歇所做的那次著名的干草浸液实验，亦可为明证。他把经过水银消毒的干草浸液器皿放在水银槽中，并加热水银槽中的水银，使其沸腾。那么，穿过水银的就是纯净的空气了。而当干草浸液中的有机物遇上纯净的空气后，就迅速开始生长。普歇的这一实验为生命的自然发生说提供了有力的支撑。毫无疑问，普歇的实验是完全按科学程序进行的，并且对生命的自然发生说持反对意见的巴斯德还重复了该实验，结果也是如此。当然，在若干年后，人们得知，由于存在一些沸腾的水银无法杀死的生命，而导致这一事实判断出错。不过，那些沸腾的水银无法杀死的生命可能隐藏于事实判断的因果链的某一环节中，而不为人所知。类似事件在科学史上屡见不鲜。

在经验世界中尚且如此，那么，当人们面对GW150914引力波事件这样看不见的世界中的因果链时，人们就更加难以判断其中是否存在问题了，即便是当今最杰出的科学家也大概如此。因为，我们无法确切地知晓激光干涉引力波探测器观测到的信号的来源，我们无法排除我们所获得的经验数据是否还会有其他的来源。科学界已经达成的共识是，我们目前所能够观测的世界仅仅占整个宇宙总质量的不到5%。那么，其他的未知世界，包括暗物质、暗能量等，都有可能成为激光干涉引力波探测器观测到的信号的来源。

在看不见的世界里，即使出现类似跳不动的青蛙中的错误，也难以发现。原因很简单，因为问题一所导致的看不见的世界中无法克服的经验难题更加剧了因果链的可错性。

四、对理论与事实关系的几点认识

1. 经验数据的有限性

不可否认，在科学活动中，以经验累积为目标的物质实验仍然是科学的主要手段。但物质实验只能为科学研究提供线索或检验的证据，甚至只是积累了一个经验数据而已（特别是不可重复的数据）。此次引力波事件就是如此，激光干涉引力波天文台的激光干涉引力波探测器所取得的数据仅仅是某一时刻的空间波动信号，便决定了两个黑洞的并合事件。而不容置疑的是，在该引力波事件中，除了时空扭曲所形成的引力波之外，还有辐射现象、温度的骤然上升、对事件周围空间的影响变化，等等，而这些数据一概无从得知，最多以引力波信号作为根据，再进行推算，方可知其一二。在看不见的世界中，人们再也无法如近代科学那样，令实验所取得的经验数据在科学中起到判决性的作用。也就是说，物质实验为理论所提供的经验证据不是科学的终极判据。同时，这也说明了在科学中进行思想实验的必要性。不过，这种情形并不妨碍科学的进步，"理论是我们撒出去抓住'世界'的网。理论使得世界合理化，说明它，并且支配它"[1]。只要是有助于理论对世界进行说明的事件，都意味着科学在进步。

2. 理论即模型

在看不见的世界中，事实判断主要是基于理论的模型建构。事实上，在GW150914引力波事件中引力波信号获取之前，人们早就根据相对论，描绘了

---

① 卡尔·波普尔.2008.科学发现的逻辑.查汝强，邱仁宗，万木春译.北京：中国美术学院出版社：35.

引力波可能产生的几个图景：两个黑洞并合、黑洞吞噬恒星等大质量天体事件、脉冲星旋转等。理论预测为事实判断奠定了基础，并指明了方向。不过，理论对事实所做的说明是有限的，"没有一种理论会同其领域内的全部已知事实都相一致"①。理论与实在的不对称性使得理论永远无法与事实本身完全相符，二者之间的距离只能随着科学的进步而逐步缩小，绝不可能完全消除。不过，模型的建构是以提高理论的协调力为最终目的的。GW150914引力波事件中的引力波信号验证了相对论所提出的引力波这一经验问子，而使得相对论的经验协调力得到提升。这表明理论模型具有协调性。

3. 理论的目标

虽然从理论预测到事实判断之间的因果链可能出错，但这一路径依然是对看不见的世界进行探索的主要手段。只要理论预测本身是自洽的，且在事实判断方面是有效的，这一研究路径就会获得人们的认可。值得一提的是，长久以来，人类孜孜以求的真理只是理论努力的方向，"虽然我们认为真理和正确性是永恒的，但是检验的结果却是暂时的。通过了很多各种各样的检验只是增加了可接受性；但是曾经拥有最大可接受性的那些东西稍后就有可能不再被接受"②。在理论预测和事实判断的互动中，理论会因不断接近事实真相而趋向真理，但却永远无法到达真理的彼岸，而一直在途中。从协调论的视角看，理论趋向真理的过程，就是理论协调力不断增长的过程。提高理论的协调力，是理论进步的唯一目标。

第四节　世界的实在性

近代以后，科学发展迅速。与此同时，"哲学跟不上科学，特别是物理学现代发展的步伐"③。跟不上的一个突出表现就是哲学已难为当代科学前沿中涌现出

① 保罗·法伊尔阿本德. 2007. 反对方法：无政府主义知识论纲要. 周昌忠译. 上海：上海译文出版社：31.
② 纳尔逊·古德曼. 2008. 构造世界的多种方式. 姬志闯译. 上海：上海译文出版社：143.
③ 史蒂芬·霍金, 列纳德·蒙洛迪诺. 2011. 大设计. 吴忠超译. 长沙：湖南科学技术出版社：3.

的诸多新现象提供及时有效的说明。在微观物理学中，"物质的概念本身失去了它的实体性，基本粒子的概念在其身上发现了内在矛盾"①。与微观领域一样，对宇观世界的探索也遭遇了相同的境况。物质的实在性受到质疑，传统的实在论思想面临着来自科学前沿的严重挑战。

一、传统实在论的瓦解

在今天，占主导地位的实在论主张与传统的实在论思想早已大相径庭。亚里士多德在对世界进行描述时，就曾抽象出他称为实体的东西。在具体阐述他的实在论主张时，他将实体分为两类，"就其最真正的、第一性的、最确切的意义而言，乃是那既不可以用来述说一个主体又不存在于一个主体里面的东西"②。比如，一个人、一匹马、一朵花等即为第一性的实体。除此之外，他还认识到，"在第二性的意义之下作为属而包含着第一性实体的那些东西也被称为实体"②。直观看来，亚里士多德的第二性实体比第一性实体更为抽象。比如，一个人肯定被包含在人这一属里面，但一个人或一匹马又都隶属于动物这个种里面。当然，从他的第二性实体的定义中可知，无论是人这个属，还是动物这个种，都属于第二性实体。显然，亚里士多德有关实体的第一性和第二性的区分并不意味着两类实体之间没有关联，相反，两类实体密切相关。他指出，第一性实体"乃是其他一切东西的基础，而其他一切东西或者是被用来述说它们，或者是存在于它们里面"③。

在亚里士多德的实在论中，实体概念来源于具体事物之中，又不等同于具体的事物，特别是他所谓的第二性实体，乃是从具体事物中抽象而来的。但不管是第一性实体还是第二性实体，都没有脱离具体事物，没有脱离人们直观可见的世界。事实上，亚里士多德自己也曾指出过，"所有的实体看起来都表示'某一个东西'"④。这里的"东西"就是指自然界中具体的事物。而他的第一性实体与第二性实体之间的差别，也仅仅是它们与具体事物之间的"远近"之分，对具体事物的描述是清晰还是模糊，描述得越清晰，越接近事物的本原，就越

① 埃德加·莫兰.2008.复杂性思想导论.陈一壮译.上海：华东师范大学出版社：64.
② 亚里士多德.1959.范畴篇 解释篇.方书春译.北京：商务印书馆：12.
③ 亚里士多德.1959.范畴篇 解释篇.方书春译.北京：商务印书馆：13.
④ 亚里士多德.1959.范畴篇 解释篇.方书春译.北京：商务印书馆：16.

真实地是实体，即第一性实体；反之，则为第二性实体。但无论是第一性实体，还是第二性实体，都是真实地存在着的，都有它在世界中的对应物。

亚里士多德有关实体的论述代表了古代实在论的最高水平。不过，在近代以后的科学的推动下，实在论的思想发展迅速，有关实在的范畴也发生了很大的变化。其中，麦克斯韦的贡献是显著的。因为他的理论向人们展示了场也是一类终极实体。它不能被转化为任何别的实物，也无法用机械论的观点对它做出解释。在麦克斯韦的推动下，实在由一种变成了两种：场和实物[①]。这意味着实在的范畴从可见的世界延伸到了诸如场这样不可见的世界。这是实在论的一次大的发展，不过不是根本性的变革，因为人们内心深处的那种客观存在的实体并没有被摧垮。事实上，从某种程度上讲，在经历了短暂的动摇之后，真实的客观实在反而得到了加强。

之所以说上述发展并非本质上的变革，是因为即使是不可见的实体也可用科学的手段予以展示，虽然可能是通过间接的方式才能够实现。比如，众所周知，场的存在可由磁场中的铁屑的规则分布实现对场的认知。同样，在莱德曼的足球思想实验中，球网的凸起，就表明了足球这一实体的存在。因此，在现代科学中，足球和场一样，人们通常都认为它是可观察的。借助一定的可观察量，人们实现了对这一类不可见实体的研究，对它们的客观实在性也基本是不怀疑的，即人们都相信此类实在的存在。

不过，近代以后，越来越多的人开始对这种客观真实存在的实在论主张产生怀疑。波普尔就是其中之一，他曾指出，"我们每个理论描述的世界，可能本身又要用其他的理论描述深一层的世界来解释，这些理论具有更高的抽象性、普遍性和可检验性"[②]。据此，他认为，"本质或终极实在的学说和终极解释的学说一起崩溃了"[②]。而古德曼则明确地对传统的实在论思想表示反对，并尝试用多世界理论取代那种单一的、真实的、客观存在的世界。他认为，科学家们为我们展示这个实在的世界的时候，总是将"他们的世界当作唯一实在的世界，把其他样式的删除、增加、不规律性，强调归于知觉的不完整，归于实践的紧

---

① 艾·爱因斯坦，利·英费尔德 . 2010. 物理学的进化 . 周肇威译 . 长沙：湖南教育出版社：172.

② 卡尔·波普尔 . 2008. 猜想与反驳——科学知识的增长 . 傅季重，纪树立，周昌忠，等译 . 上海：上海译文出版社：162.

迫或者诗意的放纵"①。与此相对应,古德曼主张存在多个世界、多种实在。科学家们为我们所描述、所展示的这个世界,只是其中之一。多个世界的实在基础与传统的实在论主张有很大差异,"一个世界中的实在,就像图画中的现实主义一样,在很大程度上是一个习惯问题"①。因此,在多个世界中,实在的客观性根基被摧毁,变成了相对的存在。不过,古德曼并未走向彻底的相对主义,因为他强调多个世界均是真实存在着的,"这些世界由真实或正确的样式被构造出来并符合于它们"②。与古德曼的主张相似,巴恩斯也主张,"实在论策略隐含在科学家的集体行为中,我们使科学家的实在论进入了社会学现象的领域"③。事实上,在这个问题上,巴恩斯走得更远。因为他认为科学中的实在,在客体确定存在的意义上,与鬼魂实体、精神实体等同处于不同的世界中,并无本质区别。在各方的合力围攻之下,传统的实在论呈现出逐步瓦解的趋势。

值得注意的是,这一趋势并非仅仅出现在哲学领域。事实上,在自然科学中,这种倾向似乎表现得更为明显。爱因斯坦与海森堡在一次谈话中,就关于量子力学的哲学背景问题展开讨论,爱因斯坦就曾明确对海森堡的理论提出批评,他指出,"在原则上,试图单靠可观察量来建立理论,那是完全错误的"④。韦伯则是从柏拉图的那个著名的思想实验——洞穴寓言中得到的启示。他认为,该思想实验与当代科学对世界的认识活动一致,"柏拉图寓言的字面意思可能是真的,或许我们日常所感受到的真实性只是一个更高维度时空的墙上的影子"⑤。

当然,科学家有关实在思想的这一转向,并非完全是主观意识的变化,而是与科学的进展密切相关的结果。因为在当代科学前沿,根据目前已经得到广泛认同的宇宙大爆炸学说,人类可以观察到爆炸发生之后的世界——可能是直接观察,更多的是间接观察,但在大爆炸发生的奇点处或奇点之前,"即使在大爆炸前存在事件,人们也不能用它们确定其后所要发生的事件,因为可预见性

① 纳尔逊·古德曼.2008.构造世界的多种方式.姬志闯译.上海:上海译文出版社:21.
② 纳尔逊·古德曼.2008.构造世界的多种方式.姬志闯译.上海:上海译文出版社:97.
③ 巴里·巴恩斯,大卫·布鲁尔,约翰·亨利.2004.科学知识:一种社会学的分析.邢冬梅,蔡仲译.南京:南京大学出版社:102.
④ 许良英,李宝恒,赵中立,等编译.2010.爱因斯坦文集(第一卷).北京:商务印书馆:314.
⑤ 斯蒂芬·韦伯.2007.看不见的世界——碰撞的宇宙,膜,弦及其他.胡俊伟译.长沙:湖南科学技术出版社:8.

在大爆炸处崩溃了"①。可预见性的崩溃意味着，我们无法从奇点之前的世界中得到任何信息，因而无法实现对彼时世界的认知。

　　而传统的实在论主张："科学给予我们的世界图景是真实的，其细节是可信赖的，科学所假设的实体是真实存在的，科学是通过发现而不是发明而获得进步的。"②在大爆炸之前无疑客观存在着构成世界的实体，但对这个世界的认知是不可能的，当然也就无法为人们提供一个真实的世界图景。这使得一些科学家（如霍金）认为，传统"实在性的幼稚的观点和现代物理不相容"③。在这一背景下，传统的实在论逐渐走向衰落已成为必然。

二、依赖模型的实在论

　　多世界、碰撞的宇宙、膜、弦，特别是奇点之前的世界的存在问题，使得人们拥有一个清晰的对世界的认知变得永不可能。于是，实在论与反实在论关于终极实在之争变得不再有意义。实在论与反实在论之外的第三条道路的探索提上了议事日程。在这一背景下，霍金的依赖模型的实在论应运而生。

　　霍金认为，在现代科学框架中，"不存在与图像或理论无关的实在概念"④。基于对实在的这一信念，他主张："一个物理理论和世界图像是一个模型（通常具有数学性质）以及一组将这个模型的元素和观测连接的规则的思想。"⑤这就是他称之为依赖模型的实在论。其中，霍金否认了存在一个与观察者无关的真实的外部世界。同时，他又认为理论及图像和实在通过规则相连。霍金的这一实在论主张与当代科学前沿的实际符合得很好。例如，孤立的自由夸克不可能在自然界中存在，我们也永远观察不到夸克。针对这一点，人们一直有所疑问：如果我们永远不能分离出一个夸克，那么，夸克是否真的存在就是一个问题，"对于许多科学家而言，将实在性赋予一个在原则上也许永远不能被观测到的粒子的思想是太过分了"⑥。然而，随着夸克模型与在科学中可观测到的现象相符合

①　史蒂芬·霍金.2009.时间简史.许明贤，吴忠超译.长沙：湖南科学技术出版社：61.
②　B.C.范·弗拉森.2002.科学的形象.郑祥福译.上海：上海译文出版社：9.
③　史蒂芬·霍金，列纳德·蒙洛迪诺.2011.大设计.吴忠超译.长沙：湖南科学技术出版社：5.
④　史蒂芬·霍金，列纳德·蒙洛迪诺.2011.大设计.吴忠超译.长沙：湖南科学技术出版社：34.
⑤　史蒂芬·霍金，列纳德·蒙洛迪诺.2011.大设计.吴忠超译.长沙：湖南科学技术出版社：35.
⑥　史蒂芬·霍金，列纳德·蒙洛迪诺.2011.大设计.吴忠超译.长沙：湖南科学技术出版社：41.

的证据越来越多，夸克的实在性开始逐渐为人们所认可。但霍金认为，或许某个外星生物在进行过与我们人类相同的观察后，会构造出另一个有自由夸克存在，且与我们对亚原子粒子的行为观察相一致的模型。

根据依赖模型的实在论，两个夸克模型都可通过制定不同的规则，将夸克的图像或理论与夸克实体相连。当然，两个模型不存在对或错，也不能说地球人的理论比外星人的理论更真实，而只能说"在所考虑的情形下，哪个更方便就用哪个"①。据此，霍金的依赖模型的实在论将传统的实在论与反实在论关于世界终极实在的争论转化为对实用实体的追求。

与传统的实在论相比较，霍金的依赖模型的实在论主张，可为当代科学前沿中的那些看不见的实体，甚至奇点之前的世界，提供一个合理的说明。不过，与此同时，这一主张也削弱了世界的实在性。但值得注意的是，依赖模型的实在论并没有放弃终极实在的存在，正如波普尔所坚持的那样，"我们知道存在着实在，存在着某种东西……"②虽然在两个模型中，夸克以两种不同的面目存在，但不管在哪一个模型中都一定得有那么个"存在"。

毫无疑问，霍金的依赖模型的实在论的这一实用转向，有效地消解了传统的实在论与反实在论之争中长期困扰着人们的难题，人们不再把目光聚焦于对世界的终极存在——这种或许人类在根本上永远无法提供证据（比如，奇点之前的世界，人类得不到任何信息）的争论，而是引导科学不断建构与经验现象相符合的理论模型。这可为世界提供越来越合乎理性的说明。

三、科学前沿背景下实在概念的重构

事实上，莱德曼的足球在当代科学前沿中大量存在。从本质上看，电子、夸克、希格斯玻色子等，与那只看不见的足球的实在性在本质上完全相同。以对电子的研究为例，在汤姆逊确信电子存在的时候，他并没有真正看到电子，他所见到的只是电偏转。即使在今天，科学家们利用云室或气泡室来捕捉电子的踪迹，他们真正见到的也只是在电子运行轨迹上形成的水滴串或气泡串，而

---

① 史蒂芬·霍金，列纳德·蒙洛迪诺 . 2011. 大设计 . 吴忠超译 . 长沙：湖南科学技术出版社：38.
② 卡尔·波普尔 . 2008. 猜想与反驳——科学知识的增长 . 傅季重，纪树立，周昌忠，等译 . 上海：上海译文出版社：165.

非电子本身。当然，不论是电子，还是足球，此类相关证据足以证明它们的存在，并取得人们对它们的真实性的信任，即使人们看不到它的真面目。

但夸克的性质与电子，以及那只看不见的足球就有所不同了，因为我们始终无法得到一个自由的夸克。这意味着，夸克将永远作为一种理论上的存在。当然，这一性质不只是夸克所独有的。事实上，希格斯玻色子也是如此。从理论上讲，它或许只是在大爆炸发生之后的几秒内短暂存在过。夸克和希格斯玻色子（事实上，在当代科学前沿，此类实体还有许多）是当前实在概念所面对的亟待说明的问题。

不过，难题并不止于此。奇点之前的世界的存在，才真正构成了对传统实在概念的严重威胁。由于时空在大爆炸处崩溃，我们无法得到奇点之前的世界的任何信息。因此，它只能在想象中或在理论中存在，即彼世界中的事物的存在方式只能是理论实体，甚至连间接观察的方式也不可以。

而从当代科学前沿的新进展来看，越来越多的证据证实了夸克、希格斯玻色子、奇点之前的世界等理论实体存在的构想，增强了我们对理论实体的信心。事实上，人们相信理论实体的存在，不仅仅来源于理论的推演，也有对可观察世界的思考，比如，费耶阿本德曾声称，"可观察的东西就是理论实体重叠的结果，并且空洞无物的组成不可能产生什么东西"[1]。这一主张解释了我们看到了一张桌子的同时也看到了无数个基本粒子的组合体，亦可为奇点之前世界的存在提供一个有效的说明，因为大爆炸不可能在一片"虚无"之中发生。

理论实体的存在与传统的实在论有关实在的思想之间有着很大的差距，而且我们已经明确了的是，传统实在论所追求的那种真实的细节是可信赖的世界图景不复存在，对实在概念的重构是当前哲学界的一项紧迫任务。据前文所述，重新定义实在概念，所涉及的最大问题便是如何有效地将理论实体涵盖其中。这需要从实在概念的内涵和外延两个方面来审视。先从内涵上看，传统的实在论主张，存在一个不依赖于人的主观意识的实在。在哲学史上，这一主张也曾一直受到理论实体的干扰，其主要困难就在于如何判别柏拉图理念的存在性质。柏拉图认为，理念世界也是不依赖于人的主观意识的存在。那么，理念与一匹马都是实在的吗？二者之间有差别吗？若有，其差别仅仅在于二者的抽象程度

---

① 保罗·费耶阿本德.2006.知识、科学与相对主义.陈健，等译.南京：江苏人民出版社：33.

有所不同吗？事实上，亚里士多德曾注意到一匹马和动物之间的区别，就是抽象程度的不同，而对一匹马和动物的实在性是同时持认可态度的。那么，理念与一匹马之间的关系与此等同吗？为了解决上述难题，邱仁宗先生引入了自我同一性概念。他认为，自我同一性是分类的标准，也是认识事物、区分事物的标准。而这一概念与实在有着密切的联系，"一个物体没有自我同一性，就不能说它存在。因而，也不能说它是实在的"[①]。邱仁宗的观点对实在概念的清晰呈现具有重要的指导作用。此时，实在概念的内涵仍未独立于人的意识而存在，但由于自我同一性概念的介入，实在更加具体化了。不过，在面对当代科学前沿时，邱仁宗的这一努力便出现了问题，因为奇点之前的世界无自我同一性，但依然存在。因此，自我同一性必须舍弃，纵然这是以丧失实在的具体性为代价的。所以，从内涵上看，实在概念又回到了原点——客观实在，无他。

再从外延上看，与实在概念相对应的，除了独立于人的心智的可见的与不可见的物质实体之外，还必须涵盖理论实体（奇点、夸克、希格斯玻色子等），但这必须先解决一个问题——明确此类理论实体与柏拉图的理念之间的区别。毫无疑问，二者都来源于人的心智的发明创造，在自然界中无法获得。当然，这并不意味着两类理论实体之间没有区别。柏拉图的理念纯粹是心智创造，与自然界不存在任何直接关联，自然界绝无对应物存在，无法验证，也不会衍生出物质实体。而夸克、希格斯玻色子、奇点之前的世界，虽然也是人的心智的创造，但它们并非如柏拉图的理念那样，是纯粹想象的产物。它们与可观察的物质世界之间存在着某种联系，这种联系可以得到验证，并可从中衍生出物质实体。奇点的存在，是因为在自然界中必须有那么一种存在与它相对应，虽然我们无法得到奇点及奇点之前世界的任何信息。

基于以上论述，重构之后的实在概念为：在自然界中真实存在的物质实体，以及与自然界有物质关联的理论实体。其内涵为客观实在。与传统的实在论相比，其内核没有改变。而其外延却发生了很大的扩展，因为重构之后的实在包涵三类实体：①可见的物质实体。这是传统实在论的领地。②不可见的物质实体。近代以后的科学为对这类实体的间接观察提供了可能。③与自然界有物质关联的理论实体。这是当代科学前沿正在研究的对象。夸克、希格斯玻色子、

① 邱仁宗.1993.实在概念与实在论.中国社会科学,（2）：95-105.

奇点及奇点之前的世界等均属此类。我们不难发现，上述三类实体越来越抽象，对其认识也就越来越困难，特别是第三类——理论实体，仅仅依靠用眼睛看的直观手段，已无法适应认知要求，必须要动脑筋思考，用"心"去看，即越来越需要理性思维的介入。从总体上看，新实体概念的内涵抽象化、外延最大化的特征，可与当代科学前沿的新现象实现最大程度的符合，亦可为科学前沿的新进展提供有效的说明。

四、思想实验：对理论实体的认知手段

实在概念的重构，特别是实在概念外延的扩展，扩充了实在的包容性，使得实在概念能有效地适应当代科学前沿的新进展。但与此同时，新的问题也随之产生。其中最突出的问题就是：对理论实体的认知何以可能？如何进行？

在当代科学前沿中，传统实在论所坚持的对可直接观察的物质实体的研究早已不能适应形势的发展，隐藏在可观察的物质实体之后的理论实体逐渐被发现。也可以说，人们对理论实体的认识，来源于人们对可观察实体的不完善性的困惑。没有一只看不见的足球的存在，特维洛人眼中的那场比赛就是不完善的，赛中人的行为就难以理解；没有希格斯玻色子的存在，标准模型就是不完善的，面临着被抛弃或改造的可能；没有奇点之前的实在世界，宇宙大爆炸学说就是不完善的，因为物质不能凭空产生。上述可观察实体中存在的不完善性，在当代科学前沿中还有很多。如何摆脱上述不完善性对人们的认知世界的干扰，范·弗拉森指出，"这种不完善性要求（次级科学目的）引进现象背后的不可观察的实体。这是由令人感兴趣的思想实验所产生的"[①]。

那么，不可观察的理论实体被引入之后，我们能够完全认识和理解实在吗？认知的途径是什么？答案就是思想实验。爱因斯坦认为，我们对实在的理解有点像一个人想知道一块合上表壳的手表的内部构造。对于这块手表，人们能够看到的只是表面和走动着的指针，能够听到的则是指针走动时发出的滴答声。由于无法打开表壳，人们只能试图从他所观察到的一切现象出发，勾画出一些可能的内部结构图，"但是他却永远不能完全肯定他的图就是惟一可以解释

---

① B.C.范·弗拉森.2002.科学的形象.郑祥福译.上海：上海译文出版社：42.

他所观察到的一切事物的图形"①。爱因斯坦的看法与霍金的依赖模型的实在论思想在本质上是一致的。在科学史上，对宇宙的考察就曾经产生过不同的图形，托勒密所建构的宇宙图像和哥白尼的就很不一样。这些不同的图像无所谓对与错，只是在解释效力上有大小之别。这再次表明，对实在的终极认知是不可能的，对理论实体的认知更是如此，因为人们永远也不能把他们所画的那幅图与理论实体的真实构造相比较，夸克、希格斯玻色子、莱德曼的那只看不见的足球和爱因斯坦的这只手表都一样。

不过，思想实验由于其理想化的特征，可大显身手，虽然"思想实验无论什么时候都是不能实现的，但它使我们对实际的实验有深刻的理解"②。事实上，爱因斯坦的这一论断的前一半是对的，但后一半值得推敲，因为此处他依然将物质实验置于科学探索的主导地位。而事实上，在研究不可观察的理论实体时，物质实验仅仅是辅助手段，在当代科学前沿中，真正对理论实体性质的揭露，"理论物理学家们只能利用另一种实验——思想实验——来研究他们的想法"③。基于当代科学前沿的现状，思想实验作为一种理想化的科研手段，可同时包容经验、概念和背景三个方面的效力，在未来的科学探索活动中，它将逐渐从幕后走向台前，成为科学前沿探索的主要手段，这已成为必然。

---

① 艾·爱因斯坦，利·英费尔德.2010.物理学的进化.周肇威译.长沙：湖南教育出版社：23.
② 艾·爱因斯坦，利·英费尔德.2010.物理学的进化.周肇威译.长沙：湖南教育出版社：6.
③ 斯蒂芬·韦伯.2007.看不见的世界——碰撞的宇宙，膜，弦及其他.胡俊伟译.长沙：湖南科学技术出版社：2.

第七章
思想实验与大科学的未来走向

20 世纪中叶，大科学形成，并逐渐发挥了越来越重要的作用。时至今日，大科学已牢牢占据当代科学研究的核心地位。然而，大科学在经过半个多世纪的发展之后，其内在的问题也逐步凸显。大科学问题的本质是由物质实验的局限所致，问题的消解必须借助思想实验与物质实验的共同作用。这是未来科学发展的主要趋势，也是我国科学创新的主要方向。

第一节　大科学及其问题

2013 年底，美国费米国家加速器实验室主任洛克耶在《自然》杂志上撰文，对粒子物理学的发展进行了反思，并对科学下一步该怎么走做出了思考。其中，他对建立于大科学工程之上的科学发展前景进行了展望。近年来，我国科学发展迅速，许多领域在国际上开始崭露头角。因此，相关问题的研究，对于我国科学未来的健康发展有着重要的借鉴意义。

一、大科学发展的现状

1. 大科学及其发展

历时近30年的建设，耗资500多亿美元，来自全球5000多名科学家的参与，数十万台计算机联网，位于地下100米深、全长26.659千米的环形隧道，这组令人吃惊的庞大数据是对目前世界上能量最高的强子对撞机（大型强子对撞机）实验的真实描述。当然，大型强子对撞机仅仅是当今大科学时代的一个缩影。"所谓大科学研究，是指规模巨大、人数众多、投资庞大、并有相当大的社会影响的综合性的科学研究。"[①]有学者认为，金额达到一亿美元以上的多学科综合研究，就可被称为大科学研究。从19世纪下半叶开始，大科学渐露端倪，到第二次世界大战期间，大科学已然形成。此后，大科学便一发而不可收，占据了科学研究的核心地位。

大科学的迅速兴起，主要取决于它所发挥的不可替代的作用。大科学所拥有的"先进的科学装置不仅可以带来新的发现，使知识的生产更具效率，还能让研究者以更精确、更快速的方式探索自然现象和规律"[②]。在微观世界，特别是面对原子以下层面的粒子时，为了研究基本粒子的特异性质，物理学需要人为地生产出大量的基本粒子，而这必须制造出大型的粒子加速器，使普通的粒子束能获得足够的能量，并相互撞击，从而衰变为大量的基本粒子。目前，大型强子对撞机就是这一领域的大科学代表。大科学在对微观世界的认识上做出了重要贡献。特别是2012年大型强子对撞机发现的希格斯玻色子，揭示了世界的质量之源，使人类对世界起源的认知迈进了一大步。而在宇观世界，人们也面临着与微观世界差不多的情况。由于对以亿万光年为单位的深邃的宇宙空间的研究，人们无法仅凭肉眼，如古人那样夜观天象。对宇观世界的探索，也必须得借助大科学的装置方能实现。特别是自1929年哈勃确认星系的普遍红移现象，建立了哈勃定律，发现宇宙的时空整体在四向膨胀之后，人们便开始在这一领域持续地探究，以期回答哈勃之后的一系列问题：宇宙为什么会膨胀？导致膨胀之力来自何方？在更深远的空间，哈勃定律是否继续有效？膨胀速率是恒定

---

① 朱长超. 2012. 大科学与小科学要均衡发展. 世界科学，（1）：62-63.
② 陈光. 2014. 大科学装置的经济与社会影响. 自然辩证法研究，30（4）：118-122.

的吗？2011 年的诺贝尔物理学奖宣布，宇宙正在加速膨胀。获得该奖项的两个研究团队得出这一相同结论，都是以 Ia 型超新星的爆炸恒星作为宇宙灯塔来测量宇宙膨胀的。而如果没有大科学装置助力，对超新星的观测根本无法想象。此外，基因工程研究是生物学家的大科学计划，科学考察船也包含着海洋学者们对大科学的追求。大科学已经在许多自然学科中占据举足轻重的地位。

正是由于大科学在当代科学研究领域中不可替代的作用，其一直保持着一种不断扩张的态势。在物理学领域，随着希格斯玻色子的发现，标准模型已经完成。人们普遍认为，要想在粒子物理学方面更进一步，必须拥有能量更高的粒子加速器。未来的科学将在大科学开创的道路上渐行渐远。

2. 我国的大科学

近年来，我国科技投入不断增长，科研实力也不断提高。"十二五"期间，我国除了积极参与国际大科学计划和大科学工程之外，还继续实施我国发起的"可再生能源与新能源国际合作计划"和"中医药国际科技合作计划"，并将适时发起应对气候变化国际科技合作研究等国际和区域性大科学计划。此外，我国还在信息、生物等战略性产业领域，能源资源环境和人民健康等重大紧迫问题，以及军民两用技术和国防技术等方面，通过国家科技重大专项，开展大科学计划，加强重大科学问题研究，突破制约经济社会发展的 8 个关键领域重大科学问题，实施 6 个重大科学研究计划，强化重点战略高技术领域研究，加强科技创新基地和平台的建设布局，总投资超过 100 亿元[①]。而在"十三五"期间，我国强调要实施创新驱动发展战略，发挥科技创新在全面创新中的引领作用，加强基础研究，强化原始创新、集成创新和引进消化吸收再创新，着力增强自主创新能力，为经济社会发展提供持久动力。而这一战略的实施，特别是在基础科学研究方面，离不开大科学的作用。

经过多年的努力，我国已有部分在国际上领先的大科学项目崭露头角。目前正在建设之中的江门地下中微子实验可为代表。这一实验项目的国际合作组由来自中国、捷克、法国、芬兰、德国、意大利、俄罗斯和美国的 200 多位科学家组成，参与的研究机构和大学超过 50 个。实验选址在广东省开平市打石山

---

① 中华人民共和国科学技术部. 2011. 国家"十二五"科学和技术发展规划. http://www.most.gov.cn/kjgh/sewkjfzgh/[2014-7-4].

一带，实验室及实验装置将建在地下 700 米深处，预计 2019 年年底建成并投入运行。该实验的规模将比大亚湾中微子实验大 100 多倍，计划运行至少 20 年，以揭示更多宇宙奥秘，理解微观的粒子物理规律，也将对宇宙学、天体物理，乃至地球物理做出重大贡献[①]。几乎同时宣布的是，位于我国四川的锦屏地下实验室即将扩建。锦屏隧洞最大埋深达 2400 米左右，实验室设立于其中，就相当于将实验室设在地下 2400 多米深的地方，超过了加拿大的岩石覆盖厚度 2000 米的斯诺实验室，能将宇宙射线通量降到地面水平的约亿分之一。中国锦屏地下实验室二期工程将包括 4 组共 8 个实验室及其辅助设施，已于 2015 年年底完成土建工作，总容积将从目前的 4000 立方米扩容到 12 万立方米，能够容纳更多的深地科学领域实验项目同时开展，建成后将有望逐步发展成为国家级的面向世界开放的基础研究平台，是开展粒子物理学、天体物理学及宇宙学等领域中的暗物质探测、双 β 衰变、中微子振荡、质子衰变等重大基础性前沿课题的重要研究场所，是岩体力学、地球结构演化、生态学等学科开展相关实验研究所需的特殊环境，也是低放射性材料、环境核辐射污染检测的良好环境[②]。

虽然目前大科学面临着种种难以解决的问题，但正处于科技发展上升期的我国却必须全力融入国际大科学计划中，不仅如此，近期我国还开始独立开展一批大科学计划。因此，研究大科学的问题，借鉴国际上大科学计划的经验与得失，从中寻找启示，是我国大科学健康发展的必经之路。

二、大科学的问题及其未来走向

1. 科学发展必然建立在大科学之上吗？

2013 年，对于粒子物理学界而言，是具有重要意义的一年。因为在这一年，旨在探索希格斯玻色子的努力，在经过数十年的搜寻之后，任务基本完成，物理学标准模型的主张基本得到了确证。不过，这显然并不意味着现代科学的终

[①] 孙自法 . 2014. 全球 200 多科学家参与江门地下中微子实验国际合作 . http://finance.chinanews.com/it/2014/07-31/6446434.shtml［2014-7-31］.
[②] 赵婀娜 . 2014. 我国首个极深地下实验室扩建 . http://sc.people.com.cn/n/2014/0802/c345453-21856363.html［2014-8-2］.

结——标准模型理论并不能为宇宙中的一切现象提供终极说明。洛克耶指出，"从中微子微小的质量到暗物质、暗能量，我们知道有更多的存在"[①]。而这些都有待于科学的探索。因此，他认为摆在科学家们面前的问题是：粒子物理学研究的下一个线索可能藏身于何处？

在洛克耶看来，在未来二三十年内，科学的发展存在几个可能的选项：①正在升级的目前世界上能量最高的粒子加速器——大型强子对撞机。当它于2015年再次启动时，其运行能量将接近14万亿电子伏——大约是希格斯玻色子被发现时的两倍。②费米国家加速器实验室的长距离中微子束实验。该实验中的中微子束将从费米国家加速器实验室运行到南达科他州的霍姆斯塔克矿，总行程约1300千米。③日本力争主办的国际直线对撞机（international linear collider，ILC）实验。该正负电子对撞机设计为30千米长，最高能量达5000亿电子伏，有可能超越大型强子对撞机的精确度。④欧洲正在设计的一个100万亿电子伏的质子–质子对撞机，其隧道周长为100千米，可探测包括大型强子对撞机升级后所能发现的任何粒子。⑤中国和印度等新兴经济体对科学的努力。在今后的粒子物理学方面，以中国和印度为首的发展中国家，将会像美国、欧洲和日本一样，为科学前沿的进展做出贡献[①]。稍作梳理后我们可以发现，洛克耶对粒子物理学未来的发展所期待的几个选项都将沿着大科学的方向前行。几乎所有项目的经费投入都将超过10亿美元。每一个项目的开展都是由来自世界各地的不同国家的科学家所组成的团队共同开展的。

当然，笔者并不怀疑这些大科学计划的实施将有可能发现更多的基本粒子，为揭示世界的本质做出更多的贡献。但洛克耶在展望粒子物理学未来发展的同时，也并不掩饰他的担忧，"下一代粒子加速器将会非常昂贵。而且，对政府的预算要求和全球各地的财政紧缩处于相互对立的状态"[①]。以大型强子对撞机的升级为例，即使是最温和的升级也需要10亿美元以上的经费投入。在此背景下，如果把科学的未来发展完全定位于大科学之上，那么，大科学自身的发展前景又会是怎样的呢？科学的发展必然要建立在大科学之上吗？

2. 大科学的问题及其本质

大科学自形成后，便一发而不可收，其研究方向遍布当今科学的主要领域，

---

① Lockyer N. 2013. Particle physics: Together to the next frontier. Nature, 504（7480）：367-368.

如物理学、宇宙学、生物学、地球科学等，成为现代科学的支柱。大科学的巨大贡献，以及无可替代的作用，使得洛克耶认为，未来粒子物理学的发展非大科学不可。但一个不争的事实是，完全建立在科学规模不断扩大之上的科学研究是不可持续的。人们普遍认为，到20世纪末，大科学的问题便开始逐步显现，20世纪80～90年代美国的超级超导对撞机的兴衰便是其标志性事件。

近年来，人们关于大科学问题的研究开始增多。至于大科学问题的主要表现，诺贝尔物理学奖得主莱德曼的一组数据可为我们提供一个直观的说明。这组数据显示：随着微观粒子的结构尺度的减小，研究所需要的能量随之增高（表7-1）。[①]

表 7-1　粒子尺度与探测能量对应表

能量（近似值）/电子伏	结构	大小 / 米
0.1	分子，大原子	10^{-8}
1.0	原子	10^{-9}
1000	原子内部	10^{-11}
100 万	重的原子核	10^{-14}
1 亿	原子核内部	10^{-15}
10 亿	中子或质子	10^{-16}
100 亿	夸克效应	10^{-17}
1000 亿	夸克效应	10^{-18}
10 万亿	希格斯玻色子 *	10^{-20}

*：在原文中，莱德曼出于形象的描述，将希格斯玻色子称为上帝粒子。

正如表 7-1 所示，粒子越小，对其进行研究的加速器所需要的能量就越大。也就是说，随着科学家们对微观世界研究前沿的不断推进，"在每个新的能量领域都有新的发现，同时新的困惑也相伴而生，这又增加了人们获得更高能量的渴望"[②]。当然，对于科学家而言，加速器能量的不断提升，将给他们带来无穷的乐趣。但事实上，无论从资金上还是技术上，无休止地提升加速器的能量都是难以实现的。

人们往往把大科学问题——它的不可持续性，归因于经济。持这一主张的最具代表性的人物是温伯格。他认为，在追寻希格斯玻色子、夸克、中微子等

① 利昂·莱德曼，迪克·泰雷西 . 2003. 上帝粒子——假如宇宙是答案，究竟什么是问题? 米绪军，古宏伟，赵建辉，等译 . 上海：上海科技教育出版社：210.
② 利昂·莱德曼，迪克·泰雷西 . 2003. 上帝粒子——假如宇宙是答案，究竟什么是问题? 米绪军，古宏伟，赵建辉，等译 . 上海：上海科技教育出版社：224.

基本粒子的道路上，发现终极理论的努力可能会由于经费问题而中断，甚至"想到未来更昂贵的加速器，即使高能物理学家也会犹豫的"[①]。2011年，他在一次演讲中，论述了自己对超导超级对撞机项目的遭遇的看法，在谈到该项目被取消资助的原因时，他直截了当地说，"真正刺激立法者的是其成员的直接经济利益"[②]。同时，他还论及不同领域的科学家对资金的竞争。当然，这依然属于经济问题的范畴。并且，他还指出，除了粒子物理学之外，资金是所有科学领域都存在的问题。

我国研究者大多从大科学与小科学之争的角度，对大科学问题展开研究。视角较为多样，结论也较为全面。申丹娜在对比了大科学与小科学的科学价值、科学自主性、科学路径选择，以及对年轻科学家的培养等方面之后，认为大科学会受到社会需求、大仪器的制约，在目标的指引下失去自由竞争的空间[③]。高原和王大明则以超导超级对撞机项目停建为例，从美国政治集团的利益博弈、该项目的研究价值、该项目建设的经济可行性，以及该项目本身管理方面的缺陷四个方面进行分析，认为项目停建的原因"是政治、经济、科学、社会、管理等多方面复杂原因交织在一起形成的最终结果"[④]。陶迎春有关大科学与小科学的相互关系的研究反映出，二者之间竞争关系的存在，使有限的资源集中到大科学，在直接制约了小科学发展的同时，间接削弱了大科学自身的基础[⑤]。事实上，无论是从大科学与小科学之争的角度看，还是从政治、社会、管理等不同侧面看大科学的问题，归根结底都是经济问题。因为政治、社会、管理等摆脱不了经济的基础性作用的影响，它们都属于经济问题的反映或衍生。

但笔者想指出的是，经济问题或许是大科学不可持续的一个重要原因，但仅仅从经济方面进行深入挖掘，无法反映出大科学问题的全貌。从政治、经济、社会等多角度研究，虽然在认识上更进了一步，但也没能够完全呈现出大科学问题的本来面目。在笔者看来，大科学问题的实质是它对物质力量的单一追求所致。回到科学史中，我们不难发现，在相当长的时间内，科学的发展都只是

---

① 　S. 温伯格 . 2011. 终极理论之梦 . 李泳译 . 长沙：湖南科学技术出版社：187.

② 　胡冬雪 . 2012. 大科学的危机 . 世界科学，（6）：4-8.

③ 　申丹娜 . 2009. 大科学与小科学的争论评述 . 科学技术与辩证法，26（1）：101-108.

④ 　高原，王大明 . 2011. 美国超导超级对撞机案例研究 . 工程研究——跨学科视野中的工程，3（1）：41-49.

⑤ 　陶迎春 . 2011. 论大科学与小科学的"耗散结构" . 科技进步与对策，28（22）：109-112.

在简单观察基础之上的人类智慧的结晶。近代以后，随着运用物质手段能力的提高，人类可以观测到许多更为深刻的自然现象，科学获得了长足的进步。特别是在大科学的推动下，科学取得的成就越来越显著。但是，一个不容否定的事实是，包括大科学在内的对物质力量的追求，只是人类智慧获取成果的手段之一，而不是科学的全部。因此，把大科学作为科学进步的决定性因素，而忽略人的因素的主张显然有本末倒置之嫌。

大科学对物质力量展开追求的手段是物质实验。毫无疑问，大科学计划中的物质实验，相对于近代科学以前人类进行科学研究的手段——自然条件下的观察而言，要进步很多。因为物质实验是一种"优越的探索手段"①。物质实验的优越化表现为，在实验室中，人们运用精良的仪器和设备，"看"到了许多仅凭肉眼所无法观察到的现象。为了更好地观察事物的存在状态而不断改变实验条件的过程就是笔者所称的条件优越化的过程。为了使事物的现象能够清楚明白地显现出来，人们在实践中逐渐认识到实验条件的重要性。即使在一个简单的对动植物的生长习性所进行的观察中也是如此。比如，在一个探究旱地水稻生长性状的实验中，我们必须要具备适当的环境和实验器材：若干不同地块的水稻田、相同的水稻品种、水稻生长所需的农药和化肥。除了上述必需的实验对象和相关实验材料以外，为了使现象更清楚明白地呈现出来，我们还应该具备潮湿度不同的泥土，以期在比较中更好地凸显不同环境中呈现出的现象的差别。在复杂的大型科学实验中就更是如此。

对科学稍有些常识的人都知道，实验室中实验条件的优越化所取得的成功是巨大的。它不但可以使事物隐藏着的现象呈现出来，还可以从不同的层面、不同的角度观测事物的现象。实验条件的可操控性直接影响着实验的可重复性。这对于实验而言，具有重要的意义，因为它可让更多的人参与其中，从而产生心理认同感。更为重要的是，优越化的实验条件能够令许多在自然条件中根本无法直接观测到的现象清楚地呈现出来，最起码有可供验证的间接现象的显现。比如，大型强子对撞机对希格斯玻色子的发现，是通过两束各自携带有 4 万亿电子伏能量的质子流相互碰撞实现的。两束质子流在 4 个交汇点发生对撞后，总能量达到 8 万亿电子伏。在能量的增加——这样优越化的实验条件下，希格

---

① 马雷. 2008. 冲突与协调——科学合理性新论. 北京：商务印书馆：287.

斯玻色子现身的概率大为提高。最终，科学家们以 5 西格玛（sigma）的确定性水平（其在统计学上为"真"的概率是 99.999%），在 1253 亿电子伏（±6 亿电子伏）质量范围内发现了希格斯玻色子。当然，这中间科学的进步离不开科学家们的智慧，但近现代科学中许多实验现象的呈现必须依靠优越化的实验条件。

不过，需要指出的是，优越化的实验条件不等于无条件。实现优越化的条件，一直是大科学的首要目标。在大型强子对撞机中，5000 多名科学家耗资 500 多亿美元的目标就是得到让希格斯玻色子现身的优越化的条件。因此，物质实验是有条件的，也是有极限的，而人类对世界的探索是无限的。有限不能解决无限。对物质实验的单一的追求就是大科学问题的本质所在。

3. 大科学问题的消解途径

面对大科学的问题，温伯格曾经哀叹道：这"不过是纯科学失去人心的一点表现"[①]。事实果真如此吗？在近代以后，科学由于在人类认识世界和改造世界中的作用越来越大，而得以大行其道，甚至于形成了科学中心主义的趋势，许多人唯科学是举。如今，可以说人们对科学的热情已经高涨到无以复加的程度，达到了人类有史以来的巅峰状态，而且还有更进一步发展的可能。只要人们对世界的好奇心不灭，探索世界的热情就不会减。鉴于此，说纯科学已失去人心，恐怕难以得到人们的认同。

那么，大科学问题该如何解决呢？大多数人都是从大科学与小科学之争的视角去寻找答案。莱德曼就主张大科学与小科学共同发展，"小科学也一直是发现、变化和创新的源泉，为知识的进步做出了巨大的贡献。我们必须在我们的科学政策中保持适当的平衡，而两种选择都存在真是值得庆幸"[②]。陶迎春从耗散结构理论的视角出发，认为大科学来源于小科学，"在科学史中，大量随机涨落、具有可选择性的小科学是大科学存在和发展的前提，也是科学新的生长点"[③]；而与此同时，大科学作为科学发展聚焦的目标，又可为小科学研究提供平台和空间。二者既相互竞争，又相互促进。李春霞则认为，民间科技力量的培育，实现了与大科学的交融互补，有利于大科学的发展，可推动国家综合竞争力的提

① S. 温伯格. 2011. 终极理论之梦. 李泳译. 长沙：湖南科学技术出版社：226.

② 利昂·莱德曼，迪克·泰雷西. 2003. 上帝粒子——假如宇宙是答案，究竟什么是问题？米绪军，古宏伟，赵建辉，等译. 上海：上海科技教育出版社：236.

③ 陶迎春. 2011. 论大科学与小科学的"耗散结构". 科技进步与对策，28（22）：109-112.

升①。在寻求大科学问题的解决过程中，温伯格本人还曾经注意过"伟大的科学"在科学史上所发挥的作用。他认为，1911年卢瑟福带领着一个仅由一名博士后和一名大学生组成的实验小组，运用从奥地利租借来的镭，在伦敦皇家学会70英镑工作经费的资助下，完成了α粒子散射实验。这就是"伟大的科学"，但他随后否定了此类"伟大的科学"在现代科学中的作用。事实上，温伯格对"伟大的科学"的思考，已经接近了问题的解决之路。

笔者认为，大科学问题必须从其自身来寻求解决之道。把目光从大科学与小科学之争转移到"伟大的科学"上，我们可以发现，"伟大的科学"其实也属于小科学的范畴。在大科学诞生之前，科学的进步完全依靠小科学的推动。而在没有现代化的科学装置、手段、方法之前，小科学发挥作用的推动力量又是什么呢？回答这个问题，或许可为大科学问题找到解题思路。

从科学手段——实验的角度看，物质实验之所以优越于自然状态下的观察，是因为实验条件的改善，即通过设置特定环境，使某些现象得以呈现。也可以说，特定的实验环境解放了条件对实验对象的束缚，从而令实验对象能够更多地表现自我。大科学的努力方向，就是令世界更多地展现出来。但正如前文所论述的那样，大科学所进行的物质实验并不能无限地克服条件的束缚。既然物质实验的作用是有限的，那么它如何去探索无限的世界呢？如温伯格所言的那样，人们想要仅仅凭借功能有限的大科学令无限的世界显现出来，显然是无法做到的。面对无限的世界，人类必须使用功能无限的手段。

这里的"无限"是指实验条件可以不受限制地优越化，即理想化，使实验对象不受任何条件的束缚，能够完全展现自己。实验条件的理想化是实验条件的一种非现实存在的状态。理想化的事物"在科学中起着关键的作用，但在现实世界中并没有与它们对应的事物存在"②。卡诺循环、理想气体、光滑无摩擦的平面等都是理想化的事物。它们只能在人的思维中，以科学意象的方式作为概念化的存在。它要求我们"把已知事实'概括'或'理想化'，从不包含在这种模式中的元素中抽象出来。这是一个真正创造性的事业，它通过改变和重建事实和观念来联通两者"③。因此，理想化是思想实验的根本手段。正是理想化的方

① 李春霞.2014.大科学时代我国民间科技创新的生存发展之路.自然辩证法研究，30（4）：90-96.
② A. F. 查尔默斯.2013.科学究竟是什么？3版.鲁旭东译.北京：商务印书馆：281.
③ 保罗·费耶阿本德.2007.告别理性.陈健，柯哲译.南京：江苏人民出版社：207.

法使思想实验的条件可被不断改变，条件对物质的束缚不断放松，实验对象被进一步解放出来，现象得以更多地呈现，甚至可完全呈现出来。因此，思想实验在科学史上的许多关键时刻发挥了无可替代的作用。理想化方法是科学发展中必不可少的手段之一。

在人类运用实验的方法认识世界和改造世界的进程中，随着进一步揭示事物本质现象的需要，从自然状态下的观察，到物质实验，再到思想实验，实验的条件不断地向越来越优越的方向发展，直到理想化的状态。其目的就是让实验对象摆脱条件的束缚，而令现象得以更多地呈现。因此，大科学问题的消解途径，应该是沿着寻求逐步摆脱条件对物质的束缚，而令实验现象更多地呈现的方向行进。

4. 大科学的出路：物质实验与思想实验的结合

在科学研究中，特别是现代科学出现以后，由于科学前沿深入到"看不见"的世界，思想实验又大量涌现，一改近代科学中偏爱物质实验的态势。当然，思想实验的运用，并不意味着对大科学中物质实验的抛弃，而是要实现二者的结合。这样，才能彻底解决大科学的问题。

在科学史上，思想实验与物质实验的结合，曾多次显示出巨大的威力。伽利略、爱因斯坦就是巧妙地将二者结合运用的代表。伽利略对理想化方法的运用，以及其运用这一方法所取得的发现，被称为是人类思想史上最伟大的成就之一，而且标志着物理学的真正开端。在人类历史上，人们总是对真空感到神秘。真空是否存在，如果存在，那么它是一种怎样的存在，是人们一直想要解开的谜题。在伽利略所生活的那个年代，虽然人们尚未对真空形成足够的认识，但伽利略也曾尝试过做相关研究。为了论证真空产生的力，伽利略发明了一种装置。

令 *ABCD* 代表一圆柱的横截面①，圆柱可以是金属的，更理想的是玻璃的，内部是空的并且是精确地旋转而成的。在其中装入一根完全适配的木质圆柱，其横截面表示为 *EGHF*，并且能够上下运动。打一个孔穿过这个圆柱的中间，装入一根在 *K* 端带钩的铁丝，铁丝的上端 *I* 装了一个锥形的头。木质圆柱在顶部反向凹陷，以便完全适配地放入

---

① 此处似有翻译错误，个人认为，此处的"横截面"应翻译为"纵截面"。——作者注。

铁丝 *IK* 上的锥形头 *I*，这时 *K* 端被向下拉。现在把木桩 *EH* 插入中空柱 *AD* 中，不要顶住后者的上端，而要留出二三指宽的自由空间；这个空间用水来填充，拿着这个容器使其口 *CD* 朝上，把塞子 *EH* 往下推，同时保持铁丝的锥形头 *I* 远离木质柱的带孔的部分。这样一旦木塞被往下压，空气就立刻沿铁丝逸出（铁丝不是紧密相配的）。在空气已逸出、铁丝被向上拉使锥贴合地压在木头上后，把容器倒转过来使口朝下，往钩子 *K* 上悬挂一个能够装沙子或任何重材料的容器，其重量正好使塞子的上表面 *EF* 离开水的下表面，而塞子刚好触到水，此时仅仅是由于真空的抗力。接下来把塞子、铁丝和附在它上面的容器及其装的东西一同过秤，这样我们就得到了真空力（forza del vacuo）的值[①]。

这是一个将思想实验与物质实验相结合的典型，其中的实验条件"完全适配的锥形头"是理想化的，是非现实存在的。爱因斯坦指出，在实际上它是永远无法做到的，因为不可能把所有的外界影响都消除掉。他认为，正因为我们不能使物体完全不受外界的影响，我们只能作这样的推测："假使……结果将会怎样？"[②]库珀对思想实验所持的"WHAT IF"的主张与此相似[③]。只不过库珀太过形式化了，而爱因斯坦的"假使……"之后的部分就是思想实验中理想化条件的所在。这更符合思想实验的本来面目。在思想实验中，实验条件的理想化是现象呈现的充分必要条件。

通过思想实验与物质实验的结合，科学研究可以达到事半功倍的效果。如果仅仅凭借物质实验，在匀速直线运动实验中，我们必须具备足够长的光滑且无摩擦的平面，而仅这一个实验条件恐怕就需要大科学计划努力若干年，去设计、建构实验所需要的场地和设备，事实上最终也难免遭到失败的命运。而一旦将二者结合起来，事情立刻就变得简单明了。

因此，思想实验与物质实验的结合使大科学问题迎刃而解，它将是大科学未来着力发展的方向。在大科学规模越来越大的背景下，我国不仅要迎头赶上，增加对大科学的投入，同时还应该创建将思想实验与物质实验相结合的常态机制。当然这必须要有一批能够产生思想实验的科学家。不过，我们必须清醒地

---

① 伽利略. 2006. 关于两门新科学的对话. 武际可译. 北京：北京大学出版社：13.
② 艾·爱因斯坦，利·英费尔德. 2010. 物理学的进化. 周肇威译. 长沙：湖南教育出版社：15.
③ Cooper R. 2005. Thought experiments. Metaphilosophy，36（3）：328-347.

认识到，天才的思想实验不是凭空产生的，它只来自具备深厚的科学理论知识和严密的科学思维的大脑。因此，我国必须从现在开始，努力提高国民的基本科学素养，令更多的人拥有严谨的科学思维，形成优良的科技创新氛围。这样，我国才能在未来的大科学发展中，有效地实现思想实验与物质实验的结合，避免当前的国际大科学问题在我国重演，为我国的科学发展铺平道路。

第二节　推动科学发展的两种力量

皮克林（A. Pickering）在他的《实践的冲撞——时间、力量与科学》一书中，将科学实践中推动科学进步的力量分为物质力量和人类力量两种。

首先，他认为，世界不仅充满着各种观察和事实，而且充满了多种力量。进而，他将科学实践活动描述为两种不同性质的力的相互冲撞过程。基于世界的客观存在，他相信，世界一直处于不间断地制造事物的过程之中，各种事物不是作为人类智慧化身的观察陈述而依赖于我们，而是作为各种力量，依赖于物质性的存在。人类日常生活的绝大部分，都具有这种与物质力量相较量的特点。而较量的手段则是借助科学技术所创造的仪器设备来实现对自然的物质力量的驯服。对此，皮克林的见解很明确：我们应该把科学（自然包括技术）视为一种与物质力量相较量的持续与扩展。更进一步，我们应该视各种仪器与设备为科学家如何与物质力量进行较量的核心。他指出，这种物质力量来自我们"人类王国"之外，不能纳入"人类王国"的任何部分。不过，这并不意味着二者之间毫无关联，"作为人类力量，科学家在物质力量的领域中周旋，正如我们所知道的那样，构造各种各样的仪器和设备捕获、引诱、下载、吸收、登记，要么使那种力量物化，要么驯服那种力量，让它为人类服务"①。因此，对物质力量的驯服，是科学进步的动力之一。这也正是人们对大科学的迷恋之处。

事实上，皮克林对物质力量的重视，源于他对科学知识社会学的不满。众所周知，自 20 世纪 70 年代开始兴起的科学知识社会学的主要努力，就是将社会因素，包括人的主观意志、观念、信仰等，引入到科学研究中来，他们甚至

---

① 安德鲁·皮克林.2004.实践的冲撞——时间、力量与科学.邢冬梅译.南京：南京大学出版社：7.

认为社会因素是科学知识形成的决定性因素。这就是皮克林所谓的"人类力量主题化"。皮克林对此深感不以为然，他产生不满的根源主要在于，科学知识社会学的主张阻碍了对科学的最充分的操作性理解的发展。进而他指出问题的关键在于，科学知识社会学"研究使严肃认真地对待物质力量成为不可能"[①]。也就是说，科学知识社会学只强调人类力量，而忽视科学实践活动中物质力量的做法，是皮克林最终提出两种力量相互冲撞理论的直接动因。当然，皮克林在表达对科学知识社会学不满的同时，并不否认人类力量的存在与作用。

在皮克林看来，科学是操作性的、行动，即人类力量和物质力量的各种操作在其中居于显著位置。而在一项科学实践之初，无论是人类力量还是物质力量，都处于一种狂野的、未被驯服的状态。在实践过程中，科学家作为借助机器捕获物质力量的行动者，同时也是人类力量的行使者。在捕获力量的过程中，人类力量和物质力量以相互作用和突显的方式相互交织。皮克林称之为"力量的舞蹈"，其作用的方式是阻抗与适应的辩证运动。阻抗表现为在科学实践中捕获物质力量所遇到的困难，科学前进的过程就是不断穿越阻抗——解决问题的过程；适应则是应对阻抗的积极的人类策略，科学家在面对难题时调整思路、方法、计划以寻求新的解决问题的途径的做法，就是适应的表现。皮克林指出，"实践的、目标指向的以及目标修正的阻抗与适应的辩证法，就是科学实践的一般特征"[②]。他称之为实践的冲撞。

皮克林表示，在冲撞理论中大科学所借助的庞大的实验室，以及其中精密的仪器设备，便是对物质力量进行驯化的体现。而在实践过程中，科学家们的动机、目标和计划等，则是人类力量的外显。从这个角度来说，科学的进步无疑是人类力量和物质力量共同作用的结果。而前文讨论的大科学所面临的困境，无疑是人们一味地强化物质力量所导致的。当然，物质力量由于其在科学实践中可见可感可知而更能受到人们的信任，人类力量则似乎显得有些神秘，至少是不那么直观，而让人们感到非常遥远。但我们换个角度看，如果大科学中每一项新成就的取得都必须建立在仪器和设备升级换代的基础上，那么大科学将是不可持续的，未来它每前进一步都将举步维艰。而建立在人类力量之上的科

① 安德鲁·皮克林.2004.实践的冲撞——时间、力量与科学.邢冬梅译.南京：南京大学出版社：10.
② 安德鲁·皮克林.2004.实践的冲撞——时间、力量与科学.邢冬梅译.南京：南京大学出版社：20.

学实践活动则是可持续的。重要的是，人类力量的获得与运用具有不确定性。因此，未来科学的一项任务就是培养科学家们的科学素养，以提升人类力量。事实上，还有一个不可回避的事实：实践对物质力量的驯服——比如科学仪器设备的设计与制造——本身就蕴含了人类力量。

以上论述表明，近年来人们对大科学的推崇，主要由大科学在捕获物质力量中所发挥的无可替代的作用所致。而过分强调大科学的这一作用，必然使大科学陷入困境。摆脱对大科学的过度依赖，回归伟大科学的传统，将是解决大科学困境的一条可能途径。在未来的科学中，人类力量和物质力量必然各司其职，为推动科学进步共同努力，才能走出一条健康的科学发展之路。

第三节　我国的科学前沿创新

改革开放以来，在科技的推动下，我国的社会主义现代化事业取得了巨大的成就。然而，经济与社会的发展不能只停留在当下，甚或从前，而应该更多地着眼于未来。因此，在取得一系列成就的同时，如何为我国的经济与社会发展提供持久动力这个问题，便摆在了人们面前。当然，目前学术界已达成的共识是：经济社会发展的动力主要来源于科技创新，而持久动力的取得则需要基础科学创新能力的不断提高。

目前，我国的现代化建设正处在一个重要的历史时期。在这一关键的历史时刻，就当代科学前沿创新的现状、存在的问题及其未来的走向进行研究，对于将当代科学前沿的理论成果吸收并运用到我国现代化建设的实践中，有着重要的意义。

一、当代科学前沿创新的现状审视

自 2006 年 1 月 9 日，胡锦涛在全国科技大会上宣布了我国的创新型国家战略以来，科技创新就一直是我国经济生活中的一个重要话题。特别是在我国创新型国家战略提出的同一年，国务院颁布的《国家中长期科学和技术发展规划纲要（2006—2020 年）》中指出，将代表当代科学发展前沿的主要特征——微观与宇观的统一、还原论与整体论的结合、多学科的相互交叉、数学等基础科学的深化和发展，确立为我国科学前沿中亟待创新的问题。而在 2011 年科技部发布的《国家"十二五"科学和技术发展规划》中，更是明确将物质深层次结构和宇宙大尺度物理学规律、科学实验与观测方法、暗物质等作为科学前沿的若干重大科学问题提了出来。两大文件都对当代科学前沿的重大课题给予了高度重视，并指出，要在上述诸领域取得实质性的突破，必然要依靠科技创新，方能实现我国科学的跨越式发展。

十八大以来，习近平同志将科技强国梦融入中华民族伟大复兴的中国梦当中，多次强调科技创新在生产力发展中的动力作用。2013 年 7 月 17 日，习近平在中国科学院考察工作时强调，"近代以来，西方国家之所以能称雄世界，一个重要原因就是掌握了高端科技。真正的核心技术是买不来的。正所谓'国之利器，不可以示人'。只有拥有强大的科技创新能力，才能提高我国国际竞争力。"[①]在 2014 年 8 月 18 日的中央财经领导小组第七次会议上，习近平再次指出，要杜绝科研经济两张皮，"一个是科技创新的轮子，一个是体制机制创新的轮子，两个轮子共同转动，才有利于推动经济发展方式根本转变"[②]。在 2016 年 5 月 30 日召开的全国科技创新大会、中国科学院第十八次院士大会和中国工程院第十三次院士大会、中国科学技术协会第九次全国代表大会上，习近平同志再一次使用了科技创新是国之利器这一表述："科技是国之利器，国家赖之以强，企业赖之以赢，人民生活赖之以好。中国要强，中国人民生活要好，必须有强大科技。"[③]

以上论述表明，我国已经深刻认识到科技创新在我国社会主义现代化事业的未来发展中必将发挥举足轻重的作用。基于这一认识，切实指导并推动我国的现代化事业不断向前发展。中国船舶重工集团公司第七〇二研究所历时 10 年，设计并生产的中国载人潜水器蛟龙号就是一个不断创新的典范。在"三创三先"精神的指引下，蛟龙号的设计者们逐步在近底自动航行和悬停定位、高速水声通信、充油银锌蓄电池容量等方面取得创新突破，使得蛟龙号的潜水深度能够从最初的 1000 米到后来的 3000 米，再到 2011 年 8 月的 5000 米，并最终于

---

① 中共中央文献研究室 . 2016. 习近平关于科技创新论述摘编 . 北京：中央文献出版社：39-40.
② 中共中央文献研究室 . 2016. 习近平关于科技创新论述摘编 . 北京：中央文献出版社：65.
③ 习近平 . 2017. 习近平谈治国理政（第二卷）. 北京：外文出版社：267.

2012 年 6 月 27 日在 7000 米级海试中实现最大下潜深度达 7062 米的优异成绩，再创中国载人深潜纪录。蛟龙号与神舟九号一样引起了全国乃至全世界的关注。中国成为继美国、法国、俄罗斯、日本之后的第五个掌握 3500 米以上大深度载人深潜技术的国家。这一创新成果为推动中国深海运载技术发展、中国大洋国际海底资源调查和科学研究提供了重要高技术装备，同时为中国深海勘探、海底作业研发共性技术做出了不可磨灭的贡献。

将科学前沿的创新成果转化为推动经济社会发展的内在动力，是我国在改革开放之后的 30 多年间取得巨大成就的主要原因。但在对照《国家中长期科学和技术发展规划纲要（2006—2020 年）》中的科技前沿中的基础创新目标，仔细审视我国的科技创新总体现状后，我们可以发现，目前我国的科技创新主要局限于可对经济产生直接影响的领域，现实中的科技创新几乎可等同于技术创新，主要包括应用研究、技术开发、产品化等几个方面，比如，我国近年的科技创新成果中具有代表性的有载人航天工程，蛟龙号在深海勘探、海底作业等方面的技术创新，量子传输、宽带移动通信容量逼近传输技术领域的创新等，而在基础科学创新层面则显得重视不足，鲜有成就。

事实上，科技创新除了包括技术层面的创新之外，还应该包括科学领域的创新，即"关于自然事物及其规律的系统化的知识体系；探索自然事物及其规律的理性认知活动；以生产科学知识为行为特征的社会事业和社会建制；推动生产力发展和社会进步的革命性力量"[①]。因此，对于科技创新，我们不能仅局限于眼前利益，即不能只注重技术创新，而忽视基础科学创新。不久前，丁肇中在一次演讲中将基础研究转变为应用技术比喻为一个像金字塔一样的整体，"金字塔由于新的应用在不断增高，同时基础研究不断拓展它的底部，可也正因此，基础研究越来越走到金字塔最外面的角落。因此，有时候因为它远离日常生活而不被人理解"[②]。但他同时指出，"从历史的发展来看，将资源集中于技术的转化和应用研究，是一种目光短浅的观点……如果一个社会仅局限于技术转化，显然经过一段时间，基础研究不能发现新的知识后，也就没有什么可以转化了"[②]。

① 程志波，王彦雨，李正风 . 2011. 科学创新能力的演进路径与评价维度 . 山东科技大学学报（社会科学版），13（1）：44-48.
② 冯丽妃，潘希 . 2012. 丁肇中：基础研究是社会发展原动力 . http://news.sciencenet.cn/htmlnews/2012/9/269670.shtm［2012-10-13］.

在《国家中长期科学和技术发展规划纲要（2006—2020 年）》和《国家"十二五"科学和技术发展规划》中，我国都将物质深层次结构和宇宙大尺度物理学规律、科学实验与观测方法、暗物质等科学前沿创新课题确立为未来几年内我国科学领域亟待攻克的难题，但对这些课题的研究，与生产力并不直接挂钩，不能为经济发展提供直接推动力。从某种程度上讲，这些领域的科学家从事此类研究"是出于对自然界的好奇心而去不停地探索，并非只是经济利益"[①]。特别是有关宇宙大尺度物理学规律的探索和对暗物质、暗能量的追寻，以及对世界本原的追问。

正如前文所述，用科技创新为我国生产力的发展提供内在动力。从这一层面来看，技术创新可为生产力的发展提供直接推动力，而持久的推动力则必然来源于基础科学创新，来源于科学家们对物质深层次结构、宇宙大尺度规律、暗物质、暗能量等方面创新成果的获得。

二、当代科学前沿创新的问题及其成因分析

对基础科学创新重视不足，这在全国范围内都是一个具有共性的问题。但认识到这些并不意味着我们已经发现了问题，下一步就可以着手去解决问题了。事实上，我们只是发现了一个表面问题。随着这一问题的出现，许多更深层次的问题便逐步凸显出来，即基础科学创新的实现就是一系列问题的解决过程，这些问题主要有：①当下实现我国基础科学创新的障碍有哪些？②如何扫除这些障碍，实现基础科学创新？③推动我国基础科学创新的动力源于何处？④当代科学前沿的基础科学创新的方法是什么？⑤科技创新与传统科学手段和方法应该是一种什么样的关系？

对于问题①，已有许多人有过相关思考。事实上，问题①与著名的钱学森之问所求解的问题在本质上是一致的，都在于寻求我国基础科学创新深陷困境的根本原因所在。从表面上看，这与我国目前科学界中浮躁的风气、落后的科学基础，或者科技体制的局限等密切相关。但深入思考后我们会发现，这些都未能道出问题的实质。其根本原因在于我国以经济建设为中心的基本国策在执

---

① 冯丽妃，潘希 . 2012. 丁肇中：基础研究是社会发展原动力 . http://news.sciencenet.cn/htmlnews/ 2012/9/269670.shtm［2012-10-13］.

行中存在一些问题。改革开放以来，我国确立了经济建设的中心地位，这一基本国策对改善人民的生存状况，提高人民的生活水平，起到了关键性的作用，所取得的成就也是有目共睹的。但是，以经济建设为中心，不等同于以经济利益为中心，不意味着人们的生活、工作、学习等一切方面都必须与经济利益挂钩，至少，并不一定与经济利益直接相关。而就当下而言，很多地方政府、单位、个人都追求看得见的经济利益，因此，"短平快"的科学创新模式便成为科研人员的首选，而不能直接带来经济利益的基础科学研究受到冷落。

问题②与问题①是同根的。问题①的答案直接决定问题②的解题方案。"基础科学的非功利性是我们理解基础科学、开展基础科学研究的一个基本点，不然就很容易出现急功近利的浮躁。"[①]在强"经济利益中心"思想的影响下，从科研体制、科研资金配置，到科研工作者们的价值取向、理想追求，都出现了一种极端化的偏离——唯利是图、目光短浅、科研风气浮躁。这从对问题①的分析中也可得知。问题②的解决必然伴随着上述诸现象的扭转，然而要从根源上解决问题则需要"经济利益中心"思想的弱化和理性化为支撑。习近平2013年9月7日在哈萨克斯坦纳扎尔巴耶夫大学发表演讲，并在回答学生们提问时强调"宁要绿水青山，不要金山银山"[②]，这就是说，要弱化"经济利益中心"的思想，让我国经济发展走向理性化。

基础科学创新是一项长期的工作，所以它必须要有持久的内生驱动力，便有了问题③的产生。一个国家、一个民族创新的内生驱动力必然在其自身内部，即产生于其民众之中。况且，"现代基础科学已经成为一项需要多种层次、多种才能、多种兴趣、多种价值观念、多种思维方式的人共同完成的社会性事业……必须吸引、支持和鼓励尽可能多的人关心基础科学、欣赏基础科学之美、参与基础科学工作、在基础科学研究中体现自己的价值"[①]。一个具有强大科技创新力的民族必然是一个具有深厚科学素养的民族。这正是我国的薄弱之处所在。薄弱的表现很显然：一方面，大家早就都有了定论的是：我们科学研究起步晚，基础薄弱。这已成共识，无须讨论。另一方面，提升全民族的科学素养，需要我们迎头赶上的科普工作仍是我国踏上科技创新之路的最大软肋。因为科

① 吴忠良.2001.基础科学创新与奥林匹克精神.科学,53（2）：38-39.
② 中共中央宣传部.2016.习近平总书记系列重要讲话读本.北京：学习出版社,人民出版社：230.

普能培养一个具有深厚科学素养的民族，而深厚的科学素养是科学创新思维产生的土壤，是强大的科技创新内生驱动力的源泉。事实上，近些年来，我国已有一批有识之士呼吁我国要加大科普工作的开展力度，但到目前为止，我国科普的主要工作依然仅局限于"通过广播电视、报纸杂志、网络等各类媒体，加强对创新方法工作的重大进展和典型案例的宣传，弘扬科学与创新精神，提高企业和公众对创新方法的意识，为开展创新方法工作提供强有力的舆论支持"①等外在手段，然而让科普深入人心，得到民众内心深处认同的科普局面远未出现。按照协调论，思维、心理、行为等属于背景协调力考察的因素，通过科普，提高民众的科学素养，是让公众理解科学、支持科学的主要途径，因此，加大科普工作力度可提高理论的思维协调力。不过，目前我国强大的科技创新的内生驱动力仍未产生。

对问题④和问题⑤的回答，就是对当代科学前沿的基础科学创新方法及其未来走向的说明。这两个问题将在接下来的部分中展开讨论。

三、当代科学前沿的方法创新及未来走向

问题④需要从当代科学前沿的实际出发来寻找答案。在当代科学前沿中，从微观领域看，对怪异的粒子行为的研究主要受量子力学理论的支配，而量子力学的根基是测不准原理——不管在什么样的条件下，人们都无法同时确切地得知基本粒子位置和动量的数值，粒子的行踪以概率分布。这与人们的直觉，原有的世界观，以及人们对世界的确定性的追求是相悖的。从宇观世界的大尺度现象角度来看，牛顿的经典力学遭遇了困难，取而代之的是爱因斯坦的弯曲的时空。特别是近年来的宇宙膨胀论发现，我们所生存的世界不仅来源于一次大爆炸，而且直到现在，我们的宇宙一直在加速膨胀。更难以想象的是，这一加速膨胀的态势将永远持续下去。这意味着，若干年后的夜晚，当人们抬起头来，仰望深邃的夜空时，看到的只是漆黑一片。事实上，这些都只是目前科学前沿中很小的一部分，其他的诸如奇点处的时间和空间失效状态下的物质形态研究，暗物质、暗能量的搜寻，生命起源、宇宙起源的追问等此类基础科学研

---

① 在2008年科技部颁布的《关于加强创新方法工作的若干意见》中，所列举的上述各种科普方法，反映出我国对科普的认识依然有着诸多局限。

究，单纯地使用传统的科学研究方法——物质实验已不再有效，因为人们无法对上述现象进行直接观测。基础科学研究方法亟待创新。科学前沿的拓展必然要求科学方法创新迅速跟进，而跟进的前提必然是更具包容性的实验方法的运用。事实上，这是由当代科学前沿的进展所决定的。

在金鱼缸思想实验中，霍金为我们描绘了一个多视角下的不同的世界。在这个世界里，用金鱼的眼睛和头脑，对金鱼的世界进行观察、分析、描述，并总结出一套和人类社会中一样的对世界进行说明的理论，只是金鱼的视角和人的视角有所不同而已。这看起来似乎并不复杂，但用物质实验的方法对金鱼的世界进行观察、分析、描述并总结出理论，人类却无法做到，因为我们不能在金鱼的世界中生活，无法提供对金鱼的世界进行考察的条件。虽然，从本质上看，物质实验已经是一种条件优越化了的探索世界的手段，但在科学活动的实际中，物质实验无论怎么往优越的方向努力，都总会受到物质条件的约束。相对而言，由于理想化的条件设置，思想实验有着诸多优点。从此意义上看，在本体论、认识论和方法论三个层面上，思想实验将成为未来科学探索活动的主要研究手段。

当然，思想实验成为当代科学前沿创新的主要方法，并不意味着对传统的物质实验方法的绝对拒斥。方法创新的根本目标是提高科学解决问题的效力，增强理论的协调力。思想实验和物质实验在理论协调力的提高上，并不是非此即彼的关系。那么，在问题⑤中，作为创新方法的思想实验与传统科学中常用的手段和方法——物质实验之间应该保持一种什么样的关系呢？回顾科学史，自近代以后，科学所取得的辉煌成就，在很大程度上应该归功于实验方法的有效运用，"实验方法是近代科学从自然哲学母体中独立出来的催化剂，同时也是推动近代科学迅猛发展的一个最基本、最重要和最普遍的方法"①。当然，此处的实验仅指物质实验。这一状况一直持续到20世纪初才发生了显著的变化，发生变化的根本原因是爱因斯坦相对论的推动和量子力学的成功。此后，概率、随机和偶然等因素进入一贯以客观形象屹立在人们心目中的科学领域，甚至没有这些不确定因素的存在，科学就是不完善的。基于这一背景，在现代科学研究

---

① 钱明，钱兆华. 2007. 实验方法在近代科学诞生及发展中的作用. 江苏大学学报（社会科学版），9（5）：15-19.

的舞台上，物质实验逐步退位，思想实验越来越多地在科学活动中发挥作用。

近代科学中的实验以物质实验为主，思想实验为辅；而到了现代科学中，由于实验所必需的各种条件要么昂贵、要么就根本无法具备，所以思想实验越来越无法替代。特别是在对宇宙大尺度空间和粒子世界的研究中，物质实验逐渐后退到仅仅作为验证步骤而存在，而非在科学前沿开拓阵地的有效手段。思想实验和物质实验在科学舞台上的主次位置发生了转变。不过，现代的科学研究并不会逐渐抛弃传统的物质实验方法。因为思想实验所开拓的一切科学前沿成果最终还得回到物质世界，获得经验层面的数据，接受物质实验的检验。所以，在未来的科学前沿中，基础科学研究方法的创新必然是思想实验和物质实验各司其职，分别在各自的岗位上为科学的进步做出自己的贡献。

当代科学前沿对科学方法创新的内在要求，给我国科技创新以启示。只有紧跟当代科学前沿拓展的步伐，将传统的物质实验与创新的思想实验相结合，并将其运用于实践之中，才可使我国的经济与社会发展产生源源不断的动力。只有将科技创新精神在科学前沿的研究中落到实处，基础科学创新才能为经济社会的发展提供源源不断的内生驱动力，推动我国的现代化事业取得更大的成就。